SIMONNE MONET CHARTRAND

ma vie comme rivière

RÉCIT AUTOBIOGRAPHIQUE 1939-1949

TOME 2

les éditions du remue-ménage

Conception graphique : Raymonde Lamothe et Ginette Loranger

Recherche iconographique : Simonne Monet-Chartrand

Secrétaire à la rédaction: Michelle Bessette

Première réimpression, 1993
© Les Éditions du remue-ménage inc.
Dépôt légal, Bibliothèque nationale du Québec
Bibliothèque nationale du Canada
Quatrième trimestre 1982
ISBN 2-89091-036-9

Diffusion Dimedia
539, boul. Lebeau
Saint-Laurent (Québec)
H4N 1S2
tél. : (514) 336-3941

Les Éditions du remue-ménage bénéficient de l'aide du Conseil des Arts du Canada, du ministère
des Communications (Canada) et du ministère des Affaires Culturelles (Québec).

Les Éditions du remue-ménage
4428, boul. Saint-Laurent, bureau 404
Montréal (Québec)
H2W 1Z5
tél. : (514) 982-0730

À Michel, aux miens, au grand public
En toute amitié, j'offre en partage, sans prétention
ni fausse pudeur, ce brin de patrimoine, ces écrits-témoins,
ces expériences que nous avons vécues fraternellement,
avec passion et idéalisme.

Je ne veux pas
Que la fatigue
La maladie
Et le vieillissement
Diminuent ma capacité
De souvenance

Simonne Monet Chartrand
Richelieu, le 4 novembre 1981

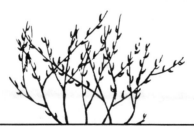

Dans le temps comme dans le temps

Hâte-toi de transmettre ta part
de merveilleux, de rébellion,
de bienfaisance.

René Char

J'écris, j'écris depuis des années. Actuellement, je vis par et pour ce grand effort de poursuivre les autres volets de mon autobiographie. Que vois-je en moi-même? Que puis-je saisir des mécanismes qui me font écrire et comment puis-je, en m'éclairant sur moi-même, éclairer aussi les autres?

Écrire de chez soi, sur soi et les siens ne peut se réaliser que dans un environnement psychologique favorable. Je remercie les miens et particulièrement Michel d'avoir contribué à le créer.

À la lecture et relecture de mes notes de cahier-journal, de mes lettres d'amour, de quelques textes publiés et de causeries prononcées au cours de ces dix ans, j'ai fait une constatation. Mes affections et convictions profondes, mon idéal personnel et social ont toujours été au centre de ma Vie, de ma Vie intérieure et n'ont guère changé. Dans ma Vie, peu de choses ont été laissées au hasard. J'ai toujours voulu faire des choix. J'ai toujours fait des choix. Fondamentaux.

Certes, j'ai opté pour le choix d'un compagnon de vie, mais en cours de route le choix le plus difficile fut et demeure celui de pouvoir opter pour diverses formes de comportements, de pensées et d'agirs personnels. En toute liberté.

De mes souvenirs où les joies et soucis se mêlent aux espoirs, aux doutes, aux interrogations plus qu'aux réponses, naît en moi une force morale, une foi invincible dans l'impossible qui m'envahit comme «un souffle au coeur».

Je viens d'accoucher à nouveau de ma propre naissance de femme. Le tiraillement de ce laborieux accouchement, la lenteur du travail, les fatigues physiques, les tensions émotives et psychologiques, la crainte de mettre au monde un enfant mort-né, toutes ces fortes sensations m'ont assaillie. Mais l'heureuse délivrance est venue. Par l'écriture. Selon moi, la capacité de renouvellement et d'émerveillement fait échec au doute, à l'usure, à la routine, aux désillusions, à l'indifférence, aux situations et aux états d'âme difficiles.

J'ai vécu et je vis encore sous le signe de l'eau courante, mais à contre-courant, à contre-vent.

Cette tranche de ma Vie, tout comme toutes les autres d'ailleurs, je la livre et je la livrerai au public à travers des textes véridiques d'époque, rédigés sans prétention littéraire. Délibérément, je me refuse à les analyser, à y rechercher une idéologie. Cette attitude n'ajouterait, à mon sens, que de vains et faux propos. Les textes choisis me paraissent en eux-mêmes et par eux-mêmes assez significatifs, voire même très signifiants. Il serait futile et peu objectif de les commenter quarante ans après leur rédaction.

Je ne veux rien prouver.

Il m'a fallu m'inventer une méthode de travail. J'ai bâti ce second tome comme le premier d'ailleurs, à la manière d'un scénario de film utilisant des textes en rétrospective. C'est le fruit d'un travail rigoureux d'écriture, de réécriture. J'ai travaillé plus de deux ans à effectuer des recherches, tour à tour dans les archives privées et publiques, en vue de vérifier les faits, dates et évènements politiques relatés. Cette recherche fut longue et laborieuse, exigeante et passionnante à la fois. Je besogne en mère de famille, en raccommodeuse qui essaie au cours du temps «de faire du neuf dans du vieux». C'est une tâche difficile à accomplir. Je la considère indispensable pour raconter le vécu et lui redonner un sens.

Ces récits, rédigés à l'aide de notes de cahier-journal, d'extraits de correspondance amoureuse, d'articles et de conférences, témoignent à la fois de mes amours, craintes et espoirs, de mes opinions, options et activités d'alors. Ils décrivent notre vécu intime, conjugal et familial, nos luttes sociales et politiques successives, le jeu et l'interaction de nos rôles comme individus, conjoints, parents et membres actifs de groupements. Notre correspondance de fiancés et d'époux, celle de mes parents, au cours des années, peuvent et doivent être révélées selon moi – malgré quelques réticences de la part de Michel – comme partie intégrante de notre vie commune tant intime que politique.

J'ai voulu revenir au début de la guerre de 1939-1945 pour y découvrir certaines indications éclairant les motivations et principes qui sous-tendent notre vocation sociale: celle de Michel Chartrand et la mienne. Aussi pour y déceler et y indiquer la marque de l'enseignement de livres, de revues, et surtout l'influence de plusieurs personnes et groupements sociaux sur notre personnalité et notre mode de vie de 1939 à 1949.

Depuis notre rencontre en 1940, nous avons, tous deux, par formation et conviction ressenti l'impérieux devoir d'assumer des responsabilités, de nous engager dans divers mouvements à l'intérieur de la société canadienne-française, selon nos points de vue, tempéraments et disponibilités. Toujours, nous avons été deux êtres autonomes oeuvrant d'un commun accord, nos modes d'action étant parfois différents, vers la réalisation des mêmes objectifs socio-politiques, humanitaires et spirituels. Et ceci à nos risques.

Selon moi, malgré et au-delà la diversité des personnalités, des options politiques, des modes de vie, du statut familial et social, le vécu intime des femmes se ressemble beaucoup. Les belles et difficiles expériences, les aventures vécues par les femmes québécoises ne sont plus à cacher, mais à dévoiler. Longtemps, «la bonne éducation» a imposé aux filles, comme valeurs typiquement féminines, la pudeur, la discrétion, la résignation, la sublimation dans la conduite de leur vie. On ne devait pas raconter son vécu intime. Quelle indécence! Et pourtant...

Depuis la merveilleuse découverte en 1940, dans le grenier de Beloeil, des lettres d'amour du couple qui devint mes parents, j'ai toujours souhaité et désiré lire, venant de femmes d'ici, d'authentiques écritures non romancées décrivant leurs pensées, émotions, sensations et désirs. À ce qu'il me semble, ces confidences ont été trop longtemps refoulées et rarement livrées au grand public. Le directeur de conscience, le confesseur ou la bonne amie de coeur étaient alors les seuls confidents.

«Devant les enfants» et en public, la femme devait alors demeurer imperturbable, réservée et silencieuse. Là était son mérite. Ce qu'elle pensait et ressentait, elle devait le garder pour elle, à l'intérieur de ce qu'on a appelé «le foyer», même et surtout s'il était éteint...Heureusement, le feu du mien n'est pas refroidi.

«Je me demande si les femmes n'ont pas toujours écrit de la poésie qui a été brûlée, enfouie dans les tiroirs, enterrée avec elles. Je pense que la poésie, autant que le journal intime ou les lettres, a été une forme d'expression presque naturelle aux femmes... et pour toutes sortes de raisons – pour les mêmes raisons que j'écrivais de très courts poèmes, dans les années cinquante, parce que je devais les écrire pendant que les enfants dormaient, ou entre les corvées domestiques.» Moi aussi. J'écris maintenant pendant que les petits-enfants dorment et entre les corvées domestiques.

J'ai cru intéressant pour un public de diverses générations de lui transmettre des lettres d'amour qui, quoiqu'intimes, n'en témoignent

* Adrienne Rich, traduite et citée par Armande St-Jean dans *Mon héroïne*, Les Éditions du remue-ménage, 1981, p.87

pas moins des valeurs et convictions religieuses, familiales et sociales d'une époque que nous avons vécue avec ferveur et passion. La recherche d'une spiritualité non cléricale ni monacale mais laïque et profane, pour nous militants chrétiens, était constante. Elle stimulait nos pensées et nos agirs, elle déterminait le choix de nos lectures et de nos fréquentations. Cette recherche reposait alors sur un besoin d'invention d'un nouveau mode de relations humaines en tant qu'individus, jeunes couples, parents et militants socio-politiques.

Le tri et le choix de ces textes expriment les valeurs dans lesquelles je persiste à croire: le respect et l'autonomie des personnes, le don de soi et la gratuité des gestes, la puissance de la solidarité, la force de l'Amour.

*Je lis en lettre de feu
la nécessité de bifurquer.*
Emmanuel Mounier
Revue *Esprit*

«Conscription if necessary but not necessarily conscription»

MACKENZIE KING

Montréal, 18 mai 1939

Journée spéciale et unique dans notre histoire nationale. Mes parents et moi sommes allés voir, chez des amis, le cortège du roi et de la reine sur son parcours dans Outremont. Georges VI et Elizabeth, nos distingués monarques britanniques, nous honorent de leur présence à Montréal. Roi calme et digne, reine souriante et démonstrative, foule enthousiaste.

Les Canadiens aiment toutes les formes de défilés. Ils crient facilement: Bravo! Que ce soit lors des discours des campagnes électorales ou des démonstrations sportives. C'est peut-être dû à notre habitude des processions religieuses: Fête-Dieu, mois de Marie et autres cérémonies qui, elles, s'exécutent toutes en un silence religieux, c'est le temps de le dire... Les fidèles pratiquants aiment le décorum, les vêtements d'apparat, les rites liturgiques, le chant et l'orgue. Ça les élève au-dessus du quotidien, souvent médiocre.

Les jeunes, eux, aiment faire partie des corps de clairons, des majorettes, des scouts et des guides. Ils ont alors des costumes spéciaux et eux aussi aiment à se faire remarquer lors des défilés, des rassemblements. Les jeunes de l'Action catholique portent foulards, bérets et écussons dans les réunions et congrès.

Il me semble que toute foule réagit de manière enfantine et tient à croire aux contes de fées, aux légendes, aux héros et héroïnes. Elle éprouve une admiration béate pour reines et rois prestigieux. Leurs photos remplissent les revues européennes, les actualités filmées, mais peu d'information nous parvient sur leur façon de gouverner. Mais que connaît-on vraiment d'eux, de leur gouvernement?

Les souverains britanniques de passage au Canada se rendent sympathiques mais la politique et la diplomatie britanniques vont de pair, m'a dit papa: «Le Roi règne, mais ne gouverne pas.» Pour ma part, je crois que cette visite royale à Québec, à Montréal et à travers tout le

Canada, a pour but de rapprocher économiquement et sentimentalement les Canadiens français de l'Angleterre.

Beloeil, 5 juin 1939

Je viens de lire deux livres de poésie, en langage populaire, de Jean Narrache, écrivain populiste. C'est le pseudonyme que se donne Émile Coderre, pharmacien de profession et ami de papa. Le premier livre intitulé *Quand j'parl'tout seul* fait appel, dans et par ses poèmes, aux sentiments de charité et au droit à plus de justice pour le peuple. L'auteur a dédicacé un de ses livres à mon frère Roger à l'occasion de son dix-neuvième anniversaire. Dans le deuxième livre, *J'parle pour parler*, Jean Narrache décrit, en rimes, les récentes années de crise économique et de chômage en exprimant à la fois la résignation des individus à la pauvreté et la nécessité d'une revendication sociale.

Je n'ai pas éprouvé de plaisir dit littéraire à lire Jean Narrache, mais j'ai beaucoup appris sur la triste condition de la vie ouvrière des villes. Ses rimettes, écrites sur un ton ironique, expriment à la fois des sentiments de pitié et d'injustice ressentis par la majorité de la population.

Ces poèmes m'ont beaucoup fait réfléchir, même plus que la lecture d'une étude sociologique en milieu ouvrier. Je prends la résolution de me rapprocher davantage dorénavant des jeunes filles et garçons de la JOCF afin d'essayer de rendre service aux jeunes non instruits, malchanceux et défavorisés de la ville de Montréal.

Moi, si favorisée par l'aisance de mon milieu, je me rends compte, peut-être bien vraiment pour la première fois, que je vis dans l'abondance du point de vue matériel, intellectuel et culturel. Ce serait juste de ma part d'en faire bénéficier les moins nantis du milieu ouvrier en faisant partie de certaines activités de la Jeunesse ouvrière catholique (JOC) et de la Jeunesse ouvrière catholique féminine (JOCF). Les mouvements de jeunesse ouvrière,

Oeuvre de la soupe, l'asile de la Providence.

rurale, étudiante sont spécialisés, mais il devrait exister entre eux de plus fréquents contacts pour plus de compréhension et de solidarité.

30 juin 1939

Depuis ma graduation, en juin 1937, papa m'a abonnée à un bulletin de documentation qui présente régulièrement un bref résumé d'excellents articles, extraits des principales revues françaises et canadiennes, ainsi qu'une synthèse des plus importants chapitres ayant une importance littéraire, philosophique, sociale, religieuse ou théologique. Je vais dorénavant utiliser cette technique pour rédiger mes propres notes de lecture, que je conserverai avec soin dans des cahiers réservés à cet usage particulier.

Je crois que je serai toujours une éternelle étudiante. «Voilà un vrai pléonasme», dirait mon professeur de littérature.

10 juillet 1939

Ce matin, j'ai pris du soleil allongée sur la baignoire de bois que papa a fait construire tout près du quai à l'usage de la famille et des amis. En face, le mont Saint-Hilaire, ici et là sur la rivière Richelieu, des canots, chaloupes, petits yachts. C'est un décor agréable qui calme et tonifie à la fois. Puis, subitement, survint un gros orage électrique, un vent humide. Le tonnerre gronde. Ça me paraît un mauvais présage. Je ne suis pourtant pas superstitieuse mais pareils coups de tonnerre semblent annoncer un évènement triste et fatal.

24 août 1939

Nous avons fêté hier les treize ans de mon jeune frère Amédée, garçon aimable, sportif, intelligent mais plutôt timide. Mes parents essayaient d'être gais, mais je sais qu'ils pensaient aussi à Roger, leur fils aîné décédé il y a deux ans. C'était l'habitude de fêter ensemble leurs anniversaires des 20 et 23 août et d'inviter parents et amis.

Je partirai le samedi 26 août à titre de déléguée de la Fédération canadienne des étudiants catholiques (FCEC) au Congrès international universitaire qui se tiendra d'abord à Washington, puis à New York. Peut-être y rencontrerai-je des dirigeants et aumôniers universitaires avec lesquels, comme responsable du service de correspondance de la Jeunesse étudiante catholique (JEC), je suis déjà entrée en contact?

Washington, 1er septembre 1939

Deux grandes manchettes dans les journaux de Washington:

L'ALLEMAGNE ENVAHIT LA POLOGNE
VARSOVIE EN FLAMMES

«Les nazis brûlent l'Université et fusillent les étudiants et professeurs résistants et même la population civile. Les chars d'assaut et les SS pénètrent rapidement partout à la fois à l'intérieur de la Pologne. Pas de résistance efficace.»

New York, 3 septembre 1939

Aujourd'hui, autre nouvelle macabre:

L'ANGLETERRE, LE CANADA ET LA FRANCE DÉCLARENT LA GUERRE À L'ALLEMAGNE

Je suis angoissée et bouleversée. Comment ces jeunes hommes étudiants et universitaires européens survivront-ils? Et le mouvement et le secrétariat international de Pax Romana? Au Canada, le Parti libéral fédéral votera-t-il la conscription? L'opposition traditionnelle des Canadiens français va-t-elle se manifester?

ADOLF HITLER

Mein Kampf

(MON COMBAT)

la doctrine hitlérienne

«Un État qui, à une époque de contamination des races, veille jalousement à la conservation des meilleurs éléments de la sienne, doit devenir un jour le maître de la terre.

«Que nos partisans ne l'oublient jamais, si, en un jour d'inquiétudes, ils en viennent à mettre en regard les chances de succès et la grandeur des sacrifices que le parti exige d'eux.»

Adolf Hitler
Mein Kampf, 1935

Beloeil, 10 septembre 1939

Hier, notre délégation est revenue à Montréal en autobus, fatiguée et attristée. Nous avons tous beaucoup appris et surtout mûri en ces quinze jours de congrès.

18 septembre 1939

Je dois maintenant entreprendre, d'ici Pâques 1940, la tournée des institutions féminines pédagogiques et collégiales d'enseignement. Tout un programme! Journées d'études dans une vingtaine de diocèses sur la réalisation du plan d'action de la Jeunesse étudiante catholique féminine (JECF), tant du point de vue récréatif que spirituel.

Depuis la déclaration de guerre du Canada, je travaille avec moins d'enthousiasme, déçue de ce terrible évènement. À la maison, mes parents et leurs amis parlent beaucoup moins de bridge et de spectacles que de politique. Selon son habitude, mon père lit quotidiennement les journaux et rédige son journal.

Hier, la Russie a envahi la Pologne. Ma sympathie va vers ce pays martyr de l'invasion allemande d'abord et russe maintenant. Je pense avec tristesse aux jeunes universitaires européens rencontrés aux États-Unis. Qu'adviendra-t-il d'eux?

Je vais persister à garder les contacts par correspondance et envois de journaux étudiants et universitaires à tous les groupes membres de Pax Romana. Par soutien fraternel. Je crois à la nécessité des échanges amicaux surtout en temps de conflit.

30 septembre 1939

Papa écoute beaucoup les émissions politiques à la radio ces temps-ci. C'est à peine si on peut écouter de la musique à la maison. Il y aura des élections provinciales en octobre. La campagne électorale bat déjà son plein.

Strasbourg le 1 Août 1939

Mademoiselle,

Merci beaucoup pour votre charmante et longue missive du 7 Juillet. Je me rends compte d'après le ton de votre lettre que vous êtes une jeune fille d'action, et ardente à la cause que vous défendez avec tant d'énergie; permettez Mademoiselle que je vous "félicite". Malgré vos vacances et malgré un site enchanteur vous pensez à militer en faveur de l'Action catholique je trouve cela simplement merveilleux. Quoi vous dire de la vieille Europe que ces habitants demeurent en état d'alerte et qu'ils voudraient bien ne plus avoir toujours

ces idées de guerre au-dessus de leurs têtes, comme je vous envie d'habiter un pays aussi sage et dont les voisins sont en général des êtres intelligents et calmes.

Dans quelques jours je serai à Paris, et je tâcherai de voir M. Arce je lui expliquerai la façon originale de notre connaissance. Je suis très heureux de faire ce voyage car pendant une dizaine de jours je serai en compagnie de mes Parents de mes amis et je dois vous avouer que je ne penserai guère à la vie militaire qui est bien longue à s'écouler encore une année ! enfin tout arrive et dans la vie il nous faut être très patient.

Je vais terminer cette courte lettre et dans quelques jours je continuerai notre bavardage pour l'instant je vous présente, Mademoiselle mes respectueux hommages.

Germaine R

Hier, mon père m'a fait écouter un important discours du chef du Parti libéral, encore dans l'opposition. Je crois que ce discours aura de graves conséquences. Je l'ai découpé dans les journaux. Adélard Godbout a déclaré: «Je m'engage sur mon honneur, en pesant bien mes mots, à quitter mon parti et même à le combattre si un seul Canadien français d'ici la fin des hostilités en Europe, est mobilisé contre son gré sous un régime libéral, ou même sous un gouvernement provisoire auquel participeraient nos ministres actuels dans le cabinet King.» Il entrera en fonction avec son nouveau cabinet de ministres. On verra bien ce qu'il fera.

Même si en octobre prochain, papa ne votera pas – le droit de vote au provincial lui est interdit – comme ex-député devenu magistrat, il continue à s'intéresser à la politique mais discrètement. Comme on dit, quand il lit les nouvelles, écoute les discours à la radio et écrit son agenda «à son air on voit bien» ce qu'il en pense. Actuellement, il craint qu'avec les arrangements constitutionnels proposés par le fédéral, la province de Québec perde indéfiniment certaines prérogatives fiscales provinciales durement acquises en matière d'impôt sur le revenu et d'assurance-chômage. Tout ça, moi, ça ne me concerne en rien, mais ça m'informe.

Mon père s'exprime beaucoup mieux que les adultes en général. Au moins avec lui, on peut parler normalement, poser des questions et recevoir des réponses. Toujours, il me répond gentiment. Il veut me préparer à bien utiliser le droit de vote si jamais Godbout décide de l'accorder aux femmes après tant d'années de refus du gouvernement provincial, malgré les demandes et les luttes répétées d'Idola Saint-Jean et de la Ligue des droits de la femme depuis plus de quinze ans. Madame Thérèse Casgrain en est la présidente. C'est une femme fière, tenace et bien vaillante. Je l'admire. Le cardinal Rodrigue Villeneuve, o.m.i, lui, est contre le vote des femmes. Il influence les curés qui, eux, influencent les cercles de fermières, les paroissiennes, leur disant que l'obtention du droit de vote des mères va nuire à l'autorité du père, seul chef de la famille. Que les pères et les maris perdraient leur influence sur l'élément féminin qui doit limiter son action et son dévouement à la cause sacrée du foyer.

Même Henri Bourassa du *Devoir*, grand défenseur des libertés, est contre le droit de vote pour les mêmes raisons. Il juge, et ce depuis très longtemps, que la femme se déshonorerait en montant sur une estrade, en allant aux bureaux de scrutin, lieux de chicane.

Les nombreux opposants au droit de vote disent et écrivent que si la femme, par ses opinions personnelles ou celles de sa propre famille, «bleue ou rouge», venait à annuler le vote de son père ou de son conjoint, le bon ordre et l'autorité dans la famille seraient diminués et causeraient des dangers de mésentente. *Femmes au foyer*, c'est leur slogan.

Montréal, 25 octobre 1939

Élections générales provinciales. La radio annonce les résultats. À la maison, parents et amis étaient aux écoutes. Le Parti libéral vient de prendre le pouvoir.

D'après mon père, c'est surtout la victoire d'Ernest Lapointe. Le 9 octobre, cet influent ministre de la Justice déclarait à peu près ceci à la radio: «Nous avons dit à nos compatriotes de tout le pays que nous accepterions avec eux les mesures prises en vue d'aider la Grande-Bretagne et la France dans ce conflit, mais que jamais nous ne consentirions à la conscription (de Borden – Meighen, les conservateurs de 1917). C'est à cela que nous avons rallié l'opinion du Parlement et c'est de cette façon que nous maintenons l'union canadienne.» C'est fait; le gouvernement est rouge à Québec, rouge à Ottawa. L'agronome Adélard Godbout, l'ex-ministre de l'Agriculture et député de l'Islet, est élu premier ministre de la province. Mais, dit-on d'Ottawa, Ernest Lapointe et Cardin de Sorel sont les vrais patrons canadiens-français du Parti libéral provincial. Ils avaient déclaré en avril dernier que la guerre en Europe n'impliquerait pas forcément la mobilisation au Canada. Quelques jours avant les élections, ils affirmaient qu'un vote contre la participation à la guerre, un vote pour Duplessis «le nationaliste» serait un vote d'encouragement au nazisme. Les libéraux fédéraux ont osé dire: «Le parti de l'Union nationale devrait s'appeler ouvertement l'Union NAZI...ONALE.» «Quelle démagogie!» a déclaré mon père.

4 novembre 1939

J'ai vingt ans aujourd'hui! À la maison, souper de famille très intime. Lorraine et André Bachand sont venus m'offrir leurs voeux.

Ce soir, les Monet ont l'esprit en deuil. C'est le premier anniversaire du décès de l'oncle Wilfrid, «mon ami violoniste», mort prématurément à quarante-deux ans. Ma chère tante Élizabeth, toujours aussi courageuse, demeure inconsolable. Ses jeunes enfants, Andrée, Louise, Pierre et Jeanne sont tristes. Ils sont si jeunes pour être orphelins. C'est malheureux.

5 novembre 1939

Cet après-midi, avec mon frère Amédée, je suis allée voir *Les Plaideurs* de Racine à la salle Saint-Sulpice.

Ce soir, réception-surprise à la maison, organisée par mes ami(e)s de la JEC et JECF avec le père Legault comme animateur de charades, histoires improvisées, récitations amusantes, chants, etc. L'atmosphère était à la farce, à la gaieté, à l'amitié. Étaient présents entre autres: Alexandrine Leduc, Suzanne Manny, Pauline Lamy, Daniel Johnson, Roger Varin, Thomas Bertrand, Gérard Pelletier, Roger de Vaudreuil, Benoît Baril. Fait à remarquer, ces jeunes gens de l'Action catholique ne parlent à

Simonne et son frère Amédée.

peu près pas de politique et ne s'en mêlent pas. Il n'y a aucun lien entre les groupements de jeunesse patriotique intéressés à la politique, à l'économie et les groupes d'action et de spiritualité laïques. Pourtant, les jeunes doivent jouer un rôle dans la société sur tous les plans touchant les réalités de la vie quotidienne. Le surnaturel doit reposer sur la vie, la nature, l'humain, il me semble. Mais l'humain malheureusement est mortel.

Daily journal
d'Amédée Monet
1939

Après la mort subite de mon père, j'ai pu recueillir ses notes et divers écrits, mais je n'ai pas alors osé les lire. Trente-cinq ans ont passé...

Aujourd'hui, je suis fort à l'aise et heureuse de pouvoir insérer des textes d'Amédée Monet ici et là dans mon autobiographie. Ils reflètent exactement les faits et réflexions qui ont marqué notre vie familiale et nationale. L'écoute d'émissions politiques radiophoniques, l'échange de correspondance, nos conversations familières à table, au boudoir, en voiture ou au salon m'ont, à l'époque, profondément influencée. De façon positive. Je lui en sais gré.

Richelieu, le 23 avril 1980
Date de son anniversaire de naissance (1890)

Montréal, 8 mars 1939

Au dîner, j'ai rencontré à l'Auberge Saint-Gabriel un membre éminent de la Saint-Jean Baptiste de Montréal. Leur exécutif entend faire une déclaration publique au sujet d'une éventuelle guerre et de leur opposition comme groupe nationaliste canadien-français à toute participation à une guerre en Europe.

10 mars 1939

L'association a décidé hier l'envoi d'un télégramme à Mackenzie King. J'ai lu le texte proposé: «Nous délégués de la Société Saint-Jean Baptiste, sommes très justement alarmés de votre déclaration comme premier ministre, à savoir: «En cas d'attaque aérienne des Allemands contre Londres, je n'ai aucun doute sur les décisions que prendraient le peuple et le parlement du Canada.»

Beloeil, 24 août 1939

La guerre est imminente.

Montréal, 2 septembre 1939

Ce midi, rencontre informelle avec des membres du conseil de la Société Saint-Jean Baptiste de Montréal. Lors d'une réunion spéciale, ils veulent faire adopter une déclaration radicale face au rôle du Canada dans la guerre en Europe.

«Nous, délégués en congrès général d'urgence, considérons toute expression officielle de solidarité avec Londres comme extrêmement dangereuse, comme contraire aux intérêts du Canada et à son statut d'État libre. Nous, nous faisons savoir au gouvernement King l'opposition absolue de la province de Québec à toute participation aux guerres extérieures».

Signé:
Société Saint-Jean Baptiste de Montréal en son nom et au nom des sociétés Saint-Jean Baptiste du Québec et de l'Ontario; La Ligue d'action nationale, André Laurendeau; L'Union catholique des cultivateurs (UCC), Gérard Filion; Les Jeunesses patriotes du Canada français, Michel Chartrand, secrétaire; Le Bloc universitaire, Alphonse Bégin; Le Conseil central des syndicats nationaux (CSN) de Montréal, Philippe Girard, président; L'Alliance catholique des professeurs de Montréal, Léo Guindon, président.

3 septembre 1939

L'ANGLETERRE ET LA FRANCE DÉCLARENT LA GUERRE À L'ALLEMAGNE. LE CANADA AUSSI

Mackenzie King, par l'intermédiaire de la radio s'adresse au peuple canadien. Le ministre de la Justice Ernest Lapointe lit en français la traduction du discours du premier ministre: «Le Canada, pays libre dans le Commonwealth britannique, apportera son appui volontaire à la Grande-Bretagne».

Beloeil, 4 septembre 1939

Fête légale! Fête du Travail!

À midi – À Marieville, réunion des anciens du collège Le Monnoir (trois cents anciens réunis). Banquet, discours, retrouvailles.

Ce soir – Le Parlement doit être convoqué en session d'urgence.

Montréal, 6 septembre 1939

Début de l'année scolaire. Traditionnelle messe du Saint-Esprit au collège Stanislas d'Outremont. Mon fils Dédé – je devrais peut-être commencer à laisser tomber ce surnom et l'appeler Amédée junior (telle est mon intention) – entre cette année en deuxième année du cours classique.

Je viens de lire que la Société Saint-Jean-Baptiste de Montréal a prêté, hier, le Monument national à un groupe de jeunes sous la présidence d'André Laurendeau pour une manifestation contre la guerre. Gérard Picard, président de la Confédération des travailleurs catholiques du Canada (CTCC), Gérard Filion de l'Union catholique des cultivateurs (UCC) et François Albert Angers de la revue nationaliste *l'Actualité économique* étaient présents.

10 septembre 1939

Le gouvernement canadien convoque d'urgence le Parlement et déclare officielle la guerre à l'Allemagne.

Revenue du Congrès universitaire américain, Simonne, qui a écouté avec moi les dernières nouvelles concernant la guerre, s'inquiète beaucoup sur le sort et l'avenir de la jeunesse européenne et canadienne. Si elle a paru gaie à son arrivée à Montréal, c'est qu'elle crânait selon son habitude. Elle aura bientôt vingt ans. C'est bien jeune pour perdre des illusions sur la bonté, la justice et l'intelligence du genre humain. Moi, en 1921, député du gouvernement Taschereau, j'ai perdu les miennes, mes illusions...

Ce soir, pour prier pour un règlement pacifique de la guerre, la Société Saint-Jean-Baptiste de Montréal conduira huit mille personnes à Montréal en pèlerinage à la chapelle de la Réparation à Pointe-aux-Trembles. Ce même jour, le Roi proclame officiellement l'état de guerre du Canada contre l'Allemagne.

Beloeil, 11 septembre 1939

À compter d'aujourd'hui, «le gouvernement canadien demande à Sa Majesté britannique Georges VI, empereur des Indes, roi d'Angleterre, défenseur de la foi chrétienne (ici, le texte inclut une série d'autres titres) de déclarer qu'un état de guerre existe au Canada.» Par la présente pétition, le gouvernement canadien déclare *ipso facto*, qu'un état de guerre avec le Reich allemand existe à compter du 10 septembre 1939. King avait fait à la fin août, une déclaration importante: «Je songe à invoquer la loi des mesures de guerre en cas de guerre appréhendée.» Le Canada est encore loin d'être un pays indépendant. Le Parlement vote des crédits de cent millions de dollars pour les opérations de guerre.

12 septembre 1939

Ce soir, je me rappelle qu'à la mi-mai le roi Georges VI et la reine Elizabeth étaient venus visiter le Canada. Ils s'arrêtèrent à Saint-Jean d'Iberville, Outremont, Montréal et diverses autres villes. Les Canadiens français les avaient alors bien accueillis. Maintenant, je me rends compte que c'était un voyage de propagande pour renforcer le lien britannique des Canadiens anglais toujours loyaux à la mère patrie. *Britain is our country*, disent-ils.

Montréal, 27 septembre 1939

Il faut quand même se distraire un peu. En soirée, écoutons en famille l'émission radiophonique Fridolin (Gratien Gélinas).

29 septembre 1939

Au Monument national avec Berthe. Les Variétés lyriques présentent *Manon Lescaut*, opéra comique de Jules Massenet. Agréable soirée. Simonne va au forum au concert de la célèbre cantatrice Lili Pons.

30 septembre 1939

Godbout parle de la position du Parti libéral provincial en matière de guerre d'une façon équivoque. La politique est un monde de contradictions et d'opportunisme.

Beloeil, fin septembre 1939

Duplessis, élu en août 1936, annonce des élections générales pour le 25 octobre 1939. Il se plaint que le gouvernement fédéral envahisse le champ fiscal provincial par le biais des mesures de guerre.

Simonne me paraît distraite et pessimiste. Elle vaque à ses activités dans les collèges féminins mais s'inquiète de l'avenir des jeunes. Comment la rassurer? Pour la distraire du présent conflit, j'ai pensé lui faire lire quelques notes rédigées en 1914-1917 alors que j'étais étudiant en droit, puis jeune avocat. J'ai conservé ces cahiers de notes dans des caisses au grenier. Si elle veut les lire, ce sera l'occasion d'échanges d'opinions entre nous. Ce que je trouve très important entre un père et sa fille de vingt ans.

Je glisse à l'intérieur de ce cahier une lettre d'amour de sa mère datée de notre première année de vie conjugale. Par ce geste, peut-être pourrais-je l'aider à croire à la possibilité et à la durée de l'amour humain?

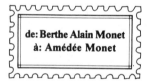

de: Berthe Alain Monet
à: Amédée Monet

Montréal, le 30 juillet 1917.

Mon cher mari,

Je t'écris à ton bureau d'avocat pour mieux m'expliquer. Très fatiguée, j'ai besoin de calme physique et moral. La vie bouillonne en moi... D'ici un mois, j'espère te donner un fils. Je ne saurais rien faire de mieux ni de plus reposant que de me blottir au creux de ton épaule et de ton coeur. Je me ferai toute petite. Nous échangerons nos souffles et nos baisers.

C'est du passé ce flirt? Je veux te croire... Alors oublions cette si brève fredaine. Tu as eu tort, c'est vrai, mais en somme il n'y a rien de grave. Tu plais aux femmes et elles te le rendent bien. Qu'y puis-je? Depuis hier, tu as assez souffert pour que je ne t'accable pas pour cette fredaine. Tu m'as fait mal, soit, bien mal même, mais ton souffle d'amour cicatrisera ma blessure...

Comme avant, mon amour et ma confiance t'appartiennent. Ma confiance est entière, je te le jure. Elle est toujours à toi, intime et illimitée. Mais, de grâce, amant adoré, ne la trahis jamais!.

Il ne faut pas qu'un nuage plane au-dessus de notre ciel d'amour. Dans un frisson, étroitement enlacés, nous sentirons couler l'oubli d'hier en même temps que l'espérance en un demain toujours radieux.

Ta femme qui t'attend
et qui n'a pas, sois-en sûr,
désappris à sourire.
Berthe

Lamarre et Monet Avocats
Édifice de la Sauvegarde
Montréal, le 5 août 1917.

Ma femme chérie,

En réponse à ta lettre du 30 juillet, excuse l'usage du papier de bureau. Je pense à toi très fort. L'incident dont tu fais mention est clos. N'y reviens plus.

Déjà, il y a plus de quatre ans que nous nous connaissons. Tu es la compagne de ma vie et par le mariage, je fus créé ton soutien et ton protecteur. «Je t'ai connue, je t'ai aimée, je t'ai faite mienne pour la vie», t'ai-je écrit la semaine avant notre mariage. Ensemble, vivons le présent avec confiance.

Je me demande parfois si je réalise bien quel doit être mon rôle au foyer? Parfois, je me fais le reproche de n'être pas le mari-ami dont tu avais rêvé... Nous, les hommes, vois-tu, nous sommes portés à laisser l'homme professionnel prendre le dessus sur l'amant. Les affaires, les occupations, la vie politique active font que, le soir venu, nous ne sommes pas toujours ce que nous ne devrions jamais cesser d'être: câlins, doux, affectueux et tendres. Si j'ai péché de ce côté, il faut me pardonner. Il n'y a pas de ma faute... Crois-moi. C'est le piège de l'homme d'action.

Prends bien soin de toi. J'ai hâte d'être père.

Tout à toi
Amédée

Cahier de notes
d'Amédée Monet e.e.d.
1914

Saint-Jean d'Iberville, villa des Tourelles, 20 juin 1914

Depuis mai, mes cours de droit à l'université sont terminés. Également mes chroniques dans le journal *L'Étudiant* et quelques hebdos de Montréal. J'ai donc plus de liberté et de temps à consacrer à des recherches personnelles en matière légale, au travail de cléricature et à la lecture des journaux: *Le Canada*, *Le Devoir*, *le Canada Français* et autres.

Je tiens à mentionner régulièrement dans ce calepin de notes certains incidents et évènements extraordinairement importants qui surviennent en Europe, susceptibles de menacer la paix mondiale.

S'il advenait une guerre en Europe, je me demande si le Canada, comme dominion du Commonwealth britannique, sera à nouveau tenu d'y participer à titre de «colonie»? Aurais-je à refaire, quinze ans après, avec les jeunes de ma génération, le fameux débat politique entrepris par les six dissidents libéraux fédéraux d'alors: Charles Angers, Calixe Éthier, Jos.-H. Legris et particulièrement Henri Bourassa et Dominique Monet, mon père?

En 1899, ce débat au Parlement portait sur la question de l'envoi auprès de l'Angleterre de troupes canadiennes, en Afrique australe, pour mater la révolte des fiers paysans Boers, descendants hollandais. Cette fois, si une guerre se déclarait, la milice canadienne se contentera-t-elle du recrutement de volontaires ici même au camp militaire de Saint-Jean et à celui de Valcartier? Nous, étudiants à l'université, serons-nous forcés de nous inscrire pour faire du service militaire? Et les Français qui travaillent et enseignent dans la province, devront-ils retourner en France servir dans l'armée française comme réservistes?

Dorénavant, j'inscrirai dans ce calepin le déroulement des événements politiques qui prennent actuellement pour moi plus d'importance que mes impressions et sensations personnelles de jeune carabin à la recherche d'aventures sentimentales ou à l'audition d'opérettes, de récitals et de pièces de théâtre ou d'opéra. Malgré la saison estivale, j'ai actuellement l'esprit tourné davantage vers des questions d'envergure, telles : le patriotisme canadien-anglais envers la Grande-Bretagne, demeurée leur *Mother Country*, le nationalisme particulier des Canadiens français et autres questions personnelles et familiales.

28 juin 1914
INCIDENT DE POLITIQUE INTERNATIONALE DANS LA CAPITALE DE LA BOSNIE

«Un étudiant serbe, membre d'un groupe autonomiste en révolte contre l'empire d'Autriche-Hongrie qui domine la Serbie, assassine le prince héritier d'Autriche-Hongrie, l'archiduc François-Ferdinand et sa femme à Sarajevo.»

19 juillet 1914

En France, un congrès socialiste extraordinaire s'est tenu du 14 au 19. Le thème : socialisme, grande force d'unité et de paix. Jean Jaurès, président du Parti socialiste français, surnommé La Bouche d'or du socialisme a déclaré : «Nous sommes nettement des pacifistes, mais non des capitulateurs devant l'ennemi allemand. Il faut se hâter de travailler ensemble socialistes français et socialistes du monde entier, à adopter tous les moyens honorables de sauver la paix.»

25 juillet 1914
DÉCLARATION DE GUERRE DE L'AUTRICHE-HONGRIE À LA SERBIE.

27 juillet 1914
L'EUROPE MISE À DEUX DOIGTS DE LA GUERRE

LONDRES – L'Europe est de nouveau mise sur un volcan par l'Autriche qui demande à la Serbie satisfaction, exige qu'on répare l'offense, l'outrage de l'assassinat tragique de l'archiduc François-Ferdinand et de sa femme, la duchesse de Hohenberg, tués à Sarajevo en Serbie. François-Joseph empereur d'Autriche menace d'allumer une conflagration européenne, si le tsar Nicolas de Russie prête l'appui de ses troupes à la Serbie.

29 juillet 1914
L'ANGLETERRE MOBILISE SA FLOTTE
«Un conflit européen va devenir inévitable. Les villes frontières de la France sont remplies de soldats. Ordre de mobilisation générale dans l'empire germanique.»

31 juillet 1914
L'ALLEMAGNE
EST SUR UN PIED DE GUERRE

1er août 1914
«Le Comité international pour la paix a demandé hier l'intervention du Pape, de Raymond Poincaré président de la France (Troisième République), également auprès de Thomas Woodrow Wilson, président des États-Unis et du tsar Nicolas de Russie, afin d'éviter une guerre mondiale.»

1er août 1914
DÉCLARATION DE GUERRE
DE L'ALLEMAGNE À LA RUSSIE

1er août 1914
JEAN JAURÈS,
LE CHEF DES SOCIALISTES FRANÇAIS
EST ASSASSINÉ.

J'apprends par cette manchette que Jean Jaurès*, ardent pacifiste, a été assassiné hier, le 31 juillet, le jour même où l'Allemagne a décrété «l'état de danger de guerre». Cet homme, universitaire de formation et de vocation, s'est fait «par devoir» homme politique. Leader de l'opposition pendant vingt ans, il a dominé la vie parlementaire et politique française beaucoup plus que bien des ministres. Il s'était rallié à la gauche et a dirigé d'une main sûre et d'une pensée ferme le Parti socialiste. C'est toute une époque qui s'éteint, la France d'avant 1914.

3 août 1914
ORDRE DE MOBILISATION AUX FRANÇAIS DU CANADA
«Dans les circonstances présentes, chaque Français doit faire son devoir.»

L. Raynaud
Consul de France,
le 2 août 1914

AVIS AUX FRANÇAIS DE MONTRÉAL
«Les Français qui n'auraient pas les moyens de se rendre en France à leurs frais pour répondre aux ordres de mobilisation générale, sont priés de s'adresser au secrétariat de l'Union française, à partir du samedi 8 août.»

L'ANGLETERRE EN GUERRE
D'après le traité de Londres de 1839, c'est le devoir de la Grande-Bretagne de maintenir la neutralité de la Belgique. Les troupes françaises se massent à la frontière belge.

Advenant une mobilisation des régiments du dominion du Canada, vingt et un mille soldats seraient concentrés à Valcartier près de Québec.

* (1859 – 1914) cofondateur du Parti socialiste français en 1905

Journal *Le Canada*

PARIS – Les socialistes, réunis en une grande assemblée, ont décidé à l'unanimité de défendre avec tout le courage possible le territoire de la France menacée d'invasion.

AUCUNES REPRÉSAILLES
CONTRE L'ASSASSIN DE JAURÈS

PARIS – Le gouvernement n'exercera aucunes représailles contre Raoul Villain l'auteur de l'assassinat du chef des socialistes.

Journal *La Presse*

MONTRÉAL – Une démonstration socialiste anti-participation à la guerre a eu lieu au carré Philippe. Une autre est annoncée en mémoire de Jean Jaurès, le chef du Parti socialiste français, assassiné le 31 juillet dernier. Les socialistes montréalais et canadiens incitent les ouvriers socialistes immigrants de divers groupes ethniques à ne pas participer à des guerres d'intérêts capitalistes.

4 août 1914

DANS LA NUIT DU 3 AU 4 AOÛT
DÉCLARATION DE GUERRE
DE L'ALLEMAGNE À LA FRANCE
ET À LA BELGIQUE

SAINT-JEAN – Les dragons de Saint-Jean (Québec) sont partis pour Québec où ils se tiendront au camp de Valcartier. La Marseillaise est jouée sur la terrasse de Québec par la musique de la garnison.

Un message de Georges V, roi d'Angleterre, est envoyé à tous les dominions de l'Empire.

PARTICIPATION DU CANADA À LA GUERRE

Le Canada s'est soudainement trouvé en état de guerre par l'acte de son souverain britannique exerçant constitutionnellement sa prérogative.

5 août 1914

LA PLUS GRANDE GUERRE DE L'HUMANITÉ!

Toutes les grandes puissances sont en armes. Deux blocs s'affrontent. D'un côté la triple alliance: Allemagne, Autriche-Hongrie, Italie. De l'autre côté: Russie, France et Angleterre et leurs pays alliés, colonies ou dominions.

23 août 1914
Extraits de ma causerie
au cercle Collin
à titre de président

LES «MAUDITS FRANÇAIS»

«On s'illusionne dans divers milieux, gouvernement provincial, universités et groupes cléricaux, sur les sentiments d'appartenance, sur la sympathie naturelle des Canadiens français envers la France. La majorité d'entre nous a gardé «comme une crotte sur le coeur» envers l'ex-mère patrie à cause du mépris exprimé par la Pompadour, Louis XV et Voltaire des «quelques lointains arpents de neige.»

«De plus, la Troisième République française a mauvaise presse au Québec clérical depuis que son gouvernement a adopté, il y a une dizaine d'années (1903-1904), les lois de l'homme politique Émile Combes, sur l'instruction publique: la séparation de l'Église et de l'État. La loi Combes interdisait d'exercer l'enseignement aux membres des communautés religieuses enseignantes. Au Québec, on parlait de la loi des francs-maçons comme d'une loi impie, athée.

«Le clergé du Québec encouragea alors les autorités scolaires à retenir les services des instituteurs français qui avaient refusé de se séculariser. De plus, des commissions scolaires ont congédié des instituteurs et institutrices à leur service pour engager à meilleur compte des instituteurs français réfugiés. Si les instituteurs d'ici rouspétaient, les autorités scolaires, membres du clergé, accusaient ceux-ci d'anticléricalisme. C'était à tort parce que la grande majorité des enseignants canadiens-français étaient très pratiquants.

Toutefois, l'importation par l'Église officielle de la province d'instituteurs français catholiques, rejetés par la loi Combes, faisait perdre des emplois aux instituteurs d'ici et les plongeait dans la misère matérielle et morale.

Ce n'était donc pas de leur part une attitude raciste, mais une question de survie économique et professionnelle, d'injustice.

«Les autorités religieuses ont directement ou indirectement la mainmise sur tout le système d'enseignement; à preuve la récente réélection de monseigneur Émile Roy, vicaire général de l'archevêché de Montréal à la présidence de la CECM. On sait d'ailleurs qu'en milieu rural, la plupart des curés sont présidents des commissions scolaires, comme si ça allait de soi.

«Le congédiement lourd de conséquences de nos instituteurs au profit des instituteurs français a fait dire aux nôtres: «Ce sont de maudits Français». Actuellement, plusieurs de ces Français bien installés dans nos écoles refusent de répondre aux appels de leur mère patrie. Fait à noter: dans les premiers jours d'août, l'hymne guerrier français *La Marseillaise* a été joué à Québec par la fanfare de la garnison sur la terrasse Dufferin. «Aux armes, citoyens, Armez vos bataillons». Ils sont pourtant «réservistes» ces «maudits Français.»

Montréal, 2 septembre 1914

Retour à mon pupitre de rédacteur et à ma chambre d'étudiant. Il m'est impossible de rejoindre Henri Bourassa, le directeur du *Devoir*. Je tenais à m'entretenir avec lui avant de rédiger un article dans le journal de l'Université au sujet de notre situation de Canadiens français dans cette guerre. À la direction du journal, Omer Héroux assume l'intérim. Il m'a répondu que Bourassa était depuis quelques semaines en voyage d'études en Europe. Il visite l'Angleterre, l'Allemagne, la Belgique et la France, m'a dit Omer Héroux.

Bourassa sera sans doute un des Canadiens français les plus et mieux informés pour guider l'opinion publique canadienne. À son retour, se prononcera-t-il dans le sens d'Armand Lavergne et d'Omer Héroux? Lui, le 8 août, fidèle à l'opinion de son maître nationaliste, il s'est prononcé pour la participation du Canada à la seule défense de son territoire. Le plus grave dans la situation actuelle, le dilemme de Bourassa, très fervent catholique, c'est que monseigneur Paul Bruchési, son évêque, contredit les arguments du *Devoir*.

3 septembre 1914

Bourassa dans son troisième article dit craindre la famine due à la guerre et suggère au Canada de jouer un rôle humanitaire, utile et patriotique en étant pourvoyeur de vivres aux Alliés plutôt que d'envoyer des troupes.

23 septembre 1914

Je viens de terminer la lecture d'une lettre pastorale des évêques. Ils ne semblent pas vouloir se prononcer sur notre participation à la guerre pour défendre la Grande-Bretagne. Texte diplomatique... Obligent-ils leurs ouailles en conscience? C'est difficile de lire entre les lignes. Ils incitent toutefois les fidèles à être généreux envers les oeuvres de secours de guerre.

Début octobre 1914

Henri Bourassa continue à publier dans *Le Devoir* une série d'articles très lus et fort discutés. Ils font sensation dans les milieux politiques, militaires et ecclésiastiques. Il déclare et affirme que le Canada doit donner ses priorités à ses intérêts plutôt qu'à ceux de l'Angleterre, comme celle-ci donne préséance aux siens plutôt qu'à ceux de la France et de la Belgique.

Ces prises de position engendrent, dans la presse anglaise, des ripostes virulentes. J'ai lu dans un journal anglais une déclaration d'Arthur Meighen, solliciteur général dans le gouvernement conservateur de Robert

Borden: «Je suis prêt à sacrifier jusqu'au dernier homme, jusqu'au dernier dollar pour le salut de l'Angleterre.» Mais lui ne s'enrôle pas, ne risque pas sa vie.

Henri Bourassa déclare aussi dans ses articles qu'il est toutefois naturel pour tout Canadien, même Canadien français de souhaiter le triomphe des armées franco-britanniques.

Moi, Amédée, fils de Dominique Monet, je ne compte rien sacrifier aux intérêts de l'Angleterre. Ce n'est pas par lâcheté mais par conviction que le Canada ne doit pas se battre à l'étranger.

14 octobre 1914

La flotte canadienne entre dans le port de Plymouth en Angleterre. Je ne sais si leurs chiffres sont exacts mais le gouvernement conservateur canadien désire recruter ici trente-deux mille hommes, dans un jeune pays de huit millions d'habitants. C'est énorme. Combien y aura-t-il de morts? Et pour des guerres déclenchées en Europe auxquelles on ne devrait pas participer, du moins en envoyant des Canadiens en dehors de notre pays. Celui-ci devrait avoir la liberté de demeurer neutre comme la Suisse.

20 octobre 1914

MILLE QUATRE CENTS HOMMES SONT DÉJÀ ENRÔLÉS

Le recrutement donne des résultats magnifiques.

23 octobre 1914

Les casernes sont actuellement prêtes à recevoir les nouveaux enrôlés. Les volontaires qui s'engagent dans le Royal Regiment Canadian Forces (RRCF) recevront la solde suivante:

Soldat:	1,10$ par jour	N.B. Les volontaires sont
Caporal:	1,20$ par jour	payés à partir du moment
Sergent:	1,50$ par jour	de leur assermentation.

28 octobre 1914

FAIT AU CANADA
Le rôle de la femme consommatrice

«Qui dit que le rôle de la femme consiste à surveiller et à attendre? En réalité une femme ne peut pas porter un fusil et aller au feu de la guerre; mais il y a un moyen par lequel elle peut aider et qui est tout aussi important: ce moyen consiste à supporter la prospérité du Canada. Il n'y a qu'à demander à chaque fois que vous faites un achat: «Est-ce fait au Canada?»»

Actuellement, une grande partie des dépenses des ménagères est consacrée à l'achat de produits importés. Supposons que toutes ces sommes aillent aux marchandises de fabrication canadienne? Pensez combien d'ouvriers seraient appelés à travailler pour répondre à cette énorme demande! Pensez à ce que cela signifierait pour nos industries canadiennes! Pensez quelle ère de prospérité cela créerait! C'est là le rôle de la femme de créer la prospérité au Canada, chasser à jamais le spectre des sans-travail et réunir des ressources pour poursuivre la guerre.

DÉPART DES CANADIENS
POUR L'ANGLETERRE

Femmes et jeunes filles viennent dire adieu aux «volontaires» qui partent à la gare du Grand Tronc pour Halifax, d'où ils s'embarqueront pour l'Angleterre afin d'aller combattre l'armée allemande. Une foule de parents et d'amis se presse à la porte des wagons du train spécial mis à la disposition des volontaires. Moi, je ne serais pas volontaire pour une guerre impérialiste. Je ne me battrais que pour la défense du Canada.

Beloeil, 25 septembre 1939

Je viens de terminer la lecture du cahier de notes de mon père étudiant (1914). Après vingt-cinq ans, même catastrophe! C'est à se décourager et à désespérer de l'humanité. Les hommes, politiciens et militaires, sont vraiment cupides, orgueilleux, stupides et entêtés. Sans coeur ni imagination. Ne pourraient-ils trouver d'autres solutions aux problèmes territoriaux, économiques ou politiques que des guerres, des suicides et génocides nationaux?

«Laissez aller le mouvement»

de: Amédée Monet
à: Simonne

Beloeil, Maison de la Providence
ce 15 mars 1939, 9h 30 pm

Ma chère Simonne,

C'est la première fois, depuis mon arrivée en ce lieu de retraite, que je me sens seul, absolument seul.

Je sais que ton récent séjour de repos à Beloeil te fut salutaire. Mais je ne suis pas sans comprendre que si tu l'as prolongé de six jours à six semaines, c'était dans l'intention de ne pas me laisser trop seul avec mes pensées et mes problèmes et faire en sorte que je ne m'ennuie pas trop. Je te remercie d'avoir posé ce geste de sympathie. Nous avons appris à mieux nous connaître, à nous mieux comprendre. C'est très important d'entretenir entre nous des relations cordiales.

Simonne, «mon cher Maître» – assidue des Matinées symphoniques de Wilfrid Pelletier – étant bon disciple, j'ai fait un choix judicieux de programmes musicaux. Ce soir, c'est l'Heure du concert à Radio-Canada. Je me sens plus près de toi, parce que toi aussi ce soir, à Montréal, tu es à l'écoute. Nous sommes ainsi en harmonie de pensées et de sentiments, charmés par l'écoute de la belle musique de Mozart (Amadéus de son prénom).

En plus, il me plaît de te dire que le merveilleux soliste de ce soir, ce Cecil Leeson, saxophoniste, m'a rappelé de joyeux souvenirs de jeunesse. La rapsodie pour saxophone de Claude Debussy, entendue ce soir avec tant de plaisir, n'avait pas en ce temps été composée. Je l'ai, ce soir, beaucoup appréciée.

Je fais ce soir ma méditation qui est loin d'être monotone, puisqu'elle est accompagnée de musique et de chant. Cela fait du bien parfois d'avoir l'occasion de se recueillir et de réfléchir loin des problèmes juridiques et financiers, dans le calme et l'harmonie...

Au plaisir de te revoir en bonne santé,

Papa
(Amédée)

Outremont, le 20 mars 1939

Mon cher papa,

Ta lettre fort sympathique, comme toi d'ailleurs, m'est parvenue à un moment où je suis en train de prendre une grande décision.

Je tiens à te remercier de m'avoir à nouveau offert en novembre des billets de saison aux Matinées symphoniques de l'auditorium du Plateau et aux concerts du soir.

Wilfrid Pelletier, lui, est un vrai maître. C'est un excellent pédagogue, un homme énergique et dévoué en plus d'être un grand musicien et chef d'orchestre. Il a le feu sacré pour la musique et désire le transmettre aux jeunes avec la coopération des musiciens de l'orchestre. Il enseigne: «Écoutez bien la sonorité de chaque groupe d'instruments. Soyez attentifs au temps, aux indicatifs des divers mouvements. Étudiez et pratiquez divers instruments autres que le piano. C'est important pour former un orchestre symphonique où vous, les jeunes, chercherez à faire carrière. Il importe que les musiciens et le public comprennent, à travers une oeuvre, le jeu de chacune des catégories d'instruments: cordes, cuivres, instruments à vent, percussions, etc.» Sa femme, Rose Bampton, l'accompagne souvent comme cancatrice. Ils forment un beau couple d'artistes.

J'ai retrouvé dans un cahier de notes les programmes des Matinées symphoniques et des premiers concerts du soir, en 1935. Entre autres pièces musicales interprétées à ces occasions: de Beethoven, l'Ouverture d'Obéron; de Félix Mendelssohn, le Capricio brillant en si mineur, au piano, Léopold Morin; de Johannes Brahms, la Première symphonie; de Tchaïkovsky, la Symphonie pathétique (la 6e); de Carl Philippe Emmanuel Bach, Fantaisie en do et fa majeur et de Maurice Ravel, trop tôt décédé (28 décembre 1937), Pavane pour une infante défunte. Je me souvenais avoir entendu au forum, en compagnie de Henri-Louis, son fameux Boléro. C'était percutant. Aux Matinées, le premier violon, Albert Chamberland, le violoncelliste Roland Leduc et le flûtiste Hervé Baillargeon m'impressionnaient beaucoup comme solistes jouant avec un orchestre symphonique. Ce sont d'excellents souvenirs qu'il me plaît de te rappeler et dont je te suis reconnaissante.

Tu as compris, papa, que la musique, qu'elle soit classique, semi-classique (André Costelanes) ou de jazz (Gershwin et sa belle Rhapsody in blue) *joue un rôle bienfaisant et de premier plan dans mon désir de culture musicale certes, mais aussi dans mes efforts soutenus et positifs vers l'équilibre. A l'audition de musique de choix, telle que présentée par Wilfrid Pelletier, ou entendue à Radio-Canada, j'ai toujours éprouvé des émotions intenses, des moments d'exaltation qui ont enrichi ma sensibilité et ma personnalité. Claude Debussy a écrit: «Laissez aller le mouvement...»*

Je te ferai part, aussitôt accomplie, de l'importante et audacieuse démarche que je compte entreprendre ces jours-ci.

Je te souhaite une heureuse fin de retraite, non fermée... Reviens-nous vite, gai et dispos.

Affectueusement
Simonne

Femme d'intérieur ou femme d'action

Maman trouvait que je m'absentais beaucoup trop de la maison. Au fond elle craignait pour moi les risques moraux que j'encourais en voyageant seule, en découchant si souvent et en rencontrant des jeunes gens, sans surveillance.

«Sois prudente, moins expansive et plus réservée. Trop de naturel n'est pas bon. Tu ne feras jamais une femme d'intérieur si tu ne passes ton temps qu'à lire, étudier et discuter.

— Ce sont mes goûts, mes intérêts.»

Maman ayant toujours eu de l'aide domestique, je ne me sentais aucune obligation d'aider à la tenue de maison. Je me sentais à l'aise en société, libre, jeune. Quant à maman, elle a toujours eu des réticences à répondre à mes questions touchant sa propre jeunesse. Elle n'a pas eu une «jeunesse dorée».

Un jour, je lui ai demandé à brûle-pourpoint:
— «Que faisais-tu, toi, Berthe Alain, à vingt ans à part d'aller au conservatoire Lassalle?
— J'aidais ma mère moi. Elle était veuve et pauvre. Je n'ai pas de souvenir de mon père. Il est mort d'un accident de travail lors de la construction du pont Victoria. J'avais deux ans.»
Puis d'ajouter en soupirant:
— «Sais-tu au moins quelle chance tu as d'être si libre?
— Je le sais, c'est pourquoi j'essaie de me dévouer pour les autres.»

À Beloeil ou à Montréal, grâce aux talents culinaires de maman, la cuisine était toujours très savoureuse et grâce à papa, fin causeur, les conversations en famille à table et avec les amis au salon, toujours intéressantes et instructives.

Quand la parenté et les amis intimes nous rendaient visite ils causaient surtout des grands débats qui agitent le monde des politiciens aux divers ordres de gouvernement. Si j'intervenais dans leurs joutes oratoires colorées de «rouge» ou de «bleu» selon les gens présents, c'était souvent pour prendre la contrepartie et les contredire. Je trouvais que les gens entre quarante et cinquante ans avaient l'esprit de clocher, l'esprit de parti; ils poussaient trop loin leur fanatisme politique et religieux.

Berthe Alain et ses parents, 1890.

D'après eux, je passais pour extravagante, idéaliste et naïve quand je leur présentais le point de vue de la jeunesse. Depuis 1938, à plusieurs reprises, j'avais rencontré des dirigeants de la Jeunesse indépendante catholique (JIC), Jeunesse ouvrière catholique (JOC), Jeunesse ouvrière catholique féminine (JOCF) et de la Ligue ouvrière catholique (LOC) lors de congrès diocésains. J'avais appris d'eux à connaître la situation lamentable de bien des familles ouvrières, des injustices économiques et sociales faites aux travailleurs, aux jeunes et vieilles employées d'usines et de magasins avant et pendant la guerre.

Dans les discussions, au salon ou à table, je me portais à leur défense et je traitais les adultes de bourgeois, de parvenus, d'asociaux. Ça créait des malentendus, des malaises chez mes parents et leurs amis. Selon moi, il fallait avoir le courage d'exprimer ses convictions. Je n'admettais pas que l'on dise, pour se décharger de ses responsabilités civiques de partage, «qu'il y aura toujours des pauvres parmi nous». C'est une phrase abrégée de l'Évangile, citée hors contexte et trop souvent pour se donner bonne conscience face aux pauvres, aux non instruits, aux malchanceux.

Je voulais joindre diverses associations qui améliorent le sort des gens. Maman me répliquait qu'il est bien prétentieux de penser que l'on puisse sauver le monde et que je ne devais pas éparpiller mon temps et mes énergies dans toutes les directions à la fois. Elle avait peut-être raison, mais comment faire autrement quand on voit les problèmes réels des gens moins favorisés? Le père Henri Roy, o.m.i, l'âme rayonnante de la JOC, avait écrit une brochure intitulée: *UN PROBLÈME: UNE SOLUTION*. C'était très révélateur et bien positif.

Pour trouver des solutions concrètes, la Jeunesse ouvrière catholique proposait une méthode intelligente et efficace, une pédagogie d'action: Voir, juger, agir. J'ai utilisé cette technique dans divers milieux et circonstances. Il m'apparaissait extrêmement important de mettre sur pied diverses organisations de jeunes adultes conscients de leurs responsabilités en vue de changer les rouages de la vie économique et cela dans chaque classe sociale: bourgeoisie, rurale, ouvrière.

Les milieux cléricaux, universitaires et politiques étaient alors en lutte et divisés à cause de l'état de guerre. Certains leaders optaient pour notre pleine participation, d'autres étaient tout à fait contre. Selon moi, ce n'était pas par l'enrôlement militaire des garçons, qui s'engageaient dans l'armée souvent faute d'instruction et de travail

ou par esprit d'aventure, encore moins par l'enrégimentation des
filles et des mères dans les usines pour encourager «l'effort de
guerre» qu'on allait améliorer moralement la situation; peut-être
quelque peu économiquement, mais à quels risques? Et pour
combien de temps?

Les filles, les fiancées, les ouvrières et ménagères étaient déjà
sollicitées par diverses activités en vue de promouvoir «l'effort de
guerre». Travail, argent, ressources et services bénévoles, tout était
de plus en plus réquisitionné par le Gouvernement canadien.

Voici VOTRE char d'assaut, Mme la MÉNAGÈRE....

et il déblaie la route pour notre MARCHE SUR BERLIN

VOUS avez mis en branle ce monstre d'acier qui nous assurera le
TRIOMPHE FINAL par votre participation généreuse à la vente
durant février sous les auspices de l'industrie alimentaire de

TIMBRES d'ÉPARGNE de GUERRE

Illustration tirée d'une brochure publiée par la FFCF.

Pour ma part, étant tellement anti-militariste, je ne voulais être influencée d'aucune façon par la propagande de guerre. Certes étaient nécessaires et indispensables les oeuvres de secours aux soldats, les Fonds canadiens des Oeuvres de guerre. «Obus pour la victoire», «Invest in Victory» annonçaient les affiches sur les tramways: au risque d'avoir l'air de manquer de coeur, je ne m'y prêtais pas. Auparavant, c'était presque péché de tricoter le dimanche. Le tricotage considéré comme une oeuvre servile devenait une tâche patriotique et indispensable. Quel revirement d'attitude et d'opinion!

Je percevais mon rôle social dans une tout autre sphère et atmosphère. D'abord poser à haute voix et en public, dans des groupes, noyaux, cellules, comités d'action de toutes sortes, les questions que je me posais intérieurement, puis, avec d'autres, y répondre honnêtement. Non pour discuter en dilettante mais bien à partir de cas, de problèmes réels et concrets, surtout pour appuyer nos dires par la mise en marche de plans d'action afin de faire avancer notre peuple vers plus de savoir, de participation aux affaires de l'Église et de l'État, cela par des moyens pacifiques: par

55

l'information, l'éducation et le recrutement de membres actifs, ceux qui n'étaient pas déjà enrôlés... Je ne voyais qu'une façon, qu'un moyen de savoir jusqu'où je pouvais aller pour réaliser mes rêves, mon idéal de vie: c'était de me mettre en route et de marcher vers le but que je m'étais fixé.

Les adultes un peu blasés me répondaient que les empêchements, les résistances aux changements de mentalité sont plus forts que «les têtes fortes» comme la mienne qui se frappent et se frapperont contre les murs et les portes closes. J'ai donc cherché au plus tôt à rencontrer et connaître plus intimement des professeurs renseignés et qualifiés qui étaient aussi des gens d'action, tels l'abbé Lionel Groulx, mon professeur d'histoire à l'Université de Montréal et le père Georges-Henri Lévesque qui donnait à l'occasion, à Montréal, des cours sur la coopération et l'économie ainsi que Victor Barbeau, Édouard Montpetit et d'autres leaders d'opinion. Ils connaissaient notre histoire et réfléchissaient à notre avenir comme société et comme peuple. Ce furent de bons conseillers, d'excellents guides pour la jeunesse.

Je fus toujours très intéressée et attentive aux études en histoire et en littérature. Je n'avais aucune compétence, aucune aptitude ni connaissance en sciences pures. Convaincue de la nécessité pour l'intelligence humaine de développer au maximum ses capacités de connaissance et de recherche, je poursuivais, le soir, à l'Université de Montréal, diverses études en auditrice libre. Le domaine des arts et de la création artistique m'intéressait aussi vivement. Persuadée que les changements sociaux souhaités seraient en grande partie réalisés par la jeunesse et en majeure partie par les jeunes femmes, j'étais devenue par la force des circonstances et par ma ferme volonté une fille d'action, une militante bénévole au service de causes idéalistes.

Je me demandais: Les jeunes peuvent-ils seuls livrer toutes les batailles, toutes les luttes sociales? Quelle devrait être la part des adultes? Et comment trouver au-dedans de soi une cohérence entre nos rêves, nos sensations et sentiments? Comment traduire et réaliser notre idéal de vie à l'intérieur des exigences matérielles de la vie quotidienne et cela en temps de guerre? Qui répondra à mes angoissantes interrogations? Qui?

Mon agenda
1940

2 janvier 1940

Dans toutes les familles, on fête le Nouvel An. Que nous réserve-t-il? Nul ne peut le prédire. Je souhaiterais que les Alliés et les nazis négocient la paix, au lieu de poursuivre les hostilités. La radio nous rappelait hier que nous sommes au cent vingtième jour de guerre européenne. C'est désolant cette violence qui déferle sur les citoyens et soldats de tous les pays. Et pour quels motifs? Pour des raisons d'idéologie, de domination, de pouvoir et de puissance économiques. De vengeance.

Pour se défendre du nazisme et du facisme les Alliés font aussi la guerre. Dans les deux camps on tue, on bombarde, on fait des prisonniers et des blessés de guerre. Et l'on veut nous faire croire, dans les deux camps, que l'Europe est civilisée et chrétienne.

Le Canada, lui, participe déjà à l'effort de guerre, en produisant et en fournissant des armes aux Alliés, en cherchant à mobiliser les jeunes comme conscrits. La Jeunesse ouvrière catholique organise de nouveaux services d'entraide et de relations épistolaires entre ses membres à l'entraînement dans les camps. Pour ma part, l'exercice de l'écriture dans un cahier-journal facilite et encourage la réflexion.

Voici quelques notes sur mon emploi du temps. Hier, 1er janvier, bénédiction paternelle, dîner et souper traditionnels de famille. Vers trois heures, visite officielle à l'archevêché de Montréal des dirigeants d'organismes religieux, des présidents de groupes sociaux, des représentants des autorités universitaires et municipales. Grand tralala de personnalités laïques et ecclésiastiques. J'y accompagnai mon père.

Il s'agissait de saluer, à l'occasion du Nouvel An, l'archevêque monseigneur Georges Gauthier, de lui offrir des voeux, d'exprimer aussi des souhaits pour la bonne marche de toutes «les oeuvres de miséricorde spirituelle et temporelle». L'archevêque saluait à son tour, bénissait chacun: «Que le bon Dieu vous bénisse, vous, votre famille et vos entreprises».

Un sergent-colonel de l'armée qui nous précédait dans le défilé s'agenouilla à son tour devant l'archevêque. Il baisa sa bague, une grosse améthyste, se releva puis dit d'un ton énergique:

«Monseigneur, puis-je vous poser une question?
— Assurément.
— Allez-vous dans vos sermons encourager vos ouailles à participer à la guerre?»

L'évêque parut très embarrassé par la question. Il répondit:

«Ma situation de pasteur est délicate. Les fidèles nationalistes, et ils sont nombreux, sont contre la conscription. Par contre, le gouvernement fédéral insiste pour mobiliser toutes les ressources canadiennes contre l'hitlérisme.»

Papa m'expliqua par la suite que monseigneur Gauthier se rappelait sûrement le pénible débat et le conflit de son prédécesseur, monseigneur Paul Bruchési, avec Henri Bourassa à l'occasion de la participation canadienne auprès de l'Angleterre à la guerre de 1914-1918 et particulièrement lors de la conscription imposée en 1917. Puis vint notre tour de saluer l'archevêque. Mon père me présenta:

«Ma fille, Simonne, propagandiste nationale de la JECF.
— C'est très bien, ma fille. Le Pape compte beaucoup sur l'apostolat des laïques surtout durant cette guerre. Plusieurs de nos prêtres éminents, tel le padre colonel Maurice Roy de Québec, sont et seront nommés aumôniers militaires dans les régiments canadiens. Les laïques doivent, non pas les remplacer, mais travailler davantage aux oeuvres de l'Église. Je vous encourage donc à vous dévouer dans

les diverses oeuvres de secours de guerre.» Je ne trouvai pas un mot à lui dire. Je saluai poliment et je sortis de la salle de réception.

Le salon épiscopal, rue Mansfield, au sud de la cathédrale, m'a paru très impressionnant. Canapés et fauteuils capitonnés de velours rouge, tableaux immenses, pièces spacieuses où circulent prêtres et prélats domestiques. Toute la pompe de l'Église catholique romaine se manifeste dans le palais épiscopal. Ceci me fait une mauvaise impression. Je préférerais plus de dépouillement, de simplicité.

Quoiqu'il en soit, je dois au cours des mois qui viennent visiter et rencontrer mes amies dirigeantes de la Jeunesse étudiante catholique féminine des collèges féminins et écoles normales dans plus de dix diocèses.

Début février

De retour des réunions étudiantes régionales de Québec et d'Amos, je me suis tracé un programme de loisirs culturels. J'assisterai à la pièce de théatre *L'Aiglon*, d'Edmond Rostand, présentée à l'auditorium de la Bibliothèque Saint-Sulpice.

J'aime l'architecture de cet édifice, j'admire ses vitraux, qui sont splendides. Dans la petite pièce de gauche en entrant, nous nous réunissons parfois quelques amateurs de musique classique pour écouter ensemble les disques de notre choix. Chacun apporte les siens, sans prétention. Ces rencontres improvisées sont toujours fort agréables en la joviale compagnie de Roger Duhamel, Jean Vallerand, Jean-Pierre Houle, Pierrette Alarie et d'autres. Je me joins à ce groupe aussi souvent que possible.

Début mars

Cette semaine, je me suis rendue de nouveau à Québec pour rencontrer le père Georges-Henri Lévesque et lui faire une demande. J'aimerais qu'il m'autorise à assister, comme auditrice libre, une fois la semaine, à l'un des cours du soir qu'il donne en sociologie. Un article lu récemment dans la *Revue dominicaine* m'a bien fait réfléchir. Le titre était celui-ci: «Catholique, es-tu un militant social?»

J'ai rencontré déjà quelques-uns des élèves de l'École, entre autres: Jean-Charles Falardeau, Gérard Lemieux, Jeanne Ménard, Doris Lussier, l'étudiant-comédien, le père Bruno Cormier, c.s.c, Acadien, Samuel Gagné, Jean-Pierre Després et d'autres. Plusieurs d'entre eux furent délégués de la Fédération canadienne des étudiants catholiques (FCEC) au Congrès international universitaire tenu aux États-Unis en 1939. Je connais plus particulièrement Roger Marier, licencié en droit devenu étudiant en service social. Il est l'amoureux de mon amie Suzanne Manny, présidente générale de la Jeunesse étudiante catholique féminine. Tous deux se sont connus lors de ce congrès et se fréquentent depuis. Heureuse rencontre!

Mes amis: Roger Marier et Suzanne Manny.

23 avril 1940

Aujourd'hui, fête de famille! Papa a cinquante ans. Il double le cap. Magistrat assermenté à l'âge de trente-deux ans, après avoir été six ans député, il ressent encore la nostalgie de l'époque de sa vie en politique active.

Après un souper-banquet, il a tenu à assister à une conférence aux Hautes Études commerciales prononcée par Édouard Montpetit sur l'avenir économique et social de la nation canadienne-française. Il m'a offert de l'accompagner et j'ai accepté avec plaisir.

25 avril 1940
Événement historique! L'Assemblée nationale accorde aux femmes le droit de vote et d'éligibilité. Grande victoire pour les vaillantes suffragettes dont Idola Saint-Jean et Thérèse Casgrain. Voici un très bref historique des récents débats à ce sujet:

**Escalade politique
sur la question du droit de vote;**
20 février 1940. — Le projet de loi sur le suffrage féminin est inscrit dans le discours du Trône prononcé par le premier ministre Adélard Godbout;
1er mars 1940. — Le cardinal J.M. Rodrigue Villeneuve, o.m.i, publie dans la *Semaine religieuse* de Québec un communiqué donnant quatre raisons pour lesquelles lui et l'Assemblée des évêques ne sont pas favorables au suffrage politique féminin:
1. Parce qu'il va à l'encontre de l'unité et de la hiérarchie familiale;
2. Parce que son exercice expose la femme à toutes les passions et à toutes les aventures de l'électoralisme;
3. Parce que, en fait, il Nous apparaît que la très grande majorité des femmes de la province ne le désire pas;
4. Parce que les réformes sociales, économiques, hygiéniques, etc., que l'on avance pour préconiser le droit de suffrage chez les femmes, peuvent être aussi bien obtenues grâce à l'influence des organisations féminines en marge de la politique.

Tous les journaux publient cette importante déclaration qui embarrasse beaucoup le gouvernement Godbout;
9 avril 1940. — Le projet de loi numéro 18 est présenté à l'Assemblée nationale;

18 avril 1940. — Après plusieurs débats le projet est adopté par une majorité de soixante-sept contre neuf;
Le 25 avril 1940. — Le projet est soumis au Conseil législatif et adopté par une majorité de treize contre cinq.

Du journal *Le Canada* papa m'a donné toutes les coupures de presse à ce sujet: «Pour toi, un petit dossier». Après plus de quinze ans de luttes tenaces et pacifiques de la part d'une minorité de femmes, les citoyennes de la province de Québec, à l'instar de celles des neuf autres provinces du Canada, vont pouvoir enfin voter. Pour ma part, je ne pourrai exercer ce nouveau droit provincial qu'après novembre lors de mes vingt et un ans.

26 avril 1940

Cet après-midi, magnifique concert de piano à L'École supérieure de musique d'Outremont*. Mes amies Claude Duguay et Paule-Aimée Bailly, pianistes, étaient les solistes. Elles ont aussi joué en duo. Quelles artistes! Elles feront sûrement une belle carrière de pianiste. Je le leur souhaite. Cette école sous la direction de soeur Marie Stéphane engage d'excellents professeurs tels Jean Dansereau, lui-même pianiste de concert. J'aime beaucoup assister aux divers concerts présentés par cette école. J'y rencontre des collégiennes de Montréal, comme la très vaillante Jeanne Cloutier, cheftaine-guide et étudiante au collège Marie-Anne. Elle et sa soeur Camille sont amateurs de musique. Toutefois Wilfrid Pelletier conseille aux jeunes d'étudier divers instruments d'orchestre autres que le piano.

Je me souviens de jeunes et brillants universitaires italiens et allemands rencontrés l'an dernier à une soirée de folklore international. Peut-être s'entretuent-ils cet été? Et pourquoi? Pour qui? Pour défendre l'honneur de leur patrie. C'est le refrain, le slogan, le mot d'ordre dans les deux camps ennemis.

*École Vincent d'Indy

17 juin 1940

La fameuse ligne Maginot du ministre français de la Guerre, n'a pas été la fortification imprenable que l'on croyait. La France, en guerre depuis septembre 1939, a été envahie par les hordes allemandes et est en partie occupée.

En manchette dans le journal *Le Canada* : «Le maréchal Philippe Pétain, âgé de quatre vingt-quatre ans, vient de conclure l'armistice avec les Allemands. En zone libre à Vichy, la majorité des membres de l'Assemblée nationale a voté les pleins pouvoirs au nouveau chef de l'État. Il forme un nouveau gouvernement».

18 juin 1940

De Londres, le général de Gaulle, général de brigade, invite les Français à la résistance. De Gaulle fait un vibrant appel à la mobilisation du Nouveau Monde, à son pouvoir économique et productif pour venir sauver le Vieux Monde.

20 juin 1940

Le gouvernement canadien vient de voter la loi de mobilisation des ressources naturelles, industrielles, financières et humaines, mais, a déclaré à la radio le ministre de la Justice, Ernest Lapointe, pour la seule défense du Canada.

Au nom de l'Église, le cardinal Villeneuve de Québec incite les membres du clergé et les fidèles pratiquants à faire leur devoir civique et patriotique. Indirectement, il encourage l'enrôlement des jeunes. Cette attitude cléricale me déconcerte. On veut abattre Hitler mais on encourage la participation à la tuerie.

12 juillet 1940

Les bulletins de nouvelles et les manchettes des journaux signalent à toute la population canadienne qu'à partir du 15 juillet tous les hommes célibataires seront mobilisés.

Pour éviter la mobilisation obligatoire, plusieurs parmi mes ami(e)s de Montréal et surtout d'ici qui se fréquentent depuis quelque temps, qui «sortent ensemble», discutent de l'opportunité de se marier hâtivement. Certains d'entre eux sont allés rencontrer le curé Saint-Amour, de la paroisse Saint-Mathieu de Beloeil en vue de faire le nécessaire à cet effet. Ils doivent aller au confessionnal pour obtenir un billet de confession garantissant qu'ils sont bien en état de grâce, sans péché mortel sur la conscience. C'est la pratique courante.

Les curés ont reçu de l'épiscopat une autorisation spéciale pour marier les jeunes couples à toute heure, même le dimanche. C'est la première fois que l'on peut se marier avec dispense de publier les bans aux messes des deux ou trois dimanches précédant le jour des noces.

17 juillet 1940

Aujourd'hui, j'ai participé à deux de ces mariages de mes amies. Ces jeunes couples seront-ils heureux? Ma grand-mère Monet avec qui je parlais de cette extraordinaire aventure m'a dit sur un ton un peu désabusé: «Ma fille, le bonheur dans le mariage, c'est un coup de dés». Faut dire que c'est une grande joueuse de cartes et de jeux de hasard...

2 août 1940

Le maire de Montréal et député conservateur au provincial, Camilien Houde, prêche la désobéissance civile. Il a refusé de se faire enrôler et il recommande aux citoyens de faire comme lui, de ne pas s'engager.

5 août 1940

Il est arrêté par la Gendarmerie royale du Canada (GRC). Quoique l'opinion publique lui soit sympathique

et que certains avocats anti-conscriptionnistes interviennent déjà pour exiger un procès, il est emprisonné. Le
journal *Le Canada* titre: «Notre Camilien national a
encore fait des siennes.» Arrêté par la GRC, il s'est mis à
chanter au quartier général de la police. «Je t'y plumerai le
cul, alouette...» La rumeur dit qu'il sera emprisonné dans
un camp de concentration. Mais où et pour combien de
temps? La loi sur les mesures de guerre s'applique
sévèrement.

19 – 20 – 21 août 1940

Qui aurait prévu ça? King décrète l'inscription nationale
obligatoire pour tous les citoyens du pays. Tous les
citoyens de quatorze à soixante ans doivent alors posséder
et porter sur eux une carte d'identité, d'inscription pour
obtenir des coupons de rationnement ou un emploi.

30 août 1940

À cause de la guerre en Europe, le Congrès international de Pax Romana a lieu cette année au collège Saint-
Laurent. Seuls les délégué(e)s américains et canadiens y
assistent.

Un groupe de 88 délégués de la Fédération canadienne des étudiants catholiques
assistant au congrès de Pax Romana.

J'ai participé aujourd'hui à quelques séances de discussion en vue d'établir, en ce temps de guerre, des plans d'action pour créer plus de solidarité entre les universitaires catholiques d'Amérique.

5 septembre 1940

Grandioses funérailles de l'archevêque de Montréal, monseigneur Georges Gauthier. Après le service funèbre, un haut dignitaire ecclésiastique m'a dit: «Dorénavant les dirigeant(e)s de l'Apostolat laïque travailleront sous la direction de monseigneur Joseph Charbonneau. Celui-ci a été sacré archevêque de Montréal à la fin d'août». L'an passé il était évêque de Hearst en Ontario. Il est, a-t-on dit, natif de Lefaivre. C'est un franco-ontarien qui a fait ses études classiques et théologiques ici dans la province.

18 septembre 1940

J'ai obtenu ces jours derniers, par l'entremise du père Émile Deguire, aumônier de la JOC, un rendez-vous au parloir de l'archevêché pour m'entretenir avec le nouvel évêque. On dit de lui qu'il était, dans son diocèse du nord de l'Ontario, très sympathique aux problèmes des vieillards, des ouvriers et des jeunes, qu'il n'aime pas le faste, les costumes d'apparat, qu'au contraire c'est un prêtre humble et compréhensif.

Il vient de déclarer avoir l'intention de rédiger d'ici quelques mois un guide, une charte de l'Action catholique laïque. C'est à ce sujet que j'ai demandé et obtenu une audience auprès de lui. Je désire lui faire part de mes expériences, de mes opinions et de mes difficultés d'action dans ce domaine particulier, et lui demander conseil au sujet de mes projets d'avenir dans divers autres mouvements de jeunesse.

20 septembre 1940

Jour important dans ma vie de militante. J'ai été reçue très cordialement par monseigneur Charbonneau dans un petit parloir de l'archevêché. Très grand, bel homme, d'allure fort sympathique, pas prétentieux, il m'a dit être surpris par ma démarche quelque peu audacieuse et surtout inusitée. Je lui ai confié mes difficultés de jeune fille, impliquée volontairement et bénévolement dans l'Action catholique, face aux attitudes autoritaires des responsables religieux, d'un évêque en particulier: «Ils me considèrent trop indépendante d'esprit, me reprochent de prendre trop d'initiatives et de responsabilités dans l'organisation et la conduite des journées d'étude, d'exercer trop d'influence dans la formation des plus jeunes dirigeantes, enfin de troubler la conscience et les sens de certains jeunes aumôniers par ma désinvolture, mon rire facile, ma coquetterie naturelle, ma tenue vestimentaire, enfin par mon allure par trop familière. Réalisez-vous que les prêtres n'ont été jusqu'à présent en contact qu'avec les religieuses, les Enfants de Marie et les Dames de Sainte-Anne?»

Puis je lui ai présenté deux textes de conférences que j'avais prononcées en public lors de journées d'études à Valleyfield et à Saint-Jean d'Iberville.

«Croyez-moi, je suis très convaincue, comme bien d'autres dirigeants et dirigeantes, de l'importance de notre engagement social et apostolique dans les mouvements spécialisés de jeunesse canadienne. Moi, j'ai une raison de militer dans l'Action catholique. C'est en tant que laïque et instruite de mes responsabilités, consciente de la bonne influence que je peux exercer pour apprendre aux filles à réfléchir, à s'exprimer tout haut, à se grouper dans chaque école normale, chaque collège. Dans une section de la Jeunesse étudiante catholique féminine (JECF) on peut faire l'apprentissage d'une méthode d'observation, de réflexion et d'action (Voir, juger, agir) qui n'est pas enseignée dans les programmes d'études pédagogiques.

«Nous voulons prendre des risques, relever le défi d'être pris ou non au sérieux, passer les tests et les épreuves de nouvelles relations avec les parents, les professeurs, les prêtres, mais surtout et d'abord, entre étudiants et étudiantes et avec nos aumôniers. Ceux-ci sont des prêtres plus évolués, plus compréhensifs des talents et des responsabilités des jeunes. Ils croient à l'importance des groupes organisés de jeunes catholiques non traditionalistes et non dogmatiques.

«Selon moi, l'expérience valable consiste en sa propre expérimentation, en sa propre prise en charge avec l'aide d'autres personnes, jeunes et adultes, qui croient au même idéal, qui ont les mêmes objectifs. Une marge d'autonomie personnelle est essentielle aux jeunes pour bien accomplir «leur devoir d'état» et prendre des responsabilités sociales. Notre vie quotidienne, sous le signe du risque et de l'enthousiasme, sera plus chrétienne parce que plus humaine aussi.

«On me reproche de ne pas être très orthodoxe et de ne pas expliquer l'encyclique. Les filles n'ont pas eu accès à la théologie, alors... Je vous l'avoue, je ne tiens pas à être «le prolongement du bras» et du sacerdoce de l'évêque, comme on nous le dit parfois, ni son porte-parole. Je veux demeurer une militante laïque de plein pied et à part entière dans un travail apostolique où nos propres instruments de travail sont à inventer. Nos messages doivent être conçus et exprimés par nous, à notre façon, dans notre style, à l'intérieur d'équipes, en collégialité avec les responsables de l'Action catholique.

«Jusqu'à ce jour, nous les laïcs de tout âge et de toute génération, spécifiquement les femmes, avons été des objets de sanctification, de prédication, d'exhortation, de consignes, de mots d'ordre, etc. Nous ne serons pas des répétiteurs de sermons préfabriqués. Nous voulons être traités dans l'Eglise comme des sujets à part entière avec des responsabilités réelles. Nous désirons à travers nos études, nos amitiés et nos amours assumer le risque d'être vraiment chrétiens tout en conservant notre libre arbitre.»

Monseigneur Charbonneau a consenti fort aimablement à lire immédiatement devant moi ces deux courts extraits de conférences. Puis, calmement, il m'a posé quelques questions d'information sur le contexte dans lequel avaient été prononcées ces paroles. Je lui donnai les explications pertinentes. Il en parut satisfait. J'osai reprendre la parole:

«Monseigneur, vous venez d'être nommé chef spirituel d'un grand diocèse. On m'a dit que vous comptiez écrire bientôt un guide ou une charte de l'Action catholique.

— C'est exact.

— J'aimerais que vous teniez compte des problèmes rencontrés par les jeunes militant(e)s dans la recherche et l'exercice d'une spiritualité vraiment laïque. Personnellement, je recherche avec sérieux, en toute bonne volonté et conscience à vivre le message évangélique dans mon milieu. Ce ne sont pas «les exercices spirituels de Saint-Ignace» qui peuvent m'y aider...Je ne suis pas une rebelle, mais l'orthodoxie, le traditionalisme, l'autoritarisme de la hiérarchie catholique romaine ne peuvent attirer le dévouement d'une jeunesse moderne. Il faut réinventer une nouvelle approche. La Jeunesse ouvrière catholique belge et canadienne l'a trouvée. Je m'en inspire.

— Mademoiselle Monet, priez l'Esprit saint qu'Il vous éclaire. C'est l'esprit de force et d'amour. Poursuivez votre apostolat dans le sens que vous dicte votre conscience. J'ai confiance en votre sincérité et en votre honnêteté de pensée et de parole. Allez, je vous donne ma bénédiction.»

25 – 26 octobre 1940

Élections provinciales. Duplessis et Godbout s'affrontent. Je n'aurai vingt et un ans que le 4 novembre. Je ne puis donc pas encore voter. C'est partie remise. D'ici là je vais m'intéresser de plus près aux législations en cours.

5 novembre

Hier, mes parents m'ont organisé une fête-surprise, invitant plusieurs de mes ami(e)s à célébrer mes vingt et un ans. Ce fut très agréable. Mon amie Alexandrine Leduc s'est fait accompagner par Michel Chartrand qui venait chez moi, à Montréal, pour la première fois. Il n'a pas causé avec moi, mais m'a offert, bien discrètement, une gerbe de chrysanthèmes de teinte cognac vraiment magnifiques. «Avec mes hommages», a-t-il écrit sur une petite carte toute blanche. Au moment de son départ, je l'ai remercié de son cadeau somptueux.

«J'espère vous revoir», m'a-t-il dit.
— Vous êtes le bienvenu ici.»

17 novembre 1940

Film de Charlie Chaplin au cinéma Orphéum. *The Dictator* fait courir bien des cinéphiles admirateurs de Chaplin. C'est un film bouleversant qui fait comprendre le cruel antisémitisme d'Hitler. Ça me fait bien réfléchir. J'ignorais que ce problème humain et politique était aussi crucial. Au Canada, nous savons peu de choses sur les intentions et les actions d'Hitler contre les Juifs. Nous sommes sortis du cinéma sans parler. Nous étions mal à l'aise, songeurs.

23 novembre 1940

Grand jour pour Madeleine Maher et Benoît Baril. C'est le premier couple de nos amis qui s'aventure dans la voie du mariage. Heureusement, ils sont bien préparés, amoureux et respectueux l'un de l'autre. C'est une fête de famille mais aussi une fête d'ami(e)s pour tous ceux et celles de la Centrale avec qui Benoît a travaillé depuis plusieurs années comme président général. Madeleine s'est fait estimer de tous.

26 novembre 1940

Michel Chartrand est venu galamment m'offrir un billet de concert pour que je l'accompagne à l'Auditorium

Mariage de Benoit Baril et Madeleine Maher.

du Plateau entendre un programme consacré aux oeuvres de Beethoven. C'est son compositeur préféré. Je l'ai remercié mais j'ai répliqué que j'avais déjà un billet puisque j'étais abonnée pour la saison des Concerts symphoniques de Montréal. En guise de réponse, il s'écria: «Évidemment, j'aurais dû m'y attendre. Une fille de milieu bourgeois a toujours des billets de saison; ça va de soi.» Je n'ai pas su quoi répondre tant j'ai été surprise de sa réaction.

Nous sommes tous deux allés au concert Beethoven mais séparément. À l'entracte, je l'ai revu. Sur un ton amical, il m'a dit:

«Le siège voisin du mien est resté vacant.

— Est-ce une nouvelle invitation à vous accompagner?» Il fit un signe de tête, me prit le bras et m'amena gentiment à son siège. J'ai écouté près de lui cette deuxième partie du concert dans un grand ravissement. Nous aimions la même musique... À la sortie, il m'a offert de venir me reconduire à la maison.

«Je vous remercie mais j'ai l'automobile de mon père. Je peux, moi, vous ramener au carré Saint-Louis si vous le désirez.

« — Non merci, je marcherai. J'aurais dû savoir qu'une fille de juge ne prend pas le tramway comme tout le monde.
— Vous êtes bien agressif avec moi. Pourquoi chercher à me revoir si je vous déplais tant?
— Vous ne me déplaisez pas, c'est le milieu bourgeois qui me déplaît.
— Je n'y peux rien. Bonsoir.»

7 décembre 1940

En ce samedi après-midi à l'auditorium du Plateau, les Compagnons de Saint-Laurent ont présenté *Les Femmes savantes* de Molière. Spectacle monté avec goût. Le texte de Molière est très satirique et fort intéressant comme témoin de la psychologie sociale du XVIIe siècle.

Michel Chartrand m'a accompagnée et raccompagnée à la maison. Dans la soirée, au salon, il m'a lu des textes d'un volume de Georges Duhamel — auteur qu'il aime beaucoup — intitulé *La Possession du monde*. Michel et moi avons tour à tour commenté ce texte tellement humanitaire. Nous ne regardions pas l'heure. Mais ma mère est venue me prévenir qu'il était une heure trente du matin. Michel a compris l'ordre donné indirectement...Il est parti en me laissant à lire son précieux bouquin.

* * *

Quand je rencontrai Michel Chartrand dans les années 1940-1941, il lisait avec avidité et plaisir des essais, romans et récits de Georges Duhamel, membre de l'Académie française. Michel, toujours un journal et un livre sous le bras, me lisait avec enthousiasme des passages des oeuvres de ce grand écrivain.

La guerre sévissant en Europe, une partie de la France étant occupée par les Allemands, les libraires du Québec se trouvaient coupés de tout contact avec les maisons d'édition françaises, dont Mercure de France qui éditait Georges Duhamel. Heureusement que Dussault et Péladeau des éditions Variétés prirent la relève et rééditèrent, vers 1943-1944, Duhamel et bien d'autres grands écrivains français. Benoît Baril, de Périodica, établit également des contacts avec les éditeurs français dès la fin de la guerre.

21 décembre 1940

Je ne savais pas que mon ami Michel avait eu vingt-quatre ans hier. Il est si sérieux pour son âge. À la fois méditatif et actif. Il a une personnalité exceptionnelle, beaucoup de raffinement et de sensibilité quoiqu'il n'exprime que très rarement ses sentiments. Toutefois, il persiste à me rencontrer, à me fréquenter régulièrement, plus rarement à me visiter chez moi.

Ce soir, nous sommes allés ensemble à l'auditorium du Plateau entendre le grand violoniste acadien Arthur Leblanc. Quel coup d'archet! Ses interprétations sont émouvantes. Il doit bientôt partir en tournée de concerts en Europe. Il fera honneur à son Acadie natale.

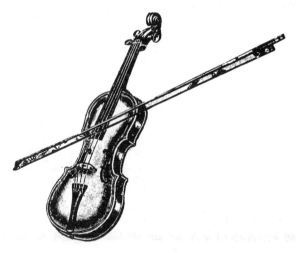

Quoi de plus beau que des lettres d'amour?

On les écrit fébrilement, on les envoie et les attend avec patience, on les lit et relit avec ferveur et enchantement. Puis on les cache dans des coffres comme des bijoux précieux. Au fond des tiroirs, des armoires de notre mémoire. Pourquoi? Si nous avons la joie et le privilège de posséder de précieux bijoux de famille, pourquoi ne pas les montrer, les porter puis les offrir de notre vivant? Non par ostentation, exhibitionnisme et vanité mais pour le plaisir et le rayonnement du coeur.

Quel plus beau bijou qu'une lettre d'amour! Je vous l'offre en toute amitié.

Mon journal
1941

Montréal, 1ᵉʳ mars 1941

Pour la première fois, je suis invitée à souper dans la famille de Michel qui vit au carré Saint-Louis. Il m'a présentée aux siens comme «sa petite et grande amie». L'accueil fut très sympathique. Ses parents, sa jeune soeur Jacqueline et surtout son frère Marius, ont semblé étonnés de réaliser que «l'ex-moine trappiste d'Oka», garçon si sérieux, soit, selon la formule habituelle, «tombé en amour». Je n'aime pas cette expression qui paraît signifier une déchéance, un faux pas. On devrait dire «s'élever en amour».

19 mars 1941

Les États-Unis ont signé un accord avec le Canada au sujet de la canalisation du Saint-Laurent. On en parle beaucoup dans les journaux et à la radio. Certains sont d'accord, d'autres pas. Les points de vue diffèrent beaucoup. Pour ma part, c'est l'eau du fleuve Saint-Laurent que je veux navigable jusqu'à Montréal. J'ai une grande passion pour les cours d'eau: ruisseaux, rivières et lacs. Le Saint-Laurent est vraiment un fleuve magnifique sur tout son parcours, vers le golfe, vers la mer.

15 avril 1941

J'ai assisté comme sociétaire à une réunion de la coopérative La Bonne Coupe, située rue Sainte-Catherine près de Saint-Denis, au-dessus du café Saint-Jacques. Michel Chartrand, ça va de soi, présidait l'assemblée.

Moi, je ne connais rien aux procédures d'assemblée d'une coopérative. C'est une petite gymnastique intellectuelle démocratique qui permet à chaque sociétaire de pouvoir s'exprimer et voter sur des propositions. J'ai vite appris la procédure (le code Morin). Ça m'intéresse comme formule de participation populaire. Malgré ça, j'avais hâte que «mon président» déclare la réunion terminée, la «levée de l'assemblée»...

18 avril 1941

Depuis quelque temps je ressens une grande fatigue cardiaque. Le docteur Pépin, notre cardiologue de famille, m'a conseillé très fortement de prendre un repos complet. Il exige que je démissionne de mes activités à la Centrale de la Jeunesse étudiante catholique (JEC), qui d'ailleurs déménage de la Palestre nationale dans des nouveaux locaux rue Sherbrooke est. Ce serait, pour moi, occasion de surmenage. Un choc! Une nouvelle épreuve. Je dois de toute évidence m'y résigner.

Évidemment, je suis épuisée par tous mes voyages depuis deux ans dans les collèges classiques féminins et les écoles normales de la province, de pair avec mes études et... mes amours. Je suis très tourmentée à cause de mes amours difficiles avec Michel. Mes parents me trouvent trop idéaliste, trop rêveuse et ne veulent pas entendre parler de fiançailles encore moins de mariage: «Pourquoi te marier et avoir de la misère? Pourquoi courir au-devant des difficultés?»

La guerre continue toujours, on sera bientôt au six centième jour de guerre en Europe. Quelle tragédie! Bêtise humaine universelle! Je n'ai pas personnellement à me plaindre de la guerre. Michel lui, n'a eu jusqu'à présent qu'à faire, en janvier dernier, un mois d'entraînement militaire à Huntingdon, mais depuis il a été renvoyé du Canadian Officers Training Corps (COTC) pour avoir refusé de signer l'engagement pour service actif, parce qu'il ne voulait pas remplir les formules imprimées uniquement en anglais. Le COTC l'a transféré comme «private» au régiment de Maisonneuve. «Vous irez avec les Hommes», lui ont-ils dit. Dans l'armée les grades semblent très importants.

29 avril 1941

Heureusement, ce soir, j'étais physiquement assez bien pour aller au concert-festival Beethoven avec Michel qui aime tant sa musique, l'ensemble de ses compositions. J'étais en tenue du soir, robe longue et manteau de fourrure. Quel luxe quand tant de familles à travers le monde sont en deuil et vivent dans les ruines! Cette pensée a gâté, gâché cette soirée par trop mondaine. Je suis perplexe...

J'ai le coeur affecté. Je souffre d'arythmie, mais je veux surmonter mon abattement physique. Il le faut. Je n'ai plus à exercer aucune responsabilité ni mandat dans les mouvements étudiants. Je peux donc me reposer et reprendre de la vitalité avec la venue du printemps. Vienne le printemps!

16 mai 1941

Ce soir, comme chaque vendredi de sept heures à sept heures trente, la radio nous présente *La Pension Velder* de Robert Choquette et *Un homme et son péché* de Claude Henri Grignon. Toutes les familles canadiennes-françaises sont à l'écoute, presque religieusement.

Dimanche dernier, mes parents m'ont amenée à Saint-Adèle, souper et veiller chez Grignon (Claude Henri) «le lion des Laurentides», «l'ours du Nord». C'est aussi un pamphlétaire. Valdombre est son pseudonyme. Il est grandement influencé par Léon Daudet et Léon Bloy. Il écrit des bulletins auxquels papa est abonné. À leur lecture, Valdombre m'apparaît peu moderne dans ses opinions. C'est un intégriste. Son style est dur, cru, direct. Il attaque les institutions, les gouvernements et les gens. Il est à la fois pour et contre Duplessis. Il me semble incohérent et illogique. Ce n'est pas un penseur ni un littéraire, c'est un bagarreur, mais un bon conteur. Il tient cela du «vieux doc Grignon», son parent de Sainte-Adèle, également écrivain.

J'ai à te dire

Peut-on vraiment savoir comment une personne ressent un sentiment d'amour véritable? Par ses dires? Par ses agirs?

Je crois qu'au-delà de la communication verbale, qui inclut un dialogue parfois trop direct, la communication écrite est à la fois plus subtile, plus raffinée, plus exaltée, plus intimiste. La correspondance à mon sens est une approche privilégiée qui permet de mieux éprouver, découvrir, saisir et révéler la tonalité, les variantes, les nuances de nos pensées, réflexions, émotions et sentiments intimes.

de: Simonne
à: Michel Chartrand

Montréal, le 5 juin 1941

M. Michel Chartrand
C.P. 219
Sherbrooke

Michel, mon ami chéri,

Dans quelques jours aura lieu un exercice d'obscuration totale de quinze minutes comme pression de propagande de guerre. On organise et annonce aussi une parade militaire et des discours d'hommes politiques à l'occasion d'une assemblée importante pour l'Emprunt de la Victoire, afin de financer notre participation à cette horrible guerre.

Je te souhaite bonne chance dans tes négociations à Sherbrooke en vue de l'achat d'une manufacture pour la fabrication de vêtements pour la Coopérative. Je ne connais rien aux affaires, mais je crois et j'ai confiance au mouvement coopératif et à son propagandiste... En général, les Canadiens français sont trop individualistes et opportunistes en affaires et ne veulent rien risquer dans une autre orientation d'affaires avec des sociétaires égaux au niveau des décisions. Ce n'est pas pour rien qu'on les appelle des «chefs d'entreprise». Enfin espérons qu'il y ait progrès dans ce

Michel Chartrand «en costume de penseur».

domaine. Je sais que tu y travailles avec ardeur, mais est-ce suffisant? Il faudrait des équipes de propagandistes régionaux du mouvement coopératif.

Je te rejoins par la pensée.

Simonne

de: Michel Chartrand
à: Simonne

Québec, le 10 juin 1941

À toi, ma Simonne d'amour,

Il est tard. Mes yeux se ferment mais je pense à toi et me demande à quoi et avec qui tu as passé la journée, toi la militante si active.

Je dois t'avouer que quand je t'ai vue pour la première fois dans le corridor de la Centrale de la Jeunesse étudiante catholique, je n'osais espérer te revoir ni croire que je pouvais avoir place dans tes amitiés. J'avais été très ému, sans le laisser paraître, bien entendu, selon mon tempérament, quand tu m'as montré une carte que tu avais trouvé le temps d'acheter pour me souhaiter un prompt rétablissement. Je ne sais comment te dire toute l'émotion ressentie maintes fois en goûtant ta délicatesse accompagnée d'une grande simplicité et d'une grande réserve, ma petite et grande fille d'amour.

J'ai eu rendez-vous hier, à l'École des sciences sociales, avec le père Lévesque, président du Conseil de la coopération. J'y ai revu Alfred Rouleau, comme moi membre de la JIC. Il est actuellement agent de La Laurentienne, compagnie d'assurance-vie canadienne-française. J'en ai profité pour assurer notre avenir... Rouleau, comme moi, est un fervent adepte du mouvement coopératif. Je pars demain avec lui pour Chicoutimi et le Lac Saint-Jean parler de coopération et de la possibilité d'organiser des coopératives de vêtements. Je t'écrirai de là.

Continue à te faire la vie intéressante. Apprends à te reposer. S'il te plaît, téléphone à maman, elle t'aime beaucoup. J'ai peu de temps pour écrire. Je le prends pour toi sur mon sommeil.

Toujours quand tu n'es pas près de moi, je voudrais écrire ce que je ressens pour te le faire partager et goûter. Je voudrais aussi écrire tout ce que je trouve en toi de beauté, de bonté et d'amour, tout ce que tu m'apportes de réconfort. Ce n'est qu'à travers notre amour, que je te confie, que je puis connaître et assimiler la joie, le bonheur, la raison d'être de notre existence.

Je ne te quitte pas, ma Simonne d'amour.

Michel

de: Michel Chartrand
à: Simonne

Québec, le 11 juin 1941

Ma Simonne,

Je suis encore à Québec en compagnie d'Alfred Rouleau, bon compagnon et bon guide. Avec lui, j'ai visité les coopératives de Québec et de Lévis.

Je rencontre des gens susceptibles de s'intéresser à financer sous forme coopérative l'industrie du vêtement que les industriels et commerçants canadiens-français ont laissé aller aux mains des étrangers: Juifs, Syriens et Libanais. En plus, il y a le problème des réquisitions de tissus pour les soldats engagés dans l'armée.

Les entretiens que j'ai eus avec plusieurs marchands me confirment dans mon opinion que plusieurs sont parfois des crétins bornés et égoïstes. On se soucie peu du patrimoine national. Plusieurs d'entre eux ont perdu, en affaires, tout sens de l'initiative, du risque et de l'imagination. Ils sont routiniers, non audacieux. Certains mènent un «gros train de vie» et dilapident vite les biens d'une petite entreprise familiale ou ils la laissent vivoter sans réinvestir.

Les commerçants et fabricants dans l'industrie du vêtement sont très individualistes et rejettent le principe coopératif. Ces «chefs» de petites entreprises tomberont tôt ou tard dans l'ombre et la décrépitude. On manque vraiment de fierté nationale; il faut bâtir à neuf.

Dans un tout autre domaine, j'ai participé ce soir à un comité d'étude de la JIC sur le thème des fréquentations. Il fut encore question des dangers de la sexualité, de la séduction par les femmes et d'occasions de pertes de vocation religieuse et missionnaire, du risque pour les jeunes filles de perdre leur virginité et nous, les jeunes gens, notre chasteté par les méfaits de la chair.

Les prêtres et les éducateurs sont encore bien jansénistes. Ils méprisent la vie sexuelle, même normalement vécue. Ils n'y voient que des occasions de péché et non d'épanouissement. Une conversation et une discussion se sont engagées entre le directeur du comité et les membres présents sur la fréquence et la durée des baisers et leurs graves conséquences pour la morale. Mon idée est faite là-dessus.

Quoiqu'il en soit je te sens tout près de moi et tu m'es d'un grand réconfort. Ta photo est dans le carnet où j'inscris les adresses, les dates d'entrevues et de réunions. En voyage, je le consulte plusieurs fois par jour tout en te regardant.

Même si dans ce voyage tout ne va pas à mon goût, ta photo illustrant ton sourire, la bonté qui se traduit en beauté sur ta figure et la flamme de tes yeux chassent mes hésitations, mes mécontentements. Quand je suis sur le point de me décourager, de m'affaisser, tu m'apparais et alors c'est une nouvelle journée qui commence et je suis dispos. Tu es ma force, ma confiance, mon espoir.

Je t'aime toujours davantage.

Michel

de: Simonne
à: Michel Chartrand

Beloeil, le 13 juin 1941

Michel Chartrand
a/s Abbé Étienne Côté, aumônier
Action catholique de la jeunesse canadienne
Rue Racine
Chicoutimi

À toi que j'aime tant,
Vraiment je me sens tout émue en écrivant ton nom, à la pensée que bientôt, je l'espère, il sera le mien: Simonne Chartrand. Je garderai ma pleine identité comme Simonne Monet et j'ajouterai l'apport de ton nom et de ton affection.

J'ai tellement d'impressions à te communiquer que je ne sais si je dois commencer par les plus récentes ou par celles que, faute d'assez de réflexion et de méditation, je sens encore assez confuses.

Mon ami, je me sens bousculée terriblement par la rapidité avec laquelle, dans ce siècle de vitesse, il faut agir. La vie quotidienne dans ce qu'elle a de routinier, superficiel et matérialiste: travaux domestiques, achats, visites, sorties, démarches et soins matériels de toutes sortes, ne peut combler le vide de ton absence. Je te pressens parfois si méditatif, quoiqu'apparemment grand et beau parleur... mais pas dans un sens péjoratif.

En toi, qui volontairement as vécu à Oka deux années de prière, de silence et d'oraison, je mets toute ma confiance. Je crois que c'est plutôt rare que tant de réflexion et d'action soient alliées dans une même personne.

Je m'arrête ici de parler sérieusement de moi. Je tiens à te faire part d'un bel et précieux entretien que je viens d'avoir avec la talentueuse Simone Aubry que tu estimes beaucoup. Je crois que c'est réciproque.

Cette artiste-peintre possède des dons et une personnalité que j'apprécie beaucoup. En plus de peindre, elle rêve avec son amoureux Paul Beaulieu* de créer des échanges de vues et d'expériences entre de jeunes fiancés amis et veut nous associer à leur projet de réunions et d'écriture. Elle voudrait par la suite publier en annexe, dans la revue littéraire La Relève, *un cahier de spiritualité de ton plus québécois, moins influencé par Emmanuel Mounier de la revue française* Esprit.

Certains membres féminins et masculins du Bloc universitaire ou de tout autre mouvement de jeunesse pourraient devenir des collaborateurs à ces cahiers. Ces échanges et écrits seraient stimulants au niveau de la réflexion et de l'action tant au point de vue individuel que social. L'aventure amoureuse de couples chrétiens dans un monde clérical, matérialiste, violent et guerrier doit à mon sens se vivre bellement et avoir une portée collective.

Je tiens à te confier que je suis actuellement partagée entre mes besoins personnels de lecture et de culture surtout littéraires, et ma conscience morale qui m'incite à continuer de m'engager dans l'action sociale. Probablement sur un terrain moins montréalais donc plus provincial, hors des milieux restreints d'une certaine élite intellectuelle et bourgeoise.

Comme tu le sais, les auteurs fondateurs de La Relève *tels Robert Charbonneau, Paul Beaulieu, Claude Hurtubise, Jean Le Moyne, Saint-Denys Garneau, Roger Duhamel, Jean Chapdelaine,*

---

*Ami routier (scout aîné) du père Doncoeur, s.j.

Robert Elie et d'autres ont, depuis quelques années, formé le noyau initial de cette revue. Mais selon Paul Beaulieu et Simone Aubry qui, elle, s'affirme déjà surtout comme peintre, La Nouvelle Relève *irait plus loin dans la recherche et le témoignage spirituels de jeunes chrétiens «en amour». La revue* Nouvelle Relève *élargirait ainsi son champ d'intérêt, de collaborateurs et de lecteurs en présentant, dans un cahier, des articles plus centrés sur la vie concrète des jeunes: leur conception du mariage chrétien, leurs travaux et engagement en cours dans divers domaines. Qu'en penses-tu?*

Pour ma part, j'aimerais écrire un article dans cette éventuelle Nouvelle Relève *sur ma conception de l'être humain, personne constituée à la fois de chair, de sens, d'intelligence, de volonté, de mémoire et de conscience aussi. Ce texte ne reviendrait pas sur les définitions philosophiques ou théologiques habituelles mais, au contraire, prendrait un ton moins dilettante, plus vivant, concret et dynamique parce que basé sur des expériences vécues. Que penses-tu de mon projet d'écriture?*

Il me reste à te dire que je trouve ton travail actuel dans le mouvement coopératif vital pour le pays.

Tienne, même à distance
Simonne

de: Michel Chartrand
à: Simonne

Saint-Gédéon, 17 juin 1941

Mon bel amour,

Dimanche, j'ai rencontré des coopérateurs de Port-Alfred et Grande-Baie; lundi, ce sera le tour de ceux de Chicoutimi puis de Kénogami et Jonquière où j'ai couché.

À Jonquière, nous étions une quinzaine de mordus du mouvement coopératif, assis sur des boîtes de carton dans le hangar de la coopérative. À Saint-Joseph d'Alma, j'ai visité la Coopérative de Desbiens Mills, j'ai dîné chez un des directeurs-coopérateurs de la filature qui est ici une entreprise intéressante. Il se pourrait que l'on doive venir vivre ici si je m'implique dans cette coopérative. Les gens et le curé sont très gentils. Tout n'est encore qu'à l'état de projet.

Je termine cette lettre dans le train en route vers Chambord où je dois rencontrer le rédacteur de la chronique sur la coopération au journal Le Progrès du Saguenay. *De là, à Dolbeau et Mistassini. Ne t'inquiète pas, je n'accrocherai pas cette fois-ci comme moine au monastère cistercien.*

Partout le paysage est grandiose, les gens actifs, aimables et bons coopérateurs. D'ici là, je pense à toi dans les montagnes, sur le bord des lacs et quand je rencontre «du beau monde». Dans la région ils sont nombreux et très sympathiques.

À bientôt
Michel

de: Simonne
à: Michel Chartrand

Mont-Rolland, le 16 juillet 1941
Rustik Inn

Mon cher Michel,

Depuis mon séjour en villégiature avec ma famille, j'observe ici de près, lors des repas, au boudoir ou à la salle de danse, les moeurs des couples amis de mes parents.

Je remarque que les épouses qui accompagnent leurs maris qui «les sortent» se sentent en vacances en dehors de leur vraie vie de mère de famille et de ménagère. Les couples ici que je connais semblent se comporter différemment qu'à leur domicile ou en visite chez nous pour jouer au bridge ou causer. Pourquoi?

Dans les familles canadiennes-françaises, la religion et les principes moraux pèsent lourdement sur la vie affective des couples. L'Église catholique considère les femmes ou comme des religieuses ou comme des procréatrices. Les lois morales en matière de sexualité ont toujours été dictées et rédigées par des clercs célibataires: pape, évêques, chanoines. C'est le «droit canon». Ce n'est pas gai ni progressif, mais plutôt agressif et restrictif.

Ici, les femmes mariées, toutes bien distinguées, ne me paraissent pas des femmes amoureuses mais les «accompagnatrices» de leur mari, devenues avant tout des femmes mariées, casées, conventionnelles. Je ne voudrais pas leur ressembler plus tard. Tu me comprends?

Je voudrais demeurer très amoureuse «même mariée». En attendant, viens donc me rejoindre ici. À bientôt, je l'espère.

Simonne

de: Simonne
à: Michel Chartrand

Beloeil, le 21 juillet 1941

M. Michel Chartrand
Canadian Officers Training Corps
Compagnie D
Camp militaire
Saint-Jean.

Mon bien-aimé «soldat»,

    Pardonne-moi cette petite malice. Il est vrai que tu portes temporairement l'uniforme de «conscrit» par la force des lois et des événements politiques canadiens et mondiaux. Comme bien d'autres jeunes à l'entraînement, tu dois servir «la patrie en danger» selon le discours officiel.

    Mais pour moi, la juste cause à défendre est la nôtre: celle «du service de notre amour». Ton coeur et le mien forment notre patrie. Toi, tu es le soldat de paix, gardien de Simonne Monet. «Mon beau soldat», ça me fait penser à «mon beau sapin». Toi le rebelle-né acceptes-tu cette mobilisation du coeur? Alors au plus tôt signe-moi une lettre d'amour. La patrie t'appelle à Beloeil.

Simonne Monet
Service d'information
et d'intelligence
de Sa Majesté l'Amour

de: Simonne
à: Michel Chartrand

Beloeil, le 22 juillet 1941

Mon bien-aimé Michel,

    Ces jours-ci, je suis plutôt silencieuse. J'observe, je réfléchis, je prie et j'attends le moment heureux de te revoir au camp, après quatre heures, en permission. Auras-tu le temps de me voir vraiment?

Retenue à la maison depuis quelque temps, je me rends compte davantage de la grande valeur morale de ma mère qui toujours comme ménagère, à travers des tâches humbles et routinières, refait, embellit tout ce qu'elle touche. Très dévouée, comme la plupart des épouses et mères, elle cherche toujours à faire plaisir à tous et chacun. Elle est admirable. Mais jamais je ne lui ai vraiment dit et ne l'ai vraiment remerciée, sinon au niveau des bienséances: «Merci beaucoup maman, tu es bien bonne, etc.» J'en ai honte aujourd'hui et je tiens à te l'avouer puisque je te confie tout de mes pensées et sentiments, afin que tu me connaisses vraiment telle que je suis.

J'ai été et je suis injuste et ingrate envers elle. Quelque peu raisonneuse, prétentieuse, intransigeante, intolérante envers sa manière par trop traditionnelle de vivre ses rôles de femme. Sottement je discute trop ses attitudes maternelles que je trouve ou trop possessives ou trop serviles. Moi, je ne veux ni ne pourrais vivre ainsi accaparée par des tâches ménagères. Égoïste que je suis de ne pas réaliser qu'elle les accomplit parce que moi je ne m'y prête guère et ne l'aide pas, me fiant sur le travail de «la bonne». La nôtre veut partir travailler en usine. C'est plus payant. C'est un milieu différent.

Autre observation. Dans mon entourage, on te reproche d'avoir trop d'emprise sur moi, sur mes sens, mes idées et sur mes attitudes. De m'influencer, d'encourager mes révoltes contre les «bourgeois», les «gouvernements», les «haut placés» dans les hiérarchies; celles de l'armée, voire même de l'Église. Auparavant, j'argumentais et la conversation tournait au vinaigre. Maintenant, parfois, je hausse les épaules avec indifférence ou moquerie. J'essaie de rire. J'ai toujours été portée à argumenter, probablement héritière d'une mentalité d'avocat, de plaideur. Je dois apprendre à appliquer la devise du Devoir: Bien faire et laisser braire.

Salue ta mère, j'ai bien hâte de l'appeler «belle-maman». Je ne voudrais pas qu'elle sente que je t'enlève à son affection. Croyons en la puissance, non des empires mais de l'Amour.

Simonne

de: Michel Chartrand
à: Simonne

Saint-Jean, le 28 juillet 1941
Camp militaire

Ma très chère Simonne,

Je garde une profonde impression des deux jours passés près de toi.

J'ai écrit, ici, du camp militaire de Saint-Jean, à mes parents pour leur demander de ne pas trop s'inquiéter si j'ai l'air de faire halte tout à coup pour reconsidérer le passé (Oka, séjour et départ), juger le présent, mes activités coopératives, sociales et patriotiques. Je ramasse mes forces et je réfléchis aux meilleurs moyens de servir les convictions dont ils m'ont transmis les germes et fait admirer les fruits dans leur propre vie de service.

J'envisage le mariage sérieusement pour la première fois, le choix d'un gagne-pain et d'une carrière qui conditionnent notre union, non seulement du point de vue matériel, mais aussi du point de vue du développement des dons que Dieu nous a donnés pour le service des autres et le perfectionnement de nos personnalités respectives.

Il importe d'alimenter la flamme et de la rendre ardente. Nos décisions sont suffisamment graves de conséquences pour que je m'y arrête à réfléchir quelques semaines, dans ce camp, loin de mes responsabilités et occupations habituelles.

Je peux, en m'isolant mentalement du milieu temporaire où je suis, forcé par la loi militaire d'y demeurer un mois, goûter la suavité infinie de la bien-aimée que Dieu m'a donnée.

Je suis comblé et très heureux, ange d'amour.

À bientôt
Michel

Beloeil, le 30 juillet 1941

Michel Chartrand
Carré Saint-Louis
Montréal

Je viens de me baigner dans la rivière. J'ai laissé le vent sécher mes cheveux faute de t'avoir près de moi pour le faire avec toute ta délicatesse et ta tendresse.

À toi, compagnon très cher, je veux te soumettre un projet. Il s'agit d'une proposition que m'a faite Françoise Gaudet Smet. J'ai été reçue par elle, rue Dorchester ouest, dans un appartement garni d'objets faits à la main. Son mari français, sculpteur de talent, est très discret. Leur fils François est un bel et merveilleux enfant. Dans cet appartement chez les Smet, je découvre la qualité et le charme de l'artisanat. En milieu bourgeois, l'on considère l'artisa-nat avec mépris, comme une nécessité de pauvres. Les snobs, eux, achètent de l'importation et ne savent la plupart du temps, comme moi d'ailleurs, rien fabriquer ni créer de leurs dix doigts.

Nous avons causé entre femmes. Elle m'a proposé de l'accompa-gner lors de sa prochaine tournée de conférences en Abitibi-Témiscamingue, d'organiser pour elle — qui travaille plutôt en poète — un plan et un programme de sujets à traiter dans sa revue Paysana *et dans ses rencontres avec les fermières. Elle me fait confiance.* Mes trois années d'expérience dans l'animation de journées d'étude et dans la rédaction de bulletins d'action à l'usage des dirigeantes de la JECF lui semblent un atout précieux pour réaliser ses plans.

C'est une femme très douée, généreuse et super active. Des projets intéressants fourmillent dans sa tête. Ses conversations sont animées. Scolarisée, musicienne, écrivain, elle a des assises rurales

de gros bon sens, de bon jugement, le sens des réalités quotidiennes, ce que, moi, jeune fille gâtée et servie, je n'ai pas. J'apprends beaucoup à son contact. Seras-tu d'accord avec ce projet de collaboration qui nécessitera des départs, des voyages loin de toi en province? Je suis déjà entraînée à le faire et toi de même.

Comme je n'ai pas à «gagner ma vie», je peux donc choisir le type d'activités qui me plaît. Ainsi j'apprendrai à connaître les problèmes et les valeurs des femmes mariées, ménagères et veuves en milieu rural. Je deviendrai bientôt une «madame» alors, aussi bien mûrir auprès de gens d'expérience.

Si je t'en parle avec tant d'enthousiasme, c'est que j'ai découvert en elle une grande femme, franche, courageuse et vaillante. Elle me plaît. Je crois que c'est une grâce providentielle d'avoir pu entrer ainsi dans son intimité et dans un monde inconnu pour moi: celui des femmes rurales. Grâce à son contact, je serai davantage patriote — plus en acte qu'en parole — en valorisant le travail artisanal des femmes et en leur donnant confiance en d'autres talents qu'elles pourraient développer.

Notre Vie s'enrichit toujours par un dévouement aux grandes causes. Celle que sert Françoise, je la considère tout aussi importante, belle et louable que d'autres plus tapageuses, brillantes, éclatantes d'intellectualisme ou de spiritualité. Je n'aurais pas dit ça il y a un an. Mais je découvre et veux découvrir d'autres valeurs que celles enseignées par les études classiques. Les valeurs du quotidien difficile vécu par des femmes de la campagne qui en valent bien d'autres. Par ces rencontres, j'étudierai concrètement bien des questions familiales et sociales. Je connaîtrai bien des réponses grâce à la lecture et l'étude des dossiers ruraux. Là, j'aurai à ajuster les solutions aux difficultés observées. Ainsi les relations sociales et non mondaines auront vraiment un sens humain et chrétien.

J'ai hâte de connaître ton point de vue sur ce nouveau projet qui m'emballe.

À très bientôt, je l'espère
Simonne

La première fois que j'ai rencontré Françoise Gaudet Smet, c'était à la fin de septembre 1938 alors qu'elle avait organisé, au Cercle universitaire de Montréal, (ancienne propriété familiale des Forget, parents de Thérèse Casgrain) une originale exposition d'artisanat: tissus et tricots tout laine, faits à la main. C'était à ne pas

LA MARCHE DES LAINES

PRESENTATION

de

TISSUS et TRICOTS MAIN

Thé - Mode

pour l'expansion de l'artisanat canadien

au

CERCLE UNIVERSITAIRE

515 est, rue Sherbrooke Montréal

VENDREDI, le 30 SEPTEMBRE
SAMEDI, le 1er OCTOBRE
à 3 HEURES

FRANÇOISE GAUDET - SMET: ANIMATRICE
FANCHETTE LAMBERT: REALISATRICE

COMMENTAIRES: SUZANNE PAQUETTE

(PROGRAMME PAGE 34)

manquer. Ses collaboratrices de la toute récente revue *Paysana**, mesdames Flore Mondor-Chaput, Fanchette Lambert, Jeanne Grisé-Allard, Bella Cousineau et d'autres assistaient à cette exposition ainsi que Marcelle Barthe, animatrice de Radio-Canada. Madame Cotnoir-Caproni, modiste-tailleur, présentait des costumes de lainage de sa création et Suzanne Goyette, professeur de diction, faisait agréablement les commentaires du défilé de mode nouveau style. À l'occasion de ce thé-mode, j'avais acheté du tissu gris en lainage pour me faire tailler un ensemble trois-pièces par madame Cotnoir-Caproni. Le travail habile des artisanes rurales méritait d'être connu «en ville».

Fondatrice de *Paysana* et instigatrice de cet audacieux défilé de modes, en plein cœur du milieu bourgeois de Montréal, Françoise Gaudet Smet me parut une femme de cœur et d'action exceptionnelle. Frondeuse, ingénieuse, émotive, directe. Unique en son genre.

Montréal, le 31 juillet 1941

M. Michel Chartrand
288, carré Saint-Louis
Montréal

Soldat de l'empire, du Dominion of Canada *ah! ah! la métropole vous souhaite la bienvenue. Vous avez ordre de mettre dorénavant vos talents, votre force et votre vigueur morales au service de causes autres que militaires. Votre docilité à suivre les ordonnances, m'a-t-on dit, mérite une mention honorable.*

Je vous prie de revenir au plus tôt à l'état civil pour le plus grand bien de la démocratie d'ici. L'Amour vous réclame plein temps pour en exercer le métier et la profession, hors de l'armée. Nous comptons sur votre bon vouloir et sur vos merveilleuses dispositions.

Agréez l'assurance de nos meilleurs sentiments à votre égard.

Par ordonnance de
Simonne Monet
Régiment anti-guerre, anti-empire,
pro-tendresse, pro-amour, pro-vie.

*Premier numéro, 15 mars 1938

Saint-Hyacinthe, le 6 août 1941

«*Mon beau prince noir*» *comme dit ta mère,*

Je loge au Grand Hôtel en compagnie de madame Smet aux frais de la compagnie Five Roses qui finance la tournée de conférences de Françoise auprès des ménagères, «faiseuses de tartes et de gâteaux». À mon sens, il n'y a pas de mal à prendre l'argent des compagnies anglaises que l'on enrichit nous-mêmes avec nos achats pour éduquer les femmes rurales à se mieux faire valoir.

L'exposition agricole régionale est pour moi intéressante parce qu'elle me facilite les contacts avec des personnes actives en milieu rural. N'ayant rien à vendre que des idées, j'ai pleinement le temps d'observer et de mieux connaître la mentalité des gens de tout âge qui ont des kiosques, qui participent à l'exposition et y apportent produits, bétail, artisanat, etc. L'allure et la mentalité des agents de toutes sortes et des vendeurs de produits sont pour moi une révélation; je n'aime guère leurs comportements, je les trouve très peu consciencieux.

Cet après-midi, je fais mes essais en journalisme comme reporter pour Paysana. *Avec ardeur et plaisir, je travaille avec madame Smet qui me fait confiance.*

Hier soir, j'ai rencontré des étudiantes responsables d'activités culturelles dans la région de Sorel et réunies dans un camp d'été au bord du fleuve à Contrecoeur. La gaieté, le naturel, l'esprit d'initiative de ces jeunes dirigeantes m'ont bien impressionnée. J'ai revu des filles formées par la Jeunesse étudiante catholique féminine qui ont bien de l'allure et des compétences de dirigeantes. Bravo pour nous les jeunes! On va finir par avoir une certaine influence dans la société canadienne-française dirigée par en haut, par des hiérarchies.

J'ai bien hâte de vous revoir «cher monsieur», vous le militant, le patriote. Et le mouvement coopératif, et La Bonne Coupe de vêtement, comment ça va? Tu fais un travail difficile de pionnier dans ce domaine chez les citadins. Bientôt nous serons deux pour y travailler. Je veux te seconder en tout, tout en ayant mes propres activités. Je compte sur ta bonne compréhension et ton appui respectueux pour mes propres projets.

Convaincus des mêmes principes, tout va bien entre nous. Vis-à-vis ma famille, nos projets de vie paraissent hasardeux, risqués, peu réalisables et pas assez rémunérateurs. Il faudra prendre quand même nos propres décisions. Où trouver des appuis autour de nous? Je me fie à la Providence qui ne peut que nous protéger.

En toute confiance
Simonne

de: Michel Chartrand
à: Simonne

Montréal, le 6 août 1941

Simonne Monet
Beloeil
Comté de Verchères

Ma grande fille d'amour,

J'espère que tu n'es pas trop fatiguée dans tes activités avec madame Smet. Ne te laisse pas trop emporter par ta bouillante ardeur. Domine-la afin qu'elle soit toute de paix et pour que ta grande logique et ta belle intelligence soient toujours au service de ton coeur. Ta grande force, ta grande puissance, ma belle fille, c'est l'amour immense qui te possède et déborde de toi. Alors, ne laisse pas les raisonnements et la logique ou même la curiosité et la recherche intellectuelles t'accaparer.

Tu sais fort bien que je ne m'arrête pas à croire, comme certains, que les femmes ne sont pas aptes tout comme les hommes à scruter et à résoudre des questions difficiles. Toutefois, j'ai la conviction que c'est surtout par amour que la femme convainc, qu'elle trouve des réponses aux questions posées. Peut-être en est-il ainsi pour les hommes? Probablement pour certains. Ceux qui sont en «affaires», au fond, sont motivés et réussissent par amour du gain et de ce qu'il procure, par un amour égoïste: celui de la recherche de biens matériels.

Mais, au risque de me tromper, j'incline à croire que chez l'homme et la femme développés normalement, ce qu'il y a de particulier à chacun, c'est le niveau de sensibilité. Celle-ci, en tout cas, doit être renforcée et servir de guide dans la recherche de la Vérité, du Bonheur que l'on veut approfondir.

La sensibilité féminine, cet apanage et cette force particulière de la création doit, il me semble, engendrer raisonnablement le soulagement des peines et la croissance du bonheur humain. Surtout quand cette sensibilité est celle d'une petite et grande fille qui consume et traduit si bien l'amour d'ici-bas, prémisse ineffable de l'Autre.

Toujours à toi
Michel

Beloeil, le 12 août 1941

Mon Michel chéri,
    Je revis à travers mes souvenirs les heures si douces passées ensemble ces derniers temps.
    Je suis à lire un traité de psychologie morale sur la vie sexuelle: Le droit à l'amour *(signifiant plaisir)* pour la femme, *ainsi que* Problèmes de la sexualité, *collection* Présences, *présentés par des écrivains français chevronnées tels Daniel-Rops, André Berge, le docteur René Biot, Gustave Thibon, Pierre Henri Simon. Dans la préface, Jacques de Lacretelle de l'Académie française écrit: «La sexualité est un mot qui effarouche parce qu'on n'ose considérer le sujet en face et que l'hypocrisie ou même les nécessités sociales ont peu à peu déformé la question». Pour sa part, Théo Chentrier, psychologue, rédige un chapitre sur «Sexualité et personnalité» selon Freud. Enfin, Daniel-Rops conclut en écrivant ceci: «L'amour est bien au-delà du sexuel. Il peut en prendre l'aspect, il peut utiliser l'instinct pour permettre à deux êtres de se rejoindre. L'amour c'est le don, c'est l'acte par lequel la conscience se fait présente à tout et à tous. La chair et l'âme sont associées, elles ne sont pas séparables». C'est pour moi une bonne révélation et la réponse à de nombreuses interrogations. À mes craintes face «au devoir d'état».*
    Quand j'aurai terminé ces volumes, je désirerais fortement que tu les lises avec attention afin d'en causer sérieusement entre nous. J'ai sur les mystérieux comportements sexuels de l'homme et de la femme des convictions, appréhensions et désirs bien personnels. Je te sais délicat, compréhensif et généreux. Je te fais confiance mon

«archange Raphaël-Michel». Berce mes rêves d'ange. Maman me disait le soir en me reconduisant au lit: «Dors bien mon ange, fais de beaux rêves».

J'attends en frémissant la réalisation de mes rêves de femme.

Tienne
Simonne

de: Simonne
à: Michel Chartrand

Beloeil, le 14 août 1941

Mon amour,

Voilà déjà six mois, à Sainte-Adèle, en février dernier, que nous nous sommes fait mutuellement le serment de vivre ensemble. Nous avons traversé ce que je pourrais appeler diverses étapes dans notre vie sentimentale. Tu m'entraînes à toi mais tu restes libre, pur, fort. Tu me respectes, tu me laisses libre, autonome. Merci de me considérer comme une personne adulte, sans rien vouloir m'imposer. La sincérité de ton amour est un gage de bonheur.

À l'exposition du cercle des Fermières de Sainte-Madeleine, j'ai acheté la première pièce de mon trousseau: une nappe et napperons de lin avec rayures de couleur, tissés à la main. Maman trouve qu'elle est d'aspect rude et sévère. J'ai depuis peu rejeté les broderies et les dentelles. Mon engouement récent pour l'artisanat, depuis que je te connais ainsi que madame Smet, agace mes parents. Ils ont l'impression que je rejette le raffinement, synonyme de bon goût selon eux, le goût bourgeois.

Pour toujours je suis tienne.

Simonne

de: Simonne
à: Amédée Monet

Beloeil, 25 août 1941

Mon cher papa

Avec Michel je suis habituée à échanger idées, projets ou opinions. Avec lui je pourrai réaliser mon idéal puisque le sien est le mien. Et puis, ensemble, nous avons rêvé du foyer simple et gai, où il y aurait peu de «bébelles», mais des livres, des disques, de la belle musique, de vrais amis et puis...des enfants. Toujours et partout de l'amour vrai et fort. Nous échafaudons jour par jour notre vie à deux afin qu'elle soit grande, utile, intéressante et méritante.

Dans la Vie, nous avons beaucoup plus besoin de tendresse et de confiance que de biens matériels. Sois sans crainte pour mon avenir avec Michel. S'il n'a pas d'argent, c'est qu'il a toujours travaillé comme moi bénévolement ou presque...Mais il peut et il veut assurer matériellement ma vie. Vas-tu nous aimer tous les deux ensemble?

Ta fille qui t'aime et te voudrait plus heureux.

Simonne

de: Simonne
à: Michel Chartrand

Québec, le 30 août 1941

Michel Chartrand
288, carré Saint-Louis
Montréal

Michel chéri de mon coeur,

Je me suis bien rendue à Québec en compagnie de Françoise Gaudet Smet devenue pour moi une grande soeur affectueuse. Nous élaborons des projets de service rural. Ce projet me passionne. Je devrai donc sacrifier mes cours réguliers du soir à l'université. Ce nouveau travail m'apprendra davantage par une pratique concrète qui vaut bien des théories.

Nos deux vies doivent être riches d'idées mais aussi de réalisations dans divers domaines: coopératif, social, politique, spirituel, à travers le même idéal. En ne limitant pas nos champs d'action sociale, nous acquerrons une plus grande formation, nous aurons des personnalités plus équilibrées, des conversations plus intéressantes. J'ai horreur de la routine et de la médiocrité.

J'avais apporté en voyage un numéro de la revue Esprit *d'Emmanuel Mounier, le philosophe personnaliste. J'ai appris par un journaliste français, de passage à Québec, que depuis le 25 août la revue* Esprit *a été interdite en France par le gouvernement Vichy à cause des tendances politiques qu'elle manifeste. Il avait publié en 1939 «Pacifistes ou bellicistes», un recueil qu'Henri Jacob, président de la Jeunesse étudiante catholique universitaire de France et participant au Congrès de Pax Romana, m'avait fait lire.*

Revenons dans notre province. Durant ces jours de voyage je vais continuer à réfléchir. À mon retour, nous causerons plus à l'aise de nos divers projets. Malgré certaines difficultés, des grâces abondantes descendent sur nous deux. L'amitié de madame Smet en est une.

Ton amour, notre amour en est une plus grande encore.

Simonne

de: Simonne
à: Michel Chartrand

*Amos, le 4 septembre 1941
En la fête de sainte Rose de Viterbe,
prédicatrice italienne*

Mon cher Michel,

Les femmes adultes avec qui je travaille en équipe me donnent beaucoup à réfléchir. Elles n'ont pas eu, dans leur milieu, la chance de s'instruire ni de facilités matérielles, mais elles ont tant de bon sens ou de talents naturels. Elles se croient inférieures aux femmes de la ville. Elles veulent plus d'instruction pour leurs filles mais les pères et les maris n'y croient pas tellement. «Pour laver des couches et tenir maison, une fille n'a pas besoin de diplômes!»

Mon coeur s'enrichit du désir d'être utile aux paysannes, de contribuer à leur donner confiance en elles et des possibilités de formation supérieure en vue de l'action, du regroupement dans les villages et les régions.

Il faut que tu m'aides à croire à la primauté du dévouement obscur sur ladite culture de l'esprit, le dilettantisme des jeunes des classes moyennes plus scolarisées. J'aspire à devenir une compagne, une assistante compétente et éclairée pour réaliser nos désirs de réformes sociales et politiques, non pas uniquement une femme dite «cultivée». Toutes mes actions présentes vont en ce sens, en esprit de service. Soyons fidèles l'un à l'autre en étant les témoins actifs de nos convictions les plus profondes. Ainsi nous serons des messagers de bonheur et d'espoir.

Avec toi pour toujours en communion de pensée et d'idéal.

Simonne

```
de: Simonne
à: Michel Chartrand
```

Amos, le 15 septembre 1941

Michel Chartrand
Carré Saint-Louis
Montréal

Mon cher Michel,

Je viens de téléphoner à ma grand-mère Monet pour lui offrir mes voeux. Ma marraine (Marie-Louise Lahaie) a aujourd'hui soixante-quatorze ans. Elle était institutrice rurale à Saint-Michel au moment où elle s'est fiancée avec Dominique Monet, également natif de Saint-Michel de Napierville et alors étudiant en troisième année de droit au château Ramesay. C'était avant la construction de l'université Laval à Montréal.

En 1887, se marier à un étudiant non encore reçu, un jeune homme non établi, aller habiter avec lui dans une chambre de la rue Bonsecours à Montréal fit scandale. «Elle est donc si pressée de coucher avec lui...» disaient les mauvaises langues de son village. Marie-Louise Lahaie n'a pas tenu compte de leur opinion. Ceci se passait il y a plus de cinquante ans. Aujourd'hui, j'ai l'impression de vivre avec toi la même situation face à l'opinion publique.

Dominique Monet, député.

Marie-Louise Lahaie-Monet et sa fille Jeanne Desmarteau.

Depuis qu'elle est revenue des États-Unis, à la mi-août, de chez sa fille Jeanne, nous avons réussi à échanger des idées et quelques confidences. Elle est mon alliée. Je lui ai fait parler de sa jeunesse, de ses cinq enfants, des départs et retours fréquents de son mari Dominique, député à Ottawa durant près de quinze ans. D'elle, j'ai recueilli précieusement le récit d'anecdotes amusantes et de quelques incidents et épreuves pénibles à accepter. Toutefois, une certaine discrétion probablement louable lui fait garder ses distances vis-à-vis moi, aussi envers le passé des êtres qui lui sont chers.

Ici en Abitibi, j'écoute davantage les propos, récits et réflexions des femmes rurales plus âgées, plus expérimentées que moi. J'essaie de saisir, de recueillir leur vécu si différent du mien. Une dame fermière de la région causait avec madame Smet de ses difficultés à équilibrer le maigre budget familial. Je l'observais. Elle portait un manteau tissé tout laine et taillé par elle-même d'une ligne impeccable. Puis, comme il fait déjà très froid les soirs de septembre en Abitibi, elle portait une magnifique fourrure autour du cou. Je lui fis compliment sur sa très chic tenue vestimentaire. Gênée, la tête basse elle me dit:

«Merci, madame, vous comprenez, quand on est pauvre on fait soi-même son linge.

Marie-Louise Lahaie-Monet et ses enfants.

— *Relevez-vous la tête, c'est très bien ainsi. Je vous félicite, je ne pourrais en faire autant. Mais votre beau col de fourrure, c'est du luxe, non?*
— *Ah non! Ce renard, ça vaut pas grand'chose. C'est un renard «pogné» dans le bois par mon mari.»*
Elle a baissé à nouveau les yeux, mal à l'aise de devoir avouer que c'était un renard «pogné» et non acheté à grand prix chez un fourreur.

L'attitude d'humilité, de gêne, le sentiment d'infériorité de cette femme de cultivateur, fille de colon, m'a bouleversée puis révoltée. Je suis davantage convaincue de l'importance de rendre les femmes conscientes de leurs talents et ressources, de leur donner confiance en elles, «les petites, les obscures, les sans-grades», comme disait Flambeau, soldat de Napoléon dans la pièce L'Aiglon.

J'ai hâte de te revoir pour te raconter mon voyage plus en détails.

Affectueusement

Simonne

En fouillant dans le grenier

de: Simonne
à: Michel Chartrand

Rouyn, le 17 septembre 1941

Michel Chartrand
Carré Saint-Louis
Montréal

À toi Michel chéri, toutes mes pensées au cours de ce voyage comme au cours de toute la vie.

Je m'achemine seule vers Ville-Marie où je rejoindrai enfin madame Smet. J'attends fébrilement de tes nouvelles. C'est difficile pour moi d'être seule durant ces jours si importants pour l'orientation de notre vie à tous deux. Je vis dans la foi en la Providence. Je sens ton amour plus fort que les obstacles et à cause de cela je demeure confiante et courageuse.

Que ta maman que j'aime bien sache tout sur nos projets de mariage en octobre. Fais-lui lire toutes les lettres que je t'ai adressées depuis que je t'aime, même si ce sont des lettres confidentielles. On a tort de toujours cacher les bons sentiments par discrétion. On devrait les vivre au grand jour sans contrainte. La religion catholique a mal posé les questions sentimentales et sexuelles qui touchent les femmes. L'Église voit la sexualité comme une concession à la chair en vue de la procréation des élus pour le Ciel, par le Baptême. À mon sens, dès ici-bas, en soi, l'Amour humain devrait être plus glorifié, respecté. Il devrait rayonner. J'ai la passion de l'amitié, de l'amour, du bonheur. Je veux en semer, en cueillir, en vivre. Je tiens à ce que ta mère et la mienne connaissent la grande valeur, la pureté de nos relations amoureuses. J'en suis fière.

Je vis des jours très importants, graves de conséquences. Notre décision de nous marier en octobre à la date du vingt-cinquième anniversaire de mariage de mes parents a été pourtant bien mûrie. Elle est éclairée. Je l'ai écrite ce matin en S.O.S.:

Rouyn, le 17 septembre 1941

Chers parents, êtes-vous bien disposés à m'approuver? Sinon, reportez-vous vingt-cinq ans en arrière où jeunes et courageux, enthousiastes et amoureux, pleins de rêves d'avenir, vous aviez décidé de vous marier en octobre 1916 malgré les réticences des parents Monet.

Je t'en prie maman, comprends-moi, toi qui es une femme d'extraordinaire sensibilité et de grande passion. Retrouve tes vingt-quatre ans de fiancée, de future mariée. Revis en pensée l'atmosphère de cette époque de ta vie de jeune fille. Rapprochons nos coeurs de femmes, veux-tu? J'y tiens tellement. Cessons de discuter, d'argumenter, de vouloir avoir raison. Nos points de vue sont différents sur les conséquences de l'insécurité matérielle à laquelle on doit faire face durant cette guerre. Pourtant, en 1916, vous avez vécu la même situation au temps de vos épousailles durant la Première Guerre. L'avez-vous oublié?

Je me rappelle avoir lu, en mai dernier, votre correspondance amoureuse d'alors en fouillant dans les boîtes du grenier de Beloeil. Par hasard, puis par curiosité aussi je l'avoue, mais pas une curiosité malsaine. Par un sain besoin de croire qu'à toute époque, seule la puissance de l'Amour peut abattre les obstacles qui paraissent insurmontables et donner un sens à la Vie. Je vous avais alors écrit cette longue lettre:

Beloeil, le 15 mai 1940

M. et Mme A. Monet
Montréal

Mes très chers parents,
Paix et alléluia! À lire à deux.

Dieu a vraiment des desseins insondables! Je venais à Beloeil me reposer, essayer de penser à quelque chose autre qu'à ce que je méditais depuis trois ans dans mon pauvre coeur et ma tête bouillante. Ici, je venais trouver pas tant le repos du corps que celui de l'esprit et de l'âme. En effet, elle était devenue sanglante et meurtrie. Beloeil fut inconsciemment un baume précieux. Dieu en soit loué!

Je m'explique. J'errais dans le terrain et les pièces comme une vieille propriétaire qui, pleurante, décide de vendre la maison qu'elle a tant aimée. Je cherchais. Quoi? Je l'ignore moi-même. Peut-être un bonheur humble, caché et vrai. J'en désire tant... Me souvenant de la devise de ma dernière année de pensionnat, Excelsior *(Toujours plus haut), j'entrai dans la maison et montai jusqu'au dernier étage, vers le grenier, chercher je ne sais trop quoi. J'étais évidemment dirigée par une force supérieure et inconnue vers l'étage de tous les secrets enfouis...*

Je m'assis par terre près des étagères recouvertes de lourdes tentures, j'ouvris avec précautions les coffres mystérieux et je découvris, oh merveille! des journaux, agendas, des textes de conférences et de discours politiques de Dominique et Amédée Monet et enfin, vous le devinez bien? Une volumineuse et précieuse correspondance amoureuse datée des années 1913 à 1923 entre deux personnages pour moi inconnus, Joson et Josonnette... Jamais lecture ne me parut plus fascinante.

Me pardonnerez-vous ce geste? Je l'espère. Je sais pour en avoir écrites que les lettres d'amour révèlent des sentiments profonds et très intimes. Mais pourquoi, quand ils sont beaux et nobles, faut-il toujours les cacher? Par pudeur, par réserve? Au contraire, pourquoi ne pas les transmettre de génération en génération comme un legs précieux? C'est un héritage sans prix. C'est le mien. Je vous en remercie et je m'en réjouis sans aucun remords. Je ne me sentais nullement indiscrète. Et pourquoi? Parce que je vous ai découverts tels que vous étiez lors de vos vingt ans: francs, honnêtes, purs, dignes, nobles dans vos opinions et sentiments en amitié et en amour, tels que je vous rêvais souvent, tels que je veux être moi-même dans mes aspirations, mes relations, consciente de mes responsabilités sur le plan de ma vie personnelle et sociale.

Moi, enfant de Berthe Alain (Josonnette) et d'Amédée Monet (Joson), j'ai, à cette lecture édifiante et stimulante, étouffé en pleurs, pleurs de joie, de reconnaissance surtout. Ce soir, je vous aime comme jamais auparavant parce que je vous connais plus intimement, je saisis les mystères de vos coeurs ardents, je m'associe à vos espoirs de jeunesse, mais aussi je compatis sincèrement à vos épreuves et à certaines désillusions apportées par le temps. Peut-être est-ce fatal? Je n'en sais rien. À cause de mon esprit critique, j'ai toujours été plus portée à remarquer vos défauts que les grandes qualités que j'ai sûrement héritées de vous. Pardonnez-moi telle ingratitude et incompréhension propres à la jeunesse qui est insolente, radicale dans ses jugements.

À «Joson et Josonnette» devenus mes parents, je dois d'être ce que je suis. Vous m'avez inculqué le désir d'être une vraie personnalité et m'en avez donné les moyens.

À toi, Amédée Monet, étudiant studieux, cultivé, jeune député actif et réformateur, droit et généreux, toute mon estime pour tes nobles luttes d'alors. Merci d'avoir été l'ami confident de Josonnette, le mari amoureux de ma mère.

À toi, Berthe Alain au coeur ardent, à la sensibilité à fleur de peau, aux idées personnelles et très d'avant-garde pour l'époque, toute ma sympathie et mon admiration pour les difficultés surmontées dans ta jeunesse d'orpheline pauvre.

Moi qui suis tant favorisée! À toi, jeune fille ardente lectrice de pièces de théatre, étudiante-active au conservatoire Lassalle, toute l'affection de ta «grande Simonne» qui s'est retrouvée en toi au niveau de l'expression exaltée des sentiments, de la tendance à la neurasthénie, à la rêverie. Je te demande de cesser de me traiter comme ta «petite fille» frêle à surprotéger et de me considérer comme une femme, une amie, une égale.

Je sais que l'éducation sévère et presque austère que tu as reçue ne te prédispose pas à des familiarités entre parents et enfants. Mais essaie de comprendre que je ne puis être ton amie si tu joues toujours le rôle de la «mère supérieure» autoritaire.

Ce soir, j'ai l'impression de connaître pour la première fois la femme en toi, au lieu de la mère possessive quoiqu'affectueuse. Tu as un sens du tragique qui me blesse et me déprime. Tu n'as pas eu ma «jeunesse dorée» j'en conviens, mais accepte que je sois différente et plus à l'aise avec les gens et les événements, plus enthousiaste et audacieuse. Je te demande de ne pas commenter mes attitudes et mes sentiments, même en badinant avec un grain de malice. Cela me froisse intimement. Le plus important pour moi n'est pas la vie mondaine ni intellectuelle mais la Vie intérieure. À celle-là, n'y touchez pas. Je suis très lucide. Je le suis au point de me croire ingrate et insensée de ne pas t'avoir jusqu'ici aimée davantage. Tu aurais dû me parler beaucoup plus de ta jeunesse, de tes rêves et de tes années de jeune fille sensible et généreuse. Je me serais sentie plus pareille à toi, plus comprise.

Maman, je te vénère, ce soir. J'ai pour toi beaucoup de tendresse et de respect. Pourtant, jusqu'ici, mes airs, mes tons de gamine, de frondeuse, de «camarade» pouvaient peut-être t'indiquer le contraire. C'est que je ne savais pas, je ne te connaissais pas assez... comme Femme!!!

Au même âge, j'ai comme «vous deux» un coeur ardent que depuis cinq ans (mes premières amours datent de mes quinze ans) j'apprends à contrôler, à maîtriser pour le réserver tout propre et neuf pour Celui qui le gagnera. Jusqu'à présent je l'ai, malgré certaines tentations et difficultés, gardé fort, pur, intact pour Celui qui, avec moi, construira sur des bases solides d'estime, de confiance et de sacrifices réciproques notre foyer de demain. Avec amour, confiance et courage.

Depuis que j'écris cette lettre, j'ai pleuré à inonder la nappe de la table du boudoir. Un torrent de larmes, larmes de contentement, de béatitude, de calme bonheur.

Au revoir chers parents mieux aimés. Que le bon Dieu vous bénisse. Recommencez à neuf à vivre de la jeunesse du coeur. Soyons unis.

Simonne

Espérant qu'à l'avenir, nos relations avec mes parents seront plus cordiales.

Affectueusement
Simonne

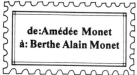

de:Amédée Monet
à: Berthe Alain Monet

Au bureau, le jeudi 17 août 1916, 3 h pm

Ma chère,

Très brièvement mes impressions les plus vives. D'être seul ainsi, chez toi, en ton absence et en celle de ta mère — qui mérite bien des vacances dans sa famille chez les Franco-Ontariens — d'être seul ainsi chez toi, gardien de votre logement, de reposer dans ta chambre aimée, de manger à la table commune, de manger dans la vaisselle dont tes mains se servent quotidiennement, cela m'a fait l'impression réelle que nous étions mariés, «chez nous», que tu étais en voyage et que tu reviendrais bientôt.

J'admirais ta chambre et avant de m'endormir j'avais de divines visions d'amour, celles de deux corps s'enlaçant amoureusement. Je «nous» voyais heureux tous les deux, dans notre chambre nuptiale, n'ayant qu'une seule chose en vue: nous chérir, nous comprendre, nous aimer. J'entrevoyais les soirs où, harassés de fatigue, toi ou moi ayant un peu le spleen, nous montions de bonne heure à notre chambrette, et, laissant à la porte tout ce qu'il y a de méchant dans la vie, oubliant tout du dehors, nous devenions des *amoureux tout simplement. À table, je prenais ma place, je te voyais à mes côtés toujours empressée à me servir.*

Je suis descendu deux fois au bureau à pied, calculant le temps que cela me prendrait quand ton «chez toi» sera devenu «chez nous». Le boudoir m'apparaissait transformé en bureau du soir, la seule place de la maison où il me sera permis de prendre un visage sérieux. Je nous voyais discutant une question de droit international, par exemple, étudiant ou lisant. Bref, je me croyais «chez nous». Il me semblait que quand tu reviendrais, moi, je n'aurais pas besoin de partir. Mais tu reviens, et, «pour le monde», tu dois rester seule, et moi, partir. C'est l'opinion publique! Mais une consolation nous échoit, cela ne sera pas long maintenant. Encore quelque temps et nous serons heureux «chez nous».

Au-dessus de toutes ces pensées planait l'idée de notre bonheur futur, et, sentant dans toute sa force mon grand amour pour toi, je me suis dit en m'endormant hier soir: «Moi, j'aurai du moins fait une bonne oeuvre dans ma vie: celle de faire fi des exigences du «grand monde», celle d'écouter la voix de mon coeur. J'aurai donné à une compagne éternelle une notion divine de la vie et je l'aurai fait renaître à la vie, à l'amour, à sa patrie et à son Dieu». Et ce soir-là, j'ai pleuré en rêve...

Amédée

P.-S. À toi de retour, mon meilleur baiser et ma plus chaude caresse.

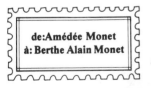

de:Amédée Monet
à: Berthe Alain Monet

Saint-Jean d'Iberville, villa des Tourelles,
le dimanche 8 octobre 1916, 10h am

À celle qui, le 11 octobre prochain, deviendra ma femme chérie pour la vie.

Dans quelques jours, nous serons agenouillés près de l'autel de l'église Saint-Jean-Baptiste pour faire bénir notre union et échanger nos «oui» nous consacrant mari et femme «pour le meilleur et pour le pire».

Ce soir, je sens un impérieux besoin de t'écrire. Je ne serai pas long, mais je veux te dire beaucoup en peu de mots.

Berthe Alain à l'âge de 24 ans.

Ma chère Berthe, je t'ai connue, je t'ai voué une amitié franche et sincère, je t'ai aimée. Aujourd'hui, je t'aime. Et j'ajoute «plus qu'hier, moins que demain».

Nous nous sommes connus, nous avons étudié nos caractères, nous avons échangé des confidences... Nous nous sommes compris. Nous nous sommes aimés. Nous avons été nous-mêmes. Nous nous connaissons bien, nous serons sûrement heureux.

Je tâcherai de te rendre la vie douce, calme et paisible; je sais que tu seras pour moi une vraie femme... Toute ma vie je me ferai un orgueil de te regarder et de voir un peu l'être régénéré, plus grand pour avoir lutté, plus fort pour avoir triomphé.

Demain, tu seras mienne, demain, je t'appartiendrai et le «oui» solennel et sacramentel sera le chaînon doré qui unira pour la vie nos existences respectives. Nous marcherons dans la vie appuyés l'un sur l'autre, nous serons de vrais compagnons, nous saurons vivre «à deux», et jouir de la vie. Nous aurons nos nuages (le ciel n'existerait pas sans nuage) mais évitons les grosses tempêtes qui causent trop de ravages. Je suis prompt, mais je n'ai pas de rancune. Je suis charmeur, mais tu le sais...

Nous serons heureux, nous formerons un couple d'amoureux éternels et si Dieu nous aime, Il nous donnera une petite famille à dorloter et à chérir. Voilà pour nous!

Les difficultés rencontrées viennent et du dedans de nous et du dehors, de l'opinion publique. Il faut les surmonter. C'est pourquoi j'ai voulu, avant de devenir ton compagnon fidèle et sincère, t'écrire pour te dire encore ceci. Nous serons toujours heureux si tu mets en pratique les trois devises suivantes:

1. Méfie-toi des faux ami(e)s trop empressé(e)s;
2. Ne cherche pas à tout savoir;
3. Évite les malentendus.

Méfie-toi des faux ami(e)s trop empressé(e)s. *Les ami(e)s, c'est bon, mais c'est d'eux que nous viennent parfois nos plus grands maux. Souvent, une amie par trop empressée sème volontairement ou non la discorde. Le meilleur conseil à donner, c'est celui de se méfier de ces gens-là.*

Ne cherche pas à tout savoir. *Qu'importe le passé, c'est le présent et l'avenir que nous vivrons «à deux». Combien d'épouses ont eu le coeur brisé pour avoir voulu trop savoir! Les deux devises s'enchaînent. Un ami trop empressé parle ou ment ou cherche à trop savoir.*

Évite les malentendus. *Nous avons souvent discuté la thèse des «malentendus» qui souvent provoquent des «tempêtes dans un verre d'eau». Inutile de développer davantage. La plupart des ménages malheureux l'ont été à cause d'un malentendu. Prenons la résolution de toujours obtenir une explication avant de porter un jugement.*

Et si j'avais un autre mot à ajouter, je dirais: N'oublie jamais ce que j'ai pu faire pour toi, non pas au point de vue matériel, mais au point de vue moral. *Ce sera ma gloire que d'avoir passé sur le chemin de la vie en cueillant sur ma route «une pauvre fleur desséchée» —selon ton expression —prête à se laisser mourir...J'ai eu la joie de l'avoir réchauffée et fait revivre, d'en avoir fait une plante admirable qui ne demande qu'à vivre, qu'à s'épanouir. Jusqu'ici la nature ne t'a pas gâtée. J'emploierai ma vie à le faire.*

Comment?... En t'aimant.

Amédée

«Il faut vivre ce qu'on aime
en payant le prix qui convient»
Jean Ferrat

6 octobre 1941
Refus par mes parents d'accepter nos fiancailles.

ll octobre 1941
Vingt-cinquième anniversaire de mariage de mes parents.
Grand souper d'amis et parents à l'hôtel Queens. Michel
m'a accompagnée à titre d'ami seulement. Nos fiançailles
sont restées secrètes, «entre nous», pour éviter des
problèmes familiaux.

30 octobre 1941
Michel et moi sommes tous deux en retraite. Moi chez les
Bénédictines de Notre-Dame des Deux-Montagnes,
Michel au monastère cistercien d'Oka. En célibataires,
séparément, pour réfléchir sur le sacrement de mariage et
lire l'encyclique du pape Pie XI, *Casti Connubii* sur la
chasteté du mariage chrétien. Ça date déjà de 1930. Mais
il faut la lire une fois honnêtement.

1er novembre 1941
   Papa vient de terminer la lecture d'un livre humoristique
de Louis Francoeur et du docteur Philippe Panneton
(Ringuet, auteur de *Trente arpents*). Le volume s'intitule:
Littératures à la manière de... Les auteurs de ce volume
ont eu l'idée d'appliquer à notre littérature canadienne-
française le procédé du pastiche comme simple exercice
de style, comme passe-temps littéraire. Plusieurs écrivains
en furent offusqués, paraît-il.

Ces textes satiriques visaient en notes brèves et humo-ristiques les auteurs suivants: Henri Bourassa, journaliste, Valdombre, pamphlétaire, Paul Morin, poète, l'abbé Camille Roy, professeur, l'abbé Lionel Groulx, historien, et l'abbé Blanchard, directeur du Bon Parler français. Mais aussi le notaire Victor Morin (auteur du Code Morin) et Édouard Montpetit, universitaire. Sans oublier madame Blanche Lamontagne-Beauregard de Cap-Chat, dans le bas du fleuve, non loin de la Gaspésie. Cet écrivain est l'une des premières femmes de lettres à faire sa marque en poésie. Sans prétention, elle décrit les paysages de sa région comme on décrit des états d'âme. Ses poèmes m'avaient plu. Ça m'a un peu fait sourire mais aussi agacée que l'on se moque d'elle en ridiculisant sa simplicité de coeur et de style.

4 novembre 1941

On fête mes vingt-deux ans. Je suis amoureuse mais très contrariée. Je ne me sens pas le coeur en fête... Je suis inquiète et très nerveuse. J'ai peine à accepter les réalités, je rêve trop et trop grand... Heureusement que je puis poursuivre mes cours hebdomadaires d'histoire du Canada donnés par l'abbé Groulx et Guy Frégault à l'université de Montréal, et ceux de littérature canadienne par monseigneur Émile Chartier de la faculté des Lettres.

18 novembre 1941

Mort d'Émile Nelligan à l'asile Saint-Jean-de-Dieu de Montréal (Ville de Gamelin)*. Poète illuminé, génial. La mort l'a enfin délivré de ses fantasmes. Il est maintenant en paix sur son «vaisseau d'or». À dix-sept ans, il s'était inscrit à l'École littéraire de Montréal. Avec *La romance du vin,* il connut quelques heures de gloire, d'adulation, fut vite oublié, puis interné. Je le croyais déjà mort. Quel

*Aujourd'hui: Hôpital Louis-Hippolyte Lafontaine

talent! C'est un fou magnifique, superbe. À la lecture de ses poèmes, je me sens encore plus angoissée, méditative, neurasthénique, souffreteuse et passionnée. Je dois cesser de lire cet étrange auteur, à la fois si jeune et si désespéré qui me rend mélancolique et trop songeuse. L'activité, l'action sociale seraient un bon moyen de me sortir de mon monde intérieur, trop exigeant, trop idéaliste.

26 novembre 1941

Décès d'Ernest Lapointe, ministre de la Justice dans le gouvernement libéral fédéral.

29 novembre 1941

Oraison funèbre à Québec. Le cardinal Rodrigue Villeneuve, o.m.i., préside la cérémonie. Ce décès d'Ernest Lapointe peut changer les événements au sujet de la conscription, m'a dit papa. Lapointe garantissait aux Canadiens français qu'il n'y aurait pas de conscription.

8 décembre 1941

Hier, les Japonais ont attaqué et détruit la flotte américaine à Pearl Harbor, dans la rade des Iles Hawaï. Les États-Unis, jusqu'ici neutres, vont sûrement entrer en guerre avec les Alliés contre le Japon. Jusqu'à présent ils faisaient des prêts de matériel aux Alliés, mais maintenant ils vont mobiliser des troupes vers l'Asie. Il y aura des soldats américains et peut-être canadiens qui iront mourir en Asie, dans le Pacifique. Nouveau carnage! Quelle horreur!

9 décembre 1941

Depuis décembre mes relations amoureuses et familiales sont très tendues. Il y a de l'incompréhension dans l'atmosphère à la maison. Je me sens partagée entre mon affection pour mes parents et mon grand besoin de liberté dans mes amours avec Michel. On cherche de toute part à nous désunir, à nous éloigner l'un de l'autre. Même des ecclésiastiques s'en mêlent, entre autres monseigneur J. Aldée Desmarais, évêque d'Amos, et l'abbé Georges Léon Pelletier, aumônier des étudiants de l'université Laval. Ils me croient subjuguée par Michel au point de perdre le sens des réalités. Cette année se terminera mal pour nous deux. Aurais-je rêvé l'impossible amour?

10 décembre 1941

Cet après-midi papa a eu un entretien à son bureau du palais de justice avec Michel au sujet de nos éventuelles fiançailles à Noël. Ils ne se sont pas entendus... Michel a perdu patience, s'est montré insolent. J'en suis fort peinée. Mon amie Alex Leduc à qui je me suis confiée m'a dit: «Comme tu dois l'aimer ce Chartrand pour que toi, Simonne, tu aies si confiance en un homme et prenne à cause de lui et par lui tant de risques».

12 décembre 1941

Papa m'a écrit une lettre très sévère: «Mon devoir de père de famille, on me l'a tracé et ce sont des autorités ecclésiastiques qui m'ont conseillé. À moins que ton avenir à tous les points de vue ne soit mieux assuré, je n'ai pas le droit d'approuver ta décision de te fiancer ou de te marier. Tu as cependant le droit de faire ce que bon te semblera et, moi, j'aurai fait ce qu'il est de mon devoir de faire. Tu es libre de suivre ou non un conseil tout à fait désintéressé, tu as le droit de n'accepter que l'opinion d'un homme que tu aimes et de rejeter toutes les autres, ceci est ton affaire. Papa.»

Maison des Soeurs de Marie Réparatrice
Boulevard Mont-Royal, Outremont
Le 20 décembre 1941

Michel Chartrand
288, carré Saint-Louis
Montréal

Michel mon grand amour, bonne fête!

Tu as vingt-cinq ans! Donc un homme mûr. D'ici, en retraite forcée et fermée, j'ai terminé tard dans la nuit, à la veilleuse de ma cellule, l'écharpe tricotée pour toi de chaude et belle laine rouge vin. Par et avec amour. Qu'elle remplace, en mon absence, mes deux bras suspendus à ton cou. Fais-moi le plaisir de la porter en gage d'affection.

Comme par hasard, un prêtre jésuite qui se dit psychanalyste est venu me visiter en ce couvent et me suggérer fortement de le laisser analyser mon cas plus en profondeur. Il me croit envoûtée par toi, subjuguée. Je suis pourtant très lucide et raisonnable. Je ne suis pas folle, je suis amoureuse de toi, cher Michel. Il m'a inquiétée et m'a fait beaucoup pleurer au lieu de me rassurer, me laissant entendre que je devais peut-être sacrifier notre amour parce que je n'avais pas l'esprit libre, ni le tempérament qu'il fallait pour être ta compagne, étant trop influencée par ton magnétisme. Pourtant, j'ai depuis fort longtemps des convictions religieuses et sociales personnelles. Comme toi, et depuis longtemps, j'ai faim et soif de vérité, de justice sociale, de dévouement. Et c'est surtout à cause de notre idéal commun que nous nous aimons, comprenons et estimons.

Je l'ai remercié et éconduit tout simplement. Comprends que même si je dois partir ces jours-ci vers les États-Unis pour deux mois sur la forte incitation sinon l'ordre de mes parents qui «veulent mon bien», aucune difficulté ni contrainte ne me feront peur ni changeront la profondeur de mes sentiments envers toi. Je pense à toutes tes qualités d'homme: à ta droiture d'âme, à ton idéal supérieur, à ton désintéressement, à toute ta si forte personnalité. Mon amour pour toi grandit toujours davantage. D'ici, dans le silence, notre amour me semble devenir tout à coup comme irréel, comme spiritualisé.

Si subitement je me suis détachée physiquement de toi, c'était pour venir trouver ici la paix intérieure et essayer de mieux comprendre la volonté, le plan de Dieu sur moi, sur nous deux, enfin préciser notre réelle vocation.

Je veux t'aider pour que tu donnes ton maximum de rendement à ta valeur d'homme d'action. Je veux te compléter. Je voudrais que l'amour que je te porte te rende plus compréhensif des faiblesses humaines, plus doux, plus sympathique, plus tolérant; nos tempéraments sont si différents, si opposés. Pourtant les immenses trésors amassés ensemble depuis notre rencontre sont pour moi des biens précieux, source de confiance, d'inspiration pour toute ma Vie. Je suis immensément riche et forte de notre amour. Il est ma Vie et le sera toujours. Aucune des difficultés qui nous viennent du monde extérieur ne me fait peur. Je les envisage avec agacement et lassitude mais sans crainte, croyant aux grâces et aux secours de la Providence, à sa suprême sagesse bien au-dessus de celle des hommes.

Comprends-moi bien, Michel, si je devenais persuadée que je ne suis vraiment pas celle qu'il te faut pour réaliser pleinement ta mission d'animateur d'hommes pour les causes qui nous sont chères, alors, par respect pour l'Amour que Dieu nous a donné l'un pour l'autre, j'aurais le devoir de me retirer de ta vie quoi qu'il m'en coûte.

Pour le moment, sans inquiétude, je laisse la bonté divine nous conduire en toute confiance. Toutefois, je devrai partir ces jours-ci pour les États-Unis, selon le désir de mes parents. Non pour m'étourdir, ni t'oublier comme on le désire, mais pour laisser l'Esprit éclairer notre situation. J'habiterai à Kankakee, dans l'Illinois chez des parents que j'aime beaucoup, chez la gentille tante Jeanne, le bel oncle Marc et leurs six enfants. J'apprendrai là à vivre «en famille» loin des reproches de ma famille et de mon entourage. Je t'écrirai de là-bas et si tu le veux tu pourrais faire de même; tu me causerais ainsi une grande joie.

Transmets à ta chère mère si douce et si vaillante mes salutations respectueuses. Offre-lui mes meilleurs voeux pour Noël. Aime-la beaucoup, aime-la pour deux. Si tu le désires, écris-moi aux États-Unis aux soins de mes parents Desmarteau; ils sont fort gentils et m'attendent avec affection et sympathie.

Surtout, retiens de cette lettre que je t'aime plus que moi-même. Avec l'espoir de notre prochaine et définitive réunion en 1942.

Tienne
Simonne

Mme Chartrand, la mère de Michel.

26 décembre 1941

Hier, pour la première fois, je ne suis pas allée à la messe de minuit avec la famille. J'ai assisté avec Michel, Thomas Bertrand et son amie Andrée Bonhomme à la cérémonie religieuse de Noël à la chapelle des Carmélites. Messe dans l'esprit de pauvreté du Seigneur-Enfant nouveau-né. Au retour, mes parents m'ont avertie que je devais aller aux bureaux du consulat et de l'immigration canadienne en vue de quérir des documents officiels pour mon départ aux États-Unis.

Certains membres de ma famille ont pris la décision de m'exiler pour me faire oublier Michel Chartrand et nos projets de vie commune. «Tu dois l'oublier, tu l'oublieras, tu reviendras quand tu auras pris la décision de ne plus le revoir». Je dois partir en train à la gare Windsor (CPR) à destination de Chicago, à minuit. Neuf cents milles de route.

Chicago USA, 28 décembre 1941

Malgré mes vingt-deux ans, à cause de ma dépendance économique et affective envers mes parents, j'ai dû me résigner à ce malheureux départ. De son côté Michel avait quand même tenu à venir à la gare. Il m'a dit: «Au revoir», et m'a souri amoureusement.

USA, 30 décembre 1941

J'ai téléphoné à Montréal dès mon arrivée à Chicago pour rassurer mes parents; je m'étais bien rendue. Tante Jeanne et oncle Marc m'ont acueillie les bras ouverts.

Kankakee USA, 31 décembre 1941

Malgré leurs démonstrations d'affection et de sympathie, je me sens hors de mon pays. Punie «d'être en amour» avec Michel, attendue par lui, rejetée par les miens, exilée.

«Et je t'écris des lettres! des lettres! Car les choses que j'ai chaque jour à te dire sont de celles, vois-tu, que l'on ne se dit pas sans la voix, les regards, les gestes et les sourires, et qu'on se dit déjà si mal avec tout ça! On croit toujours, dans ces propos épistolaires qu'on pourra mettre un peu de son être profond.» (*Toi et Moi*, Paul Géraldy)

«Le prince noir», Michel Chartrand.

Kankakee, le 28 décembre 1941

Mon Michel aimé,

Il fait nuit et tu dois dormir paisiblement. Je ne veux pas déranger ton sommeil. Fais de beaux rêves!

Je tiens à te dire merci pour m'avoir bravement et sans heurts laissée partir de Montréal pour venir chercher ici la force et la liberté d'aimer bellement, librement. Dans mon exil, ta voix au téléphone m'a apporté ce soir un message d'espoir. Tu riais, tu semblais si content, si aimant que mon coeur fut saisi de joie. Je vis avec toi, je revis à cause de toi; ne crains rien.

Je t'écris au lit. Il est deux heures du matin. En face de moi, au-dessus du guéridon, un miroir en forme de médaillon me réfléchit la lumière. Subitement mon visage m'apparaît. Mes cheveux sont relevés et bouclés sur mon front, mon teint me paraît coloré, rosé, mes yeux brillants et enflammés du feu de l'amour, le nôtre. Nous sommes deux jeunes êtres à la fois tendres et passionnés, croyants sans être bigots, idéalistes et forts.

Ce soir avant de m'endormir, je tenais tout simplement à te souffler à l'oreille, comme un précieux secret, ma joie de vivre en t'aimant. Sois paisible, confiant, fort et souriant à ma gaieté retrouvée.

Ici, Jeanne et Marc Desmarteau et leurs six enfants sont des aides précieux dans mon initiation à la vie familiale, mieux que des cours théoriques rédigés par des prêtres célibataires pour le Service de préparation au mariage (SPM).

Je serai tienne
Simonne

Détail d'une illustration de Edward Gorey.

de: Michel Chartrand
à: Simonne

Ville-Marie*,
le dimanche 28 décembre 1941*

Mon bel amour,

Ta voix, entendue tout à l'heure au téléphone avec tant de bonheur, ta voix légèrement émue est celle d'une douce et délicate jeune fille. Cependant, je garde de toi dans ma chair et mon coeur l'impression, la conviction d'avoir parlé à une compagne hardie devant la vie. Tu as le courage éprouvé et l'amour prévenant sans relâche d'une jeune maman dont la très profonde tendresse et les attraits te parent abondamment.

Ma grande Simonne, je te sais déjà toute la fidélité, la compréhension et le grand amour d'une épouse, cependant que tu es la plus aimable des amoureuses par ton indicible charme et la grâce exquise de ton caractère.

de: Michel Chartrand
à: Simonne

Le lundi 29 décembre 1941

Je continue d'exprimer les mots d'amour transmis par téléphone. J'ai en pensée assisté à ton coucher et j'ai contemplé ton sommeil, bel ange. Au réveil, je viens d'écouter avec toi la rhapsodie espagnole de Liszt et quelques sonates vibrantes de ton souvenir.

Amoureux, je souffre, j'étouffe incapable de te donner tout mon coeur en quatre vers:
Écoute les battements du tien qui rythment le mien,
exalté à contempler
tes yeux scintillants
tes lèvres toujours frémissantes de passion
la grâce de tout ton corps
la symphonie de tendresse jaillie de ton caractère
qui harmonise ta beauté.

---

*Ancien nom de Montréal, utilisé durant l'année du tricentenaire

de: Michel Chartrand
à: Simonne

Le mardi 30 décembre 1941

Ma mie, je reprends mon colloque avec toi par écrit car il n'est pas interrompu dans mon coeur.

Au carré Saint-Louis, cet après-midi, les enfants patinaient dans la grande piscine face à la fenêtre de ma chambre. Puis la lumière s'est assagie avec la fin des jeux. Lentement, au coin de l'avenue Laval, les maisons ont refermé l'enceinte du parc. Ce coin de la muraille s'est épaissi, ce fusain a pris du relief dans le bleu des yeux de ta grand-mère Marie-Louise. J'aime à t'appeler par ce nom, le tien, donné par ta marraine. C'est ton nom d'amoureuse. Sans bruit, le soir a tiré une sombre tenture devant le ciel, juste au-dessus des toits. Dans la cour close, une lampe, telle ton sourire, sans percer la nuit, dessine l'ombre de cinq ou six grands troncs d'arbres et descend marier deux sentiers à même le sol tout blanc.

Viens, allons ensemble près de la boule de neige qui scintille à la croisée des chemins du parc. Marchons ensemble, l'un près de l'autre. L'immense peau de brebis du sol rendra discrets les rares passants. Nous sommes seuls. Les grands arbres noirs et droits veillent avec nous, veillent sur nous, veillent en nous comme de belles et profondes convictions.

de: Michel Chartrand
à: Simonne

Le dimanche 4 janvier 1942

Vois, toi, mon espoir, ma vie, vois comme elle est belle la flamme de notre amour en pleine nature. Le souffle pur de l'hiver l'épousant exalte son ardeur rutilante. Cette étreinte frémissante fait naître de longs et profonds soupirs comme ceux du vent qui voyage sans fin dans la grande forêt.

Laisse-moi te bercer, ta poitrine contre la mienne, ta tête renversée sur mon bras. Je pourrai ainsi contempler, à la clarté ineffable de ton sourire, ta mansuétude incommensurable. Tes yeux purs et clairs sont comme du cristal et perçants comme une lame trempée. Ta mignonne figure évoque la candeur confiante d'une

129

enfant doucement bercée dans les bras de son père. Le bercement affectueux rend à tes traits, à ton regard et à ta peau, leur limpidité et leurs tendres couleurs.

de: Michel Chartrand
à: Simonne

Le jeudi 8 janvier 1942

Je te regarde.

À ton cou, mon suprême abri, ma consolation et ma réfection indispensables, est suspendue une perle, symbole de la valeur inestimable que tu représentes pour moi.

Ton sein, c'est une chaude larme d'amour qui a fait du moment où je l'ai bue le plus beau jour de ma vie. Souviens-toi de la tendresse qu'il contenait à tes retours de voyages.

Ton sein, c'est le symbole de toi-même. Il est plus blanc qu'une perle et sa forme plus parfaite. Il est la synthèse de ta beauté physique et morale. Sa proéminence est l'indice de ta noblesse, de ta fierté et de l'audace de ta jeunesse. Ta générosité est coupable de son abondance.

Toute ta beauté est contenue dans ton sein. Quand tu pares tes cheveux, c'est ton sein que tu pares. Quand tes yeux brillent, sourient, aiment, se donnent, c'est ton sein qui brille, sourit, aime, se donne. Quand tes lèvres sont passionnées, ton sein n'est-il pas frémissant?

En ton sein, la blancheur, la beauté, la noblesse de la ligne de ton cou et de tes épaules, tes longues et fines jambes, tes fortes et séduisantes hanches, tes flancs généreux trouvent leur perfection.

Ton sein, c'est tout toi-même. De ta chevelure, il a le velouté, la souplesse et la chaleur. De tes yeux brillants, l'éclat de sa blancheur est le reflet. De l'exquise finesse et de la simplicité de tes traits, on trouve l'évocation dans la grâce de ses contours. C'est le charme pur de ton sourire au bonheur. C'est la franchise et la tendresse de tes yeux que les laideurs, la poussière et l'effort n'ont pas cernés. Ton sein c'est la passion sans contrainte de tes lèvres.

Où donc frappent, déchirent, flattent, épanouissent, réconfortent l'oppression de la douleur, les transports de la joie, les pulsations bouleversantes et le rythme exaltant du bonheur? En ton sein, source de vie, écrin de ton coeur et son univers.

Je prie le Nouveau-Né que, par sa Mère, il accorde à ton sein la grâce d'abreuver après la mienne une âme qu'il aura fait germer en toi grâce à l'Amour.

Je t'embrasse. Tu es mon bel amour, *bientôt ma compagne pour toujours.*

À très bientôt
Michel

P.-S. Je termine ce message commencé d'écrire le 28 décembre 1941 et terminé le 8 janvier 1942 en l'année du tricentenaire de Montréal (Ville-Marie).

de: Simonne
à: Michel Chartrand

Kankakee, le 9 janvier 1942

Mon ami d'amour,

Nous sommes tous deux de hardis passionnés. Par les joies, les souffrances charnelles et morales, nous recherchons un équilibre instable entre nos deux êtres. Ainsi nous pourrons réaliser l'harmonie de nos personnalités qui sont tenues d'évoluer. Nous devons vaincre les obstacles extérieurs susceptibles d'amoindrir, d'assombrir notre ardeur mutuelle tant sur le plan affectif que social, politique et national.

Ne brûlons pas les étapes. Peut-être faudra-t-il attendre que certaines conditions matérielles se stabilisent et nous favorisent, telles la fin de la guerre, un emploi et logement assurés, etc. À nous d'inventer, beau et solide, un cadre de vie, une atmosphère, une couleur* favorable à notre épanouissement, sans contraindre ni peiner personne de nos familles.

Je viens de terminer le tricot d'une tuque pour la tête de l'homme que je respecte. La tienne...

Vivons ensemble dans l'Amour.

Simonne

P.-S. J'ai lu depuis une semaine François Mauriac et Georges Duhamel. J'aime mieux, et de beaucoup, du Michel Chartrand et pourtant j'aime lire des écrits de qualité...

*Le vert me calme, l'ocre et le rouge me réjouissent, le mauve et le violet me font rêver.

Kankakee, le 19 janvier 1942

Ami si cher,

Hier, ma tante Jeanne m'a fait à son tour des confidences sur sa vie de ménage, sa vie amoureuse et familiale, sur ses maternités. Puis elle m'a dit qu'une personne de la famille l'a toujours soutenue dans les moments difficiles de son exil involontaire aux USA, forcée d'y accompagner son mari, le beau Marc. D'un geste tendre, elle m'a remis une boîte pleine de sa correspondance avec le cher cousin que j'ai toujours appelé «mon oncle Jos Piédalue»: «Lis ces messages. Ils sont tiens quoique très personnels».

Les premières lettres étaient datées de 1927, date où, en réponse au couple Desmarteau — qui leur annonçait la première grossesse de tante Jeanne — Jos Piédalue leur faisait réaliser la grande joie, le privilège de procréer, la grandeur des rôles d'époux et de parents. Cette lettre, du cousin germain de papa, m'a émue aux larmes, des larmes de joie. Pour la première fois, j'ai réfléchi au pouvoir créateur des femmes.

Tu sais le grand rôle de conciliation que joue la correspondance dans nos relations familiales, alors tu comprendras que je lui ai écrit cette semaine. Tante Jeanne m'a dit pour m'encourager à le faire: «Jos, il est si humain, il te connaît si bien ainsi que les tiens, il comprendra sûrement les raisons de ton grand attachement à Michel. Nous, nous ne connaissons pas ce mystérieux fiancé, mais il doit être digne de toi». J'ai donc décidé de confier par écrit mes difficultés et mes désirs de femme à l'oncle «Jos» pour qu'il éclaire ma lanterne, calme mon coeur tourmenté. Quelle sera sa réponse? Je l'ignore...

Les semaines à venir seront très importantes pour «nous deux». Il nous faut les bien vivre en espérant que tout ira pour le mieux. Tes lettres sont pour moi d'importants documents de réflexion et des sujets d'espoir.

Affectueusement
Simonne

133

P.-S.
1. Je t'enverrai bientôt la pointure du bon doigt, l'annulaire de la main gauche...
2. Dis à Alex Leduc qu'elle m'écrive si elle veut que je rencontre, à Chicago, des groupes organisés de jeunes étudiants.
3. Communique avec Françoise Gaudet Smet. Dis-lui que je suis prête à aller négocier avec une maison d'édition, à Chicago, pour la revue Paysana. *J'attends les papiers à cet effet et ses instructions.*
4. Et la conscription, allons-nous l'éviter?
5. Cours vite rassurer grand-maman, embrasse-la pour moi. C'est notre alliée.

Mon coeur est tout à toi
Simonne

de: Michel Chartrand
à: Simonne

Montréal, le 22 janvier 1942

Simonne Monet
Kankakee USA

Chère toi,
Un mot à la hâte pour t'annoncer une nouvelle d'ordre politique.

Dans le discours du trône, le gouvernement fédéral vient d'annoncer la tenue prochaine d'un référendum sur la conscription. Il demande à la nation canadienne de le délier de ses promesses anti-conscriptionnistes.

Le Devoir *de ce matin, par son directeur Georges Pelletier, sonne l'alarme anti-conscriptionniste pour l'étranger. Les directeurs des sociétés patriotiques et les mouvements de jeunesse se consultent par téléphone; ils vont s'organiser pour résister. Les Canadiens au Canada* seulement.

J'assisterai prochainement avec Roger Varin à une rencontre chez Paul Gouin où l'abbé Groulx sera présent comme conseiller. Ses «directives» seront précieuses. Les aînés veulent faire sortir le «vieux chef» nationaliste Bourassa de sa retraite. André Laurendeau servira d'intermédiaire.

Excuse-moi de t'écrire tout ça en vitesse. Je pars pour une réunion. Je suis d'accord avec la Défense du Canada. Je présume que toi aussi et que tu comprendras et accepteras que je participe activement à cette ligue. Ça concerne surtout la jeunesse. Nous défendrons à la fois un principe et notre peau. Je me battrai pour notre survie comme individus, comme couple et comme peuple.

Je ne t'oublie pas, bien au contraire. Je t'écrirai demain les mots doux que tu mérites.

Bien à toi
Michel

P.-S. Je reçois à l'instant, d'une librairie française de Chicago, le livre de Georges Duhamel et celui de Paul Claudel choisis par toi. Merci. Je suis à faire relier des livres, j'aimerais que tu apprennes ce métier au retour. Je t'attendrai pour choisir les plus importants des volumes de nos deux bibliothèques.

de: Simonne
à: Michel Chartrand

Kankakee, le 23 janvier 1942

Mon très cher,

Je me sens aujourd'hui plus réaliste et plus préoccupée par ma situation d'amoureuse exilée.

J'ose entrevoir la possibilité que ma famille change d'attitude envers toi, envers notre prochaine alliance. J'ai écrit à mes parents et amis les plus proches, dont Lorraine et ma grand-mère, pour qu'ils interviennent en notre nom auprès de mes parents. J'espère qu'ils m'accueilleront bientôt comme ta fiancée.

Au plus tôt ta femme
Tienne de tout coeur
Simonne

Ville Marie le 23/1/42.

Mademoiselle Simonne Monet,
Kankakee - Ill.

Ma petite princesse d'amour,

Viens que je te berce un s. , repose ta tête sur mon épaule, bien; souris mignonne, souris comme un bel ange d'amour. Pense aux jours gais de l'enfance; à l'âge, où je te considère, plusieurs fois le jour, ta candide figure d'écolière, aux yeux chercheurs qui sont d'u. e profonde et sensible.

Souviens-toi du calme immense qui m'a envahi, en posant ma tête brûlante sur tes genoux maternels, à Sainte Adèle.

Souviens toi du ciel étoilé; de S. dans la neige radieuse près des riches bois toujours verts.

Écoute à nouveau nos coeurs dans leur communion par la symphonie, comme jaillie de la nature, pour nous.

Roulons, inséparables, même à gra. vitesse dans les tournants ou devant des obstacles de la route.

Kankakee, le 27 janvier 1942

Michel, mon ami si cher,

Je viens d'entendre ta voix au téléphone en regardant ta photo devant moi sur le guéridon. Tes yeux affectueux et tendres percent les miens. J'en suis frémissante.

Plus je réfléchis, plus je considère qu'il ne s'agit pas de nous marier en déserteurs, en révoltés comme des malheureux étourdis. J'aimerais tant que nous nous mariions avec l'appui, quelque faible soit-il, de mon père et de ma mère. Je compte là-dessus. Je l'espère encore. Je me passerai volontiers des cérémonies mondaines, des faire-part, des réceptions. La cérémonie religieuse du sacrement de mariage est seule importante pour moi, mais la sympathie et l'appui des miens me serait si agréable.

Je tiens à ce que nous préparions sérieusement notre façon de nous rendre à l'autel sensément, loyalement.

Simonne, ton amoureuse

P.-S. Ci-inclus, un extrait de la réponse de mon oncle Joseph:

Ma grande Simonnette,

Agis selon ton coeur et ton bon sens. Tu ne peux te tromper. Tu es audacieuse et idéaliste mais aussi courageuse moralement.

Prie l'Esprit de force et de lumière. Il t'éclairera.

Très affectueusement
ton «oncle et ton cousin»
Jos Piédalue

Famille Jos Piédalue.

de: Simonne
à: Michel Chartrand

Kankakee, le 31 janvier 1942

Michel, mon si cher amoureux,

Je réalise de plus en plus que je suis une femme qui se donne entièrement. Maman m'écrit que «tu me possèdes déjà», même si nous sommes restés chastes. «Que tu as déjà fait de moi madame Simonne Chartrand vivant chez monsieur et madame Amédée Monet».

Comprends-moi bien, Michel, la lettre de ma mère m'a troublée. J'ai besoin de soins, de chaleur, d'encouragement. Parfois tu es dur et inflexible, tu imposes tes volontés. J'aimerais que tu nourrisses dans ton coeur de la sympathie et de l'affection envers mon père, l'homme que j'ai le plus aimé dans ma vie avant de désirer vivre avec toi. Il souffre beaucoup de mon éloignement de la vie de famille, du conflit entre nous tous.

Je dois l'avouer, j'ai été égoïste envers les membres de ma famille. Je me sentais déjà Simonne Chartrand et dans mes

138

relations avec eux je leur ai fait sentir que je n'avais plus rien en commun avec leur manière d'être et de vivre. De là est née leur peine. En plus d'avoir le sentiment que tu m'avais enlevée à leur affection puisque je devenais froide et indifférente envers eux.

Maman te trouve dominateur et ayant une influence néfaste sur mes idées, sentiments et comportements. Pourtant elle-même est si possessive... Je suis victime, entre vous deux, d'une situation conflictuelle malsaine pour ma santé, mes nerfs et mon équilibre. Trouvons donc vite une solution, une entente à l'amiable en vue du bonheur de tous.

À bientôt, je l'espère.
Simonne

de: Simonne
à: Michel Chartrand

Kankakee, le 2 février 1942

Michel Chartrand
Montréal (Ville Marie)

Mon trésor,

Je viens d'assister à la messe de la Purification de la Sainte Vierge Marie. C'est le rappel de la coutume juive des relevailles. Pourtant Marie, la mère de l'Enfant-Dieu, ne devait pas avoir à être purifiée, il me semble. Mais elle était humble et respectueuse des lois prescrites. Elle a dû le faire par obéissance à la tradition de la hiérarchie mâle du judaïsme qui considérait impur le corps de la femme et ses transformations biologiques: menstrues, enfantement, délivrance etc. C'est humiliant pour les femmes de faire peser sur nous l'éternel poids dudit «péché originel» dû à notre rôle de séductrice d'Adam...

Dans ma prière, j'ai dit à Marie de nous offrir, selon la coutume juive de l'époque, comme «tourtereaux» (pigeon et colombe) en sacrifice d'amour. J'espère qu'elle m'écoutera et que nos offrandes de prière et d'abandon en la Providence seront bien reçues là où réside l'Amour éternel.

Toutefois, je me pose encore certaines graves questions. Dans quelles conditions, vu l'état de guerre qui ne se termine pas mais *s'accélère, es-tu vraiment libre de tout service militaire? Seras-tu obligé de faire du service actif? Des mois et des mois de camp d'entraînement? Et où? La guerre, qu'on la désapprouve, la déteste, la combatte ou non, est une réalité terrible, un fait quotidien. Il ne faut pas s'illusionner, elle nous touchera de quelque façon avant longtemps.*

Mes parents vont à nouveau te demander ce que tu as fait, à quoi tu as travaillé et à quel salaire depuis mon départ de Montréal. Aussi quelle ambition positive tu as pour l'avenir, quel métier ou profession tu comptes exercer et quels moyens tu prends pour y arriver?

Il reste, au-delà de ces questions pratiques, quelque chose de beaucoup plus important à te redire, soit ma grande tendresse.

Simonne

de: Michel Chartrand
à: Simonne

Ville-Marie, le 5 février 1942

Mlle Simonne Monet
a/s M. et Mme Marc Desmarteau
962, Court Street
Kankakee Illinois

Ma chère Simonne,
Je ne cesse de t'attendre, rempli de tendresse et d'affection. Étant donné nos natures respectives et l'idéal de notre vie en commun, il est rassurant de constater que nos sentiments sont immuables depuis le début de notre rencontre et cela parce qu'ils étaient vrais. Il importe qu'en arrivant à Montréal, tu tiennes calmement et courageusement à ta décision de nous fiancer dès ton arrivée. Attendre serait aggraver davantage la situation.

De plus, il sera nécessaire je crois, pour ton bien, ta santé et notre amour, pour tes parents aussi, que nous nous épousions le mardi 17 février avant le Carême, car il faudrait des dispenses de l'évêché pour pouvoir nous marier après le mercredi des Cendres. Le jeûne des sens est prescrit et recommandé durant le Carême. C'est ainsi. La vie sexuelle normale est peu valorisée dans la religion.

Notre vénéré ami, l'abbé Lionel Groulx bénira notre union soit à l'église Notre-Dame ou même, si cela est préférable, dans sa chapelle particulière. Nos sentiments sont mûrs depuis longtemps. Notre sensibilité est surexcitée. Tu vis à moitié avec l'impression d'être partagée entre ta famille et moi. Il serait malsain et immoral de prolonger des fréquentations dans un tel état. Nous essayerons dès ton arrivée de les consoler sans avoir à trop discuter. N'acceptons pas d'objections non fondées et ne dramatisons pas. Il vaudrait mieux sympathiser avec eux.

Au sujet de ma situation, voilà: je travaille plein temps à l'imprimerie Stella rue de Brésoles (Judith, une fondatrice de Ville-Marie) dans le Vieux-Montréal. J'y reçois un salaire convenable comme typographe, métier que j'ai appris et pratiqué en sortant de la Trappe d'Oka. Je m'y plais et tranquillement, par des travaux d'édition, je pourrai grossir mon revenu. Je continuerai de suivre des cours du soir. Côté santé, j'ai vu hier mon médecin de famille, il m'assure que je ne puis pas être forcé de faire du camp militaire ou être appelé dans «l'armée active» à cause du régime alimentaire de l'armée qui ne convient pas à la faiblesse de mon estomac. Une petite hernie m'impose un régime alimentaire sévère, mais la maladie n'est pas grave, seulement désagréable.

Nous nous marierons donc sans crainte et sans bruit. La décision du mariage ne concerne que les époux. Ce n'est pas une fête pour plaire même à ceux qu'on préfère. Il ne faut pas exagérer l'importance du consentement des parents. Tu as vingt-deux ans, moi, vingt-cinq ans. Nous sommes depuis longtemps des adultes consciencieux. Leur consentement n'est aucunement obligatoire aux yeux de l'Église ni même une condition essentielle de bonheur. Tu feras comprendre à ta mère qu'au lieu de te perdre tu vas mieux l'aimer en rapprochant vos deux personnalités de femme dans un état analogue de femme mariée.

Ma grande Simonne, tu es la seule femme que j'ai aimée, la première et la seule en qui je me suis entièrement confié, la première et la seule que j'ai connue aussi belle et aussi bonne depuis que je t'ai vue pour la première fois, la première et la seule qui m'a pris, me tient, me presse, me trouble, m'exalte, m'encourage, me rend fort. Tu es celle qui a engendré mon coeur d'homme, qui a nourri et fortifié l'amour invincible qui me lance vers toi et me fait mourir à t'appeler.

À Dieu, à toi, ma vie d'amour. Viens vite ma compagne, viens vite que je te berce longtemps, longtemps, longtemps. N'écoute que ton coeur, sans te croire égoïste. Même si ta décision peine ceux que tu aimes, sois ferme et courageuse comme tu sais l'être.

Télégraphie-moi si tu veux que je fasse faire la publication dans les journaux du samedi 7 pour nous marier le 14 ou le 17 février.

Hommages et remerciements de ma part à la famille Desmarteau.

Michel

Mon mariage

Illustration: Percy W. Rhodes.

Beau temps, mauvais temps

À Michel
mon très cher compagnon de vie

J'avais à peine dormi de la nuit. Les dernières vingt-quatre heures à la maison de mes parents furent interminables, désagréables, difficiles à vivre à tout point de vue. Ma mère avait invité Lorraine, mon amie de couvent à venir passer la soirée avec moi. Nous avions pourtant si peu à nous dire...

Un ami, encore amoureux de moi, me téléphona très tard dans la soirée: «Si tu décides de ne pas te marier demain avec Michel, je suis prêt à t'attendre le temps qu'il faudra». Mon père, muet, s'était retiré seul dans sa chambre. Ma mère et la bonne «bardassaient» des casseroles dans la cuisine. En vue de quoi? D'un buffet de réception de dernière minute? Pourtant, il ne devait pas y en avoir. Nous n'y tenions pas ni Michel ni moi, décidés de partir tout de suite après la bénédiction nuptiale.

Moi, très seule, j'attendais le jour en réfléchissant, essayant de contrôler mes nerfs. Je regardais l'ameublement, les tableaux, les décorations de ma chambre tout comme si j'avais été dans une chambre d'hôtel. Je ne m'y sentais déjà plus chez moi. Le décor me devenait indifférent, froid, hostile. Ma robe de mariée était suspendue, comme moi, en attente... Quelle nuit! Si noire, si longue, interminable.

Vint le petit jour, la température extérieure était effroyable, pluvieuse et humide. Je n'ai jamais connu de toute mon existence un pareil «temps de chien». Serait-ce un mauvais présage? Je n'y croyais pas et n'y attachais aucune importance. À la radio, les météorologues annonçaient pour la matinée tour à tour pluie, gel et dégel. Michel et moi n'étions pas gâtés par les éléments extérieurs. Tant pis! Nous allions nous marier dans quelques heures, beau temps, mauvais temps. Au plus profond de nos pensées et de nos coeurs, notre Amour invincible triomphe de tous les obstacles.

Tôt, Michel me téléphona de chez lui au carré Saint-Louis.
«Bonjour, Simonne, ça va? As-tu réussi à dormir un peu? Je crois que la cérémonie sera retardée à cause des problèmes de transport dû au gel de la chaussée. Plusieurs postes de taxi ne répondent déjà plus aux appels de crainte d'accidents. La rue est une glace vive. Ton père te servira-t-il de témoin? Va-t-il t'accompagner avec sa voiture? Ta mère s'est-elle résignée à te voir partir? À assister au mariage?

— Michel, je te rappellerai avant de partir de la maison. Même en retard, je me rendrai à la chapelle. À tantôt, mon amour.»

Je m'habillai. Je revêtis ma belle robe longue en organza blanc et doublure de satin. La talentueuse modiste de ma mère l'avait confectionnée tout à la main à l'occasion du banquet offert par les amis de mes parents pour fêter leur vingt-cinquième anniversaire de mariage. Nous avions désiré Michel et moi nous marier à cette même date afin de célébrer une fête de famille élargie. Ma parenté ne fut pas d'accord. Un air populaire me vint à l'oreille: «Papa n'a pas voulu et maman non plus — Les enfants désobéissants font pleurer leurs parents, etc.» Qu'importe! Je me disais en moi-même: «Dans quelques heures je serai mariée à Vie». Ma longue robe blanche de banquet était devenue ma robe de mariée. Michel tenait à ce que j'aie un beau souvenir de ma tenue vestimentaire en ce jour de nos noces. Lui-même avait, à cet effet, loué un «habit de cérémonie» pour la circonstance.

Une heure d'avance, je sortis de ma chambre, gênée, refusant de déjeuner, toute prête à partir pour l'église Notre-Dame du Vieux Montréal. Je ne savais que dire et que faire en attendant. Maman meubla vite le temps et entama la conversation: «Bonjour, ma fille, comme tu es pâle! Le blanc ne te va pas bien. Je te l'ai toujours dit, mais tu n'as jamais tenu compte de mes avis, de mes remarques, de mes conseils», m'a-t-elle dit en sanglotant. Elle avait revêtu une magnifique robe longue de dentelle bleu marine et portait des bijoux de prix. Elle arpentait le corridor central de la maison en insistant sur le mauvais temps, signe évident que la Providence me donnait pour me faire comprendre qu'il valait mieux annuler la cérémonie.

Mon père, silencieux, hésitant, fit honnêtement deux tentatives infructueuses pour sortir l'automobile du garage, sous la galerie. La rue était une patinoire. Après le déluge du petit matin, le gel avait fait son sournois travail. Papa remonta l'escalier, penaud, mal à l'aise et dit: «Je vais appeler un taxi.» Ma mère intervint: «Simonne, réfléchis un peu, si tu en es encore capable. Pourquoi t'entêter à vouloir te marier contre notre gré? Le bon Dieu te donne des signes évidents de sa désapprobation. Cette mauvaise température est vraiment providentielle.» Au dernier appel téléphonique de mon père — par un autre hasard providentiel ou pas — un taxi s'engagea à venir à la maison. Il connaissait mon père de réputation. Un bon juge!

Par-dessus ma robe de mariée, je dus porter un lourd imperméable de caoutchouc vert avec capuchon et mettre par-dessus mes sandales de satin, des couvre-chaussures également en caoutchouc, des «rainettes» comme l'on disait. C'était Mardi gras. Je paraissais déguisée pour une mascarade, je me sentais triste et laide dans cet accoutrement ridicule. Et dehors, toujours un temps «à boire debout».

Finalement, malgré les conseils et les remontrances de ma mère, mon père accepta de m'accompagner à la cérémonie pour me «servir de témoin», «de père», ce qu'il avait toujours été d'ailleurs, et très bien. Michel m'attendait à la chapelle du Sacré-Coeur de l'église Notre-Dame. Lui-même nerveux, il avait oublié chez lui les anneaux de mariage et dut les faire venir en taxi. Ma grand-mère Monet, la chère tante Élisabeth d'Iberville, les parents de Michel — son père lui servait de témoin — Paul son frère aîné, major dans l'armée, mon jeune frère Amédée, quelques ami(e)s de la JEC composaient l'assistance. Cérémonie très intime, qu'officiait l'abbé Lionel Groulx. Maman ne vint pas.

La veille, Michel avait demandé au vicaire de la paroisse Notre-Dame quel était le coût de la cérémonie. Contrairement à la coutume établie, il voulait en payer lui-même les frais. «C'est moi qui t'épouse, pas ton père.» Il avait dû payer une somme supplémentaire au bedeau pour que celui-ci enlève de l'autel les fleurs artificielles et de l'allée centrale la lisière de tapis rouge. Il m'avait acheté chez le fleuriste La Patrie, une gerbe de Callas (fleurs qui ressemblent à des lys) attachée avec un long ruban de satin blanc. Dans la chapelle, la seule décoration fut le rideau fleurdelisé, tissé tout laine, apporté par Michel. Il le déposa sur nos deux prie-Dieu qu'il plaça lui-même côte à côte.

Agenouillés auprès de nos deux pères, nous avons prononcé avec ferveur et conviction le oui solennel, assisté à une basse messe, puis écouté avec respect les textes liturgiques et les très brèves exhortations du célébrant, le chanoine Groulx. Celui-ci préférait que tous l'appellent tout simplement monsieur l'abbé. Il nous bénit et dit: «Mes chers amis soyez toujours de fervents chrétiens et de bons patriotes. Je prie pour que vous soyez heureux; vous le méritez bien.»

À ma vieille Simonne!
En souvenir des "beaux jours" passés ensemble + des "beaux jours" qui viennent -
17 février 42
Alex. Leduc -

Confiants dans l'avenir, sereins et souriants, nous nous sommes embrassés. Mon père nous offrit de retourner à la maison et d'y amener les parents de Michel, Lili et Azarie Choquet en tête. Ma mère, comme toujours, fut une hôtesse impeccable. Son travail de nuit effectué en cachette fut magique. De retour de l'église à la pluie battante, les invités et nous, avons admiré la salle à dîner décorée comme aux grands jours de fête, la table dressée avec goût, le menu appétissant. Des mots aimables furent échangés entre les membres des deux familles. Tout se passa avec courtoisie, civilité et bonne humeur. La Providence avait changé d'idée et de verdict et ma mère changé d'humeur... Femme forte de caractère, rien de son angoisse ne transparut. Vivent les mariés!

Marius, le frère de Michel vint nous reconduire à la gare Jean-Talon pour prendre «le petit train du Nord» à destination de Saint-Adèle, lieu de nos premières déclarations d'amour. Nous avions réservé pour quelques jours une petite chambre à l'auberge Candle Inn au haut du village.

À l'heure du souper, quelle ne fut pas notre surprise de voir étalés, sur un guéridon du salon, les journaux anglais *The Gazette* et *The Star* ouverts aux pages illustrant les événements mondains et nos photos de mariés, bien en évidence. Nous n'avions requis pour la circonstance les services professionnels d'aucun photographe, mais qui sait si papa, lui... Au repas du soir, nos hôtes et les gens attablés près de nous nous souriaient gentiment. Remontés à notre chambre je dis à Michel, comme le Petit Prince de Saint-Exupéry:

«Raconte-moi une belle histoire.
— Il était une fois une toute petite fille nommée Marie-Louise qui avait le coeur gros comme la terre, beau comme la lune et l'esprit brillant comme les étoiles. Elle rencontra un jour un grand jeune homme qui tout de suite l'a aimée...»

À l'aube, aux premières lueurs du jour, un soleil radieux éclaira notre modeste chambre. Les cris aigus des geais bleus nous éveillèrent. Ces passereaux étaient nombreux sur le rebord de la fenêtre. De là, nous avions une vue magnifique sur la montagne. Jeunes et heureux nous étions éblouis par la beauté du site et le miracle d'être ENSEMBLE.

de: Amédée (frère)
à: Simonne

Collège de l'Assomption le 22 février 1942

Madame Simonne Chartrand
Candle Inn
Saint-Adèle (Québec)

Ma très chère soeur,

Tu sais parfaitement que je ne suis pas de la catégorie des «phraseurs» dont nous avons eu un beau spécimen lors du banquet-causerie du vingt-cinquième anniversaire de mariage de nos parents. Mais ce que le coeur d'un jeune frère ressent, je veux l'exprimer plus simplement.

Étant pensionnaire, je t'ai à peine vue et parlé lors de la semaine de ton mariage, si hâtivement décidé. Ton ami Michel devenu ton époux est un jeune homme audacieux, consciencieux, bon organisateur mais quelque peu aventurier dans ses projets un peu idéalistes: fondation de coopératives, de syndicats, de partis politiques, etc. Ses qualités et les tiennes sont nobles et admirables, vos idées remplies d'idéal mais difficiles à réaliser comme le disait si bien l'abbé Groulx lors de la cérémonie de votre mariage.

Bien du bonheur à vous deux. J'aimerais en arriver à mieux vous connaître tous deux et que nous devenions de bons amis. Me ferez-vous «mon oncle»?

Soyez heureux! Sincères voeux!

Ton frère Amédée

de: Simonne
à: ses parents

Sainte-Adèle, le 23 février 1942

M. et Mme A. Monet
Ville-Marie

Mes très chers parents,

Bien avant aujourd'hui je vous ai remerciés dans le fond de mon coeur pour l'amour et la bonté dont vous avez fait preuve à mon égard. Cependant, de concert avec mon Michel chéri, je tiens à vous dire toute la joie qui m'inonde.

Vous avez souffert, craint pour moi, mais parce que finalement vous avez été assez détachés et généreux pour me laisser suivre ma vocation de femme, vous en êtes et serez toujours récompensés. Je suis tout à fait heureuse. Ensemble, Michel et moi, nous avons lu et relu la si belle et si touchante lettre que vous nous avez adressée comme un beau message d'amour et de bonté. Soyez assurés que nos coeurs s'unissent aux vôtres dans la compréhension et la confiance en l'avenir.

Michel vous avait assurés qu'il prendrait bien soin de moi. Il est à la fois, un ami, un père pour moi, sans rien perdre de sa tendresse amoureuse. Il m'a comprise et entourée d'attentions, de délicates affections, constamment. Mon époux est très bon, je l'aime plus que moi-même.

Très sérieusement, nous considérons nos devoirs et désirons nous sanctifier mutuellement; d'ailleurs, l'amour que nous nous portons est basé sur un idéal commun d'une vie utile, ardente et bellement remplie. Nous sommes à projeter une façon de vivre simple mais susceptible de nous développer et de faire du bien aux jeunes du pays.

Le paysage ici est captivant et reposant pour nous deux qui étions en grand besoin de calme et de beauté. Nous sommes joyeux.

N'oubliez pas que des jeunes doivent faire leur chemin, confiants en eux-mêmes et selon leurs aspirations. Vous ne pouvez vivre pour nous, mais vous pouvez nous aider à réaliser nos projets.

Soyez assurés ainsi que toute la famille du bonheur de

Simonne Chartrand

150

Ici et là

Grâce au cadeau de noces du mari de Myrielle Couvrette, soeur de Michel, nous avons joui pleinement de neuf jours de vacances à Saint-Adèle-en-Haut. Bernard Couvrette était à la fois son beau-frère et son employeur à l'imprimerie Stella, propriété des Couvrette où Michel travaillait depuis quelques mois comme typographe.

À notre arrivée à la gare Jean-Talon, un vendredi vers sept heures du soir, Michel n'avait en poche qu'un billet de tramway...Belle perspective pour la fin de semaine! Heureusement que mon père, que j'avais prévenu par téléphone, toujours aussi courtois et obligeant nous attendait à la gare. Souriant et de bonne humeur, nous avons tous trois durant le trajet en auto fait des blagues sur notre avenir matériel qui s'annonçait florissant...

«Ne vous en faites pas, dit mon père, en ton absence, Simonne, j'ai bien réfléchi au passé selon ton insistante suggestion. Je me suis rappelé mon retour de voyage de noces, notre sommaire installation en chambre chez ma belle-mère et mes premiers honoraires d'avocat comme homme marié: une poche de patates offerte en paiement de consultation par un client de mon village natal qui m'avait dit:«Dans le temps, j'ai travaillé pour les élections de ton père Domina* et toi, Médée*, je t'ai connu en petite culottes courtes. J'ai pensé que ça te ferait plaisir que je te paye «en nature...» Allons vite souper à la maison. Nous avons décidé de vous accueillir et d'oublier nos trop vives discussions. Moi, en tout cas, j'ai tourné la page. Berthe essaie de «faire face à la musique», à la réalité. Elle vous a préparé une surprise.»

Embrassades, déballages de cadeaux nouvellement arrivés, facture élevée des photos non commandées, souper des grands soirs. Tout allait à merveille. Vint l'heure du coucher. «Je vous ai préparé une chambre. Venez voir», dit maman avec empressement. En effet, elle avait fait transporter par camion, de Beloeil en plein hiver, leur ancien, mais très bel ameublement de noyer circassien. «Ces meubles achetés de «seconde main» lors de notre mariage, dit papa, étaient entreposés depuis quelques années.»

*Surnoms donnés par les villageois de Saint-Michel

Maman ouvrit un coffre de cèdre reçu en cadeau lors de mes vingt-et-un ans et en sortit des merveilles de nappes et de rideaux de dentelle, de la fine lingerie, des napperons de lin de bon goût. Chère maman! Elle avait toujours été contre mon mariage, mais elle avait voulu que j'aie un beau trousseau. Elle l'avait préparé en cachette depuis un an. La surprise fut des plus agréable. Nouvelles embrassades! Mille mercis! Et bonne nuit!

28 février 1942

Après des semaines chargées d'émotions et d'événements importants, je sens le besoin de reprendre l'habitude d'écrire dans un cahier mes pensées et activités.

Il me fut hier bien difficile de faire comprendre à mes parents que, malgré toutes leurs gentillesses et l'installation d'une chambre fort confortable et agréable, nous ne comptions pas habiter chez eux. Bien au contraire.

«Simonne, je ne te comprends vraiment pas. Je vous offre ici l'hospitalité. Alors pourquoi choisis-tu d'aller vivre chez des étrangers?

— Maman, je logerai chez ma belle-soeur, ce n'est plus une étrangère. La famille de Michel est aussi très accueillante. Tu viendras m'y visiter et amèneras grand-maman. Elle pourra venir loger avec nous si elle le désire. Michel va d'ailleurs l'inviter pour une semaine de vacances. La maison des Couvrette est grande et bien organisée.

— Et la nôtre donc? Tu me désappointes et me fais encore de la peine (pleurs).»

Nouvel accrochage entre nous pourtant bien involontaire de ma part. Il faut que maman cesse de tout décider à ma place et pour moi, même avec les meilleures intentions du monde.

1er mars 1942

Malgré l'air désapprobateur de maman, nous sommes partis aujourd'hui loger pour une quinzaine de jours chez les Couvrette, rue de Bullion (Notre-Dame-de-Grâce). Leur logement est libre. Ils habitent ces temps-ci leur maison de Sainte-Adèle où Myrielle se repose. Elle est aussi fragile physiquement que forte moralement. Michel et moi, nous nous sommes engagés à garder leur jeune fils de sept ans, André, petit écolier brillant et curieux en géographie.

9 mars 1942

Depuis une semaine, grand-maman Monet vit ici avec nous. On jase ensemble, on rit, elle me fait petit à petit des confidences, me donne de petits conseils: «Avec un homme, vois-tu, il faut avoir beaucoup de tact, lui laisser l'impression de tout mener, de tout diriger, mais en même temps lui suggérer ce qu'il nous plairait de faire. Mais il ne faut jamais insister ni contredire ouvertement. Ça c'est mortel. C'est pas péché, mais c'est maladroit. Moi, je suis pour la coquetterie. C'est une bonne arme, une arme douce.» Quelle femme psychologue! Elle a la réplique facile. Elle m'a dit admirer la force de caractère de Michel. «Mon Dominique l'aurait estimé», m'a-t-elle dit un soir. Ses galanteries, son esprit caustique lui plaisent beaucoup. Ça me rajeunit de vivre avec vous deux.» Elle est encore très bonne cuisinière à part ça. Elle m'apprend à faire cuire des rôtis, à préparer des desserts. Elle gâte Michel qui aime bien les sucreries.

Elle m'a même organisé un souper-réception pour y inviter nos parents et amis afin de remercier ainsi ceux qui nous avaient offert des cadeaux de noces. Elle s'est chargée du menu. J'étais l'hôtesse. Belle soirée amicale. Seule ombre au tableau, maman n'est pas venue. Papa m'a dit qu'elle souffre d'un mal d'estomac. Je crois qu'elle digère mal que j'habite en dehors de chez elle...

17 mars 1942

Avec ameublement, vêtements et livres, Michel et moi avons aménagé hier, rue Maplewood*près de Bellingham**. Mariée mais sans enfant, Yvette travaille à temps plein à l'extérieur dans les grands magasins. Chapelière experte, elle est gérante des rayons de chapeaux pour dames. Comme Michel aime que je porte de grands chapeaux, elle m'en confectionne de très jolis et originaux.

* Devenu boulevard Édouard-Montpetit
** Devenu Vincent d'Indy

Yvette et son mari Kenneth Rowell, un Écossais dessinateur pour de grandes firmes commerciales, nous ont offert à leur tour de partager leur grand appartement. C'est une offre avantageuse, surtout pour moi qui veux poursuivre mes cours à l'École supérieure de musique et à l'université de Montréal. En plus, Michel m'a inscrite à des cours de reliure chez le talentueux relieur Vianney Bélanger, à son atelier de Côte-des-Neiges. «Tu aimes les livres, alors apprends à les relier. L'habileté manuelle, ça se développe. Vois mes doigts. Avec ces doigts-là, je fais de la typographie à la main.»

1er avril 1942

La blague du poisson d'avril!

Je tiens à noter ici un incident cocasse. Je ne voulais pas déplaire inutilement à ma mère en refusant son invitation à dîner en ville au «Salad Bar» de la cuisinière professionnelle Jehanne Benoît. Vers midi je m'habillai «sur mon trente-six» et me préparai à sortir. À ma grande stupeur, je m'aperçus que je n'avais pas un sou, pas même un billet de tramway. Que faire? À la vue des bouteilles de bière vides laissées la veille dans le garde-manger — mon beau-frère était amateur — je pris sur moi d'en apporter quelques-unes à l'épicier du coin qui était l'épicier de notre famille depuis plusieurs années.

«Bonjour, mademoiselle Simonne. Qu'est-ce que vous faites avec ces bouteilles de bière vides? D'où sortent-elles? Je n'en livre jamais chez vous. Vos parents n'en commandent jamais.

— Bien, c'est que...

Amusé de mon air déconfit, il me donna deux 5¢.

«C'est un gros calcul que vous me demandez; 2¢ par bouteille, vous en avez cinq, ça fait 10¢. Ne les gaspillez pas tous aujourd'hui. Est-ce un poisson d'avril?»

Nous avons ri. Mais intérieurement je ne riais pas. Loin de là, 10¢ c'était le montant d'un billet de tramway: 10¢ chacun, trois pour 25¢. À vingt-deux ans, pour la première fois de ma vie, je venais d'éprouver le sentiment d'humiliation d'être sans aucune ressource financière personnelle. Ça m'a fait prendre conscience de mon insouciance et de mon ignorance face aux réalités financières de la plupart des gens.

13 avril 1942

Mes parents désolés d'habiter seuls le grand logement du chemin Sainte-Catherine ont pris la grave décision de ne pas renouveler leur bail en mai. Ils semblent y avoir vécu, contre leur gré, de tristes événements: la mort de mon frère Roger, la nécessité d'envoyer Amédée pensionnaire au collège l'Assomption, mon départ précipité et autres difficultés de tout ordre. Tout n'a pas toujours été rose dans leur vie familiale. Ils iront habiter la grande maison de Beloeil. Papa m'a demandé comme une faveur d'aller habiter avec eux, d'abord pour jouir de l'été.

«Tu n'as jamais passé un été en ville, m'a-t-il dit, ça te manquerait beaucoup. Tu pourras aider ta mère qui n'a plus de bonne. Les domestiques travaillent en usine depuis la guerre et tu apprendras à tenir maison.

— J'en parlerai à Michel et nous en recauserons.»

20 avril 1942

En ce vingtième anniversaire de l'assermentation de mon père, ex-député nommé juge en 1922, j'ai prononcé aujourd'hui mon premier discours politique à la radio de CHLP. Je me suis offerte bénévolement pour donner une causerie sous les auspices de la Ligue pour la défense du Canada afin d'inciter les Canadiens français, jeunes et vieux, filles et femmes, à voter NON au plébiscite. Pourquoi? «Parce que nul pouvoir ne demande d'être relevé d'un engagement s'il n'a déjà la tentation de le violer. La promesse que le Parti libéral fédéral a déjà faite au peuple du Canada, il voudrait être autorisé, n'être plus obligé de la tenir. C'est la promesse de ne pas conscrire les Canadiens pour outre-mer.»

La Ligue n'est pas un parti politique. Aucun bénévole ne recherche le pouvoir, mais tous peuvent utiliser leur droit d'expression. Elle vient de publier un manifeste signé de son président, le docteur Jean-Baptiste Prince. Je m'en suis inspirée pour rédiger mon discours. Il faut du tact et du doigté politiques à une femme pour oser parler de politique en ces moments-ci. La Ligue, moyennant paiement, peut obtenir du temps d'antenne au poste CKAC à Montréal et CHRC à Québec.

Radio-Canada lui a refusé ses micros. C'est la consigne du gouvernement fédéral. Pourtant dans les statuts et la publicité de Radio-Canada, il est entendu «que la radio d'État est opposée à toute tentative d'enrégimenter l'opinion publique ou d'étouffer la liberté de parole.» Mais on est en temps de guerre et le Gouvernement ne doit pas être contredit, sinon la GRC fera son travail et très efficacement.

La Province de Québec, une nation?

Rencontre d'André Laurendeau

C'est à la fin de novembre 1938, à la bibliothèque du Gésu (collège des Jésuites, dont le recteur était le père Cambron, s.j.) que je rencontrai pour la première fois, depuis son retour d'études en Europe, André Laurendeau alors secrétaire de la revue l'*Action nationale*.

Cette revue ainsi que *Le Devoir* parrainaient une activité pédagogique appelée Concours de vacances. Divers travaux libres d'étudiant(e)s étaient suggérés soit en photographie, peinture, dessin, récit de voyage, recherche en sciences naturelles, sociologie, géographie et petite histoire locale ou régionale. Ce projet très souple de travail libre d'été avait été conçu par un jeune étudiant en philo II du Scolasticat des Jésuites à Montréal (paroisse Immaculée-Conception) du nom de Blondin Dubé. Il avait fait parvenir copie de son projet à la Centrale de la jeunesse étudiante catholique (JEC) ainsi qu'à divers périodiques et revues dont *L'Enseignement secondaire* et l'*Action nationale*.

Les collégiennes de l'Institut pédagogique avaient été encouragées à participer à ce concours inter-collégial par leur supérieure mère Sainte-Anne d'Auray, c.n.d., ainsi que par Alexandrine Leduc de la Centrale de la Jeunesse étudiante catholique féminine (JECF). De son côté Benoît Baril, président de la Jeunesse étudiante catholique (JEC), conseillait aux dirigeants étudiants des collèges classiques de prendre une part active à ce concours hors programme scolaire. Pour ma part, bien librement, sans ambition, je travaillai durant tout l'été de ma cure de repos à des recherches sur la petite histoire économique et touristique du bas et du haut Richelieu.

Cet intéressant projet d'été avait aussi fait l'objet d'un article de l'éditorialiste Omer Héroux, du *Devoir*, qui applaudissait à cette idée innovatrice. L'un des buts de ces travaux libres d'été était d'encourager les écoliers et collégiens à reprendre contact avec leur milieu naturel: voisinage, anciens camarades d'école et grands-parents. Les étudiant(e)s qui avaient le privilège de faire des études classiques dans les grandes villes de la province se déracinaient trop souvent de leur milieu familial, ouvrier ou rural.

Omer Héroux, le 18 avril 1938, faisait remarquer dans son éditorial que «trop peu parmi les jeunes professionnels nés à la

160

campagne sont restés en assez intimes relations avec leur milieu d'origine» et il ajoutait: «Combien y sont retournés pour s'y établir et y améliorer les conditions de vie? Fort peu, si ce n'est pour faire de la politique et solliciter les suffrages des électeurs du pays de leur enfance.» À la lecture de cet article du *Devoir*, mon père a vite réagi. «Simonne, vois-tu, cette remarque d'Héroux est assez juste. Mon père Dominique et moi, nés dans le comté de Laprairie-Napierville, nous avons, après notre cours de droit, fait de la politique comme candidats et députés. Ton grand-père au fédéral et moi au provincial. Nous sollicitions le mandat de représenter au Parlement les gens et leurs besoins que nous connaissions bien pour avoir longtemps vécu intimement avec eux. Nos électeurs étaient des parents et amis ou même nos adversaires politiques. Mais revenons à aujourd'hui. Ça me fait plaisir de te fournir de la documentation. Je suis heureux de t'aider dans tes petites recherches sur la rivière Richelieu. C'est là le décor de ma vie depuis 1910 quand j'habitais l'été chez mes parents à la villa des Tourelles face au canal Chambly et à la rivière.»

À la mi-novembre, papa reçut une invitation pour assister, au Gésu, à l'exposition des travaux du Concours de Vacances présidée par monseigneur Olivier Maurault, recteur de l'université de Montréal et par Jean Bruchési, sous-secrétaire de la province. Étaient également présents: Victor Barbeau, président de la Société des écrivains canadiens, l'abbé Albert Tessier, directeur des Écoles ménagères de la province, l'abbé Lionel Groulx, professeur d'histoire à l'université de Montréal, Hermas Bastien, président de la Ligue d'action nationale, et Jean-Marie Gauvreau, directeur de l'École du meuble.

«Simonne, as-tu remis ton texte aux organisateurs du concours?
— Non, je l'ai fait pour mon plaisir et satisfaire ma curiosité. Je n'aime pas l'idée de compétition.»

Papa, que j'accompagnai à cette exposition, fête de l'expression libre, me présenta à tout ce beau monde distingué dit de «l'élite». Ici et là on entendait des commentaires élogieux: original, excellent, intéressant! Nos jeunes ont bien du talent! Formons ainsi des artistes nationalistes, des patriotes! C'est alors que Benoît Baril me présenta à André Laurendeau qui, au nom de la revue l'*Action nationale* était en partie responsable du succès de l'exposition, idée originale de Blondin Dubé.

«Mademoiselle Monet, avez-vous exposé?
— Non, mais j'ai entrepris, cet été, en matière de passe-temps une brève étude sur la rivière Richelieu, les territoires qu'elle traverse, ses aspects poétiques, économiques et touristiques. Un travail agréable, libre, sans prétention de concourir.

— Je comprends.

— Et vous, monsieur Laurendeau, en plus de rédiger une revue écrivez-vous des essais, des romans, des pièces de théâtre?

— Non pas encore. Peut-être plus tard. Je l'espère.

—-Au moment où vous étiez collégien, qu'auriez-vous aimé faire en dehors des programmes scolaires?

— Je vais vous faire sourire si je vous réponds franchement.

— Alors, dites.

— J'aurais aimé poursuivre des cours de danse classique, de chorégraphie, travailler des improvisations au piano.

— Et pourquoi pas? C'est de l'art, tout comme le chant. Arthur Laurendeau est bien votre père?

— Oui, il est chantre et maître de chapelle à la cathédrale et ma mère est une excellente pianiste. Mais le ballet classique est conçu et perçu particulièrement pour des ballerines. L'opinion publique, ici, voit mal de jeunes garçons inscrits à un studio de danse.

— Ce sont des préjugés ridicules.

— En effet, mais excusez-moi, je dois circuler et, par courtoisie, saluer plusieurs invités d'honneur. Ça m'a fait plaisir de vous connaître.

— Et moi, donc!

— Peut-être nous reverrons-nous lors d'une autre exposition?

— Ou d'une soirée de ballet classique?»

Mince, pâle, quelque peu nerveux et tendu, modeste et timide, quoique d'esprit raffiné, tel m'apparut André Laurendeau, vingt-six ans, secrétaire de la revue l'*Action nationale*.

MESSAGE IMPORTANT

MÈRES ET FIANCÉES DU CANADA

VOTEZ

NON

AU PLÉBISCITE LUNDI PROCHAIN

- Le plébiscite est une consultation populaire sur la conscription pour outre-mer.

- Ce n'est pas un vote de confiance ou de non-confiance envers M. King.

- On vous demande uniquement SI VOUS VOULEZ de la conscription pour outre-mer.

- Voter "OUI" c'est forcer la main de M. King et l'obliger en quelque sorte à imposer la conscription pour outre-mer.

- Voter "NON" c'est lui permettre de tenir ses promesses de ne pas imposer la conscription pour outre-mer.

PENSEZ À VOS FILS ET À VOS FIANCÉS

VOTEZ et FAITES VOTER

LIGUE POUR LA DEFENSE DU CANADA — 59 OUEST, RUE ST-JACQUES — MONTREAL

27 avril 1942

Jour mémorable pour l'avenir des Canadiens. Je note ici les résultats du plébiscite pan-canadien. Les Canadiens ont répondu à la question que tous savent maintenant par coeur depuis la mi-mars: «Consentez-vous à libérer le Gouvernement canadien de toute obligation résultant des engagements antérieurs restreignant les méthodes de mobilisation pour le service outre-mer?»

Les résultats viennent d'être proclamés. Les citoyens du Québec ont répondu NON à 72 %, alors que dans les autres provinces, les citoyens majoritairement d'origine britannique, juive et autre ont voté OUI à 80 %. Réponse globale canadienne (9 provinces) — OUI à 63.7 % — NON à 36.3 %. Le Canada est un pays de onze millions d'habitants. Mais la promesse de ne pas voter la conscription pour outre-mer n'avait été faite qu'aux Canadiens français.

30 avril 1942

François-Albert Angers de l'*Action nationale* a annoncé avoir déjà entrepris une analyse du vote: «C'est un vote de race», a-t-il proclamé. Il publiera ses résultats mathématiques et statistiques dans le numéro de mai de l'*Action nationale*. À ce jour, il arrive à cette conclusion: la réponse canadienne-française au plébiscite est de 85 % NON dans l'ensemble du Québec et de 80 % NON pour tout le Canada y compris le Québec. Par exemple, le comté de Chambly-Rouville (Longueuil et Saint-Lambert) a eu tendance à se maintenir entre 80 % et 90 % de NON chez les Canadiens français.

Mais le résultat final donne toute liberté au Gouvernement libéral fédéral de voter une loi conscriptionniste pour outre-mer. «Conscription if necessary but not necessarily conscription», avait dit King. L'avenir n'est pas encourageant pour les jeunes Canadiens français, garçons ou filles. Et cette horrible guerre qui s'intensifie.

C'est le mois de Marie, c'est le mois le plus beau

Une anecdote amusante me revient à la mémoire. C'était à l'occasion de la procession de la Fête-Dieu à la mi-mai. Michel et moi, jeunes mariés de quelques mois, nous nous étions rendus près de l'église de Beloeil pour y participer. Nous étions côte à côte pour la première fois à un exercice religieux dans la paroisse. Dans ce centre de villégiature où j'habitais depuis vingt étés et où tous les résidents connaissaient les membres de ma famille, une dame organisatrice d'oeuvres paroissiales vint directement vers moi.

«Mademoiselle Monet, pardon, madame. Madame qui, donc?

— Chartrand.

— Vous êtes étranger ici je crois, monsieur Chartrand, vous ne pouvez pendant la procession rester aux côtés de votre femme. Allez rejoindre le groupe des Ligueurs du Sacré-Coeur. Ils marchent en tête du cortège après le curé. Vous, Simonne, vous devriez comprendre que maintenant que...

— Je ne suis plus vierge...

— Enfin, vous ne pouvez plus défiler avec vos anciennes amies sous la bannière des Enfants de Marie.»

J'avais le fou rire.

«Et où voulez-vous donc que j'aille?

— Avec les femmes mariées, avec les Dames de Sainte-Anne, voyons.»

J'avais vingt-deux ans!

Michel, de son côté, se sentait agacé et très embarrassé, nouveau venu dans ce petit village. J'avais insisté pour qu'il m'accompagne à la procession annuelle. Je n'avais jamais fait l'expérience ni pris conscience du ridicule de cette séparation des femmes et des hommes lors des exercices de piété. Pour éviter un petit scandale local, nous sommes, chacun de notre côté, entrés dans le rang, mais pour la première et la dernière fois...

Cet été-là, en mal de confidences, deux dames de Sainte-Anne, cousines de mon père en visite à Beloeil, assises toutes deux sur la galerie, m'ont, dans un moment de tranquillité, fait tout bas et presque à l'oreille une étonnante confidence. Elles m'avaient vue communier le dimanche aux côtés de Michel. Celui-ci était entré tard de voyage, après minuit. Elles étaient gênées de me questionner directement là-dessus. Je les ai mises à l'aise. Enfin, l'une d'elles a déclaré sur un ton nerveux:

«Dans notre temps, notre curé défendait aux femmes de s'approcher de la table eucharistique si elles venaient, depuis l'aurore du jour saint, d'avoir eu des «rapprochements physiques intimes» avec leur mari. Alors vous deux, êtes-vous continents le dimanche matin?

— Mais pourquoi? Saint-Paul dit que «ce sacrement est grand». Il unit deux êtres dans une même chair. L'Église le reconnaît.

— Oui, mais il y a tellement de restrictions... Vous verrez. Ça ne sera pas toujours facile pour vous, fille si affectueuse. Tout n'est pas permis à la femme dans la vie du mariage. Surtout de se refuser... On doit faire «notre devoir».

— Faire son devoir? Ce n'est pas très gai.

— Autrement le curé ne nous donne pas l'absolution. On vous souhaite quand même d'être heureuse avec votre beau jeune mari.»

Pourquoi ai-je éprouvé quelques instants de trouble, une hésitation, un malaise d'ordre, disons, spirituel après une relation sexuelle pourtant harmonieuse? Probablement qu'une mentalité janséniste a faussé notre pensée, notre conscience et le jeu normal des sens face à la sexualité et à son accomplissement légitime. Nous avons vécu au Québec un passé de tabous, punitions, menaces, défenses, un moralisme sévère de limites restreignant trop étroitement la liberté.

Depuis notre enfance, tellement d'anathèmes ont été prononcés en chaire, en retraite, aux cours de religion contre les méfaits de la concupiscence. Celle-ci était, dans l'enseignement officiel de l'Église, tolérée et acceptée comme fin seconde du mariage mais en vue de la création biologique. Les couples mariés devaient procréer des élus pour le Ciel et essayer d'être heureux malgré tout.

Fiancée demeurée chaste et pure comme la Marguerite de l'opéra *Faust* de Gounod, mon départ et mon retour hâtif des États-Unis, la date précipitée de notre mariage, organisé en une semaine et non précédé de fiançailles officielles, avaient donné lieu, dans mon entourage, à des calomnies à mon égard de la part de certaines gens. «Se marier le Mardi gras! C'est un mariage pressé! c'est évident...» Il faut comprendre que, selon la coutume de l'époque, il nous aurait fallu des dispenses ecclésiastiques pour obtenir l'autorisation de nous marier durant le Carême. Ces quarante jours précédant Pâques étaient, dans l'idéologie catholique, un temps de pénitence, d'abstinence, de fermes incitations aux sacrifices du boire, du manger et même...du toucher, de relations sexuelles, de l'oeuvre de chair.

Les cérémonies religieuses de mon jeune âge et de mon temps de couvent m'ont toujours impressionnée et intriguée. La foi, d'après les cours de religion, consiste à croire sans comprendre. J'ai toujours éprouvé une forte résistance à accepter tout bonnement de ne pas comprendre. Il me semblait que l'intelligence avait ses droits, la raison aussi. La foi ne m'a jamais paru ni simple ni facile. Les professeurs de catéchisme et les religieuses me reprochaient de pécher par orgueil, un grave péché capital.

Le mystère de l'Incarnation me fut à nouveau un sujet de méditation, de réflexion. En un sens, il me séduisait. C'est un mystère, un credo religieux auquel tous les catholiques devaient croire. Mais, me suis-je dit, même si ce n'était qu'une légende, une fable, un symbole, la simple idée que la Divinité s'incarne sur terre, dans le corps d'une simple fille du peuple, que celle-ci porte en elle la vie humaine et divine me réconfortait, moi qui désirais être mère. C'était la première fois, qu'un Ave spontané m'effleurait les lèvres. Auparavant, je considérais cette prière répétitive du chapelet comme une obligation ennuyeuse et sans valeur.

Fille unique, élevée au pensionnat, j'étais tout à fait ignorante des questions touchant la maternité physique. Je me procurai alors une brochure gouvernementale fort illustrée, intitulée *La Mère canadienne et son Enfant*, que je lus avec grand intérêt mais en cachette. Je glissai même le volume sous mon matelas comme j'avais l'habitude de faire dans mon adolescence avec mon journal-confident. Ce comportement me parut anormal. Je me questionnai là-dessus. En analysant de près le geste infantile qui me poussait à agir ainsi, moi habituellement si directe et si franche dans mes propos et attitudes, je me rendis compte de l'extrême difficulté que j'avais toujours éprouvée à livrer mes pensées, désirs, craintes et sentiments à ma mère. Le fait d'habiter, comme femme mariée, sous le même toit me gênait encore davantage.

Mes parents nous avaient offert la plus belle chambre, la plus grande, «la chambre verte» ainsi nommée parce que maman avait peint tous les meubles et les encadrements en vert. «Dans un lit double, vous serez plus à l'aise», avait dit papa. Malgré cela, je me sentais quelquefois gênée d'y être si à l'aise avec Michel, mais aussi parfois, au contraire, très embarrassée de l'omniprésence de ma mère, l'autorité de la maison. Mariée, je n'étais plus chez moi dans cette maison pourtant si hospitalière. On aurait dit que les idées et les doutes qui m'assaillaient, que les rêves et projets que je formulais intérieurement ne pouvaient s'exprimer librement que dans un tout nouveau décor. Michel le devinait bien. Lui, il se sentait peut-être en visite ou de passage, mais, selon sa vieille habitude de célibataire endurci, il ne faisait guère de confidences.

Un soir, seule au lit, je pleurai, doucement, longuement. Je n'étais pourtant pas du tout malheureuse. Je craignais d'être stérile, mais je n'osais en parler à Michel, encore moins à ma mère. Depuis mon enfance et mon adolescence, de nombreux médecins m'avaient soignée pour diverses maladies: rhumatisme, anémie, tuberculose, migraines, insomnies, «souffle au coeur» et autres faiblesses physiques. J'étais forcément conditionnée à me croire maladive. De là à me croire impuissante à procréer, il n'y avait qu'un pas qu'avait franchi ma petite logique ou peut-être mieux mon imagination.

Heureusement, en vacances avec Michel et mes parents à l'île d'Orléans, j'eus enfin la preuve de ma fécondité. J'étais devenue enceinte. Heureux, Michel et moi avons fêté la bonne nouvelle, le 24 juin 1942, dans un petit chalet de la paroisse Sainte-Pétronille face au fleuve Saint-Laurent. Tout près, dans un zoo miniature, un paon au plumage magnifique, de couleurs merveilleuses, faisait le superbe, «le beau», faisait la roue. Un peu comme Michel tout à l'orgueil de sa première paternité.

25 juin 1942

J'ai eu l'occasion de revoir Pauline Dubuc, ex-étudiante au collège Jésus-Marie de Sillery près de Québec. Elle était alors dirigeante de la JECF. Elle est maintenant l'amoureuse et la fiancée d'Arthur Tremblay, professeur à l'École de pédagogie de l'université Laval. Les grands-parents Dubuc sont des pionniers de la région de Chicoutimi. Je cause avec la mère de Pauline, femme fort sympathique qui me trouve bien audacieuse de m'être mariée sans avoir de sécurité matérielle. Je fais des clins d'oeil à Pauline et réponds avec assurance à la mère, inquiète du mariage de sa fille avec un jeune professeur mal payé, que l'Amour et la Providence suppléent aux petits inconvénients d'ordre matériel.

«Madame, regardez-moi, regardez-nous Michel et moi, nous sommes pauvres mais jeunes et rayonnants.»
Elle m'a souri et m'a dit:
«Vous êtes restée une vraie propagandiste...»

Beloeil, 25 juillet 1942

Depuis notre retour de voyage, j'ai entrepris des travaux à l'aiguille, au crochet, à la broche à tricoter. Je travaille la laine, du chandail au tapis et aux centres de table. Michel m'encourage et me félicite. «Tu vois, tu as même du talent.» Je suis toujours de bonne humeur. Les nuits ne sont jamais assez longues... Je me repose, je jouis de l'été.

6 août 1942

Ces jours derniers, le Gouvernement a annoncé le rationnement du thé et du café. Si on va en visite, on devra apporter notre ration.

Maman lit une brochure gouvernementale qui incite les ménagères à de nouvelles habitudes d'alimentation, de consommation afin d'aider à l'effort de guerre. Le

Gouvernement prend actuellement des mesures importantes sur le contrôle des prix, les coupons de rationnement
pour l'essence et le gel des salaires. Il impose de nouvelles
taxes sur certains produits: vêtements, logements, téléphone, etc. Les fils et le matériel électrique de téléphone
sont réquisitionnés et retenus en priorité pour des effectifs
et production de guerre. Maman plaint les familles
ouvrières et se demande s'il nous sera possible de trouver
un logement où le téléphone serait déjà installé.

Michel et moi pensons à nous louer en septembre un
logement sur la rive sud. On entend dire partout que les
quelques logements disponibles sont sujets à des discussions, à des chantages, à des rackets. Certaines gens ont
même dû débourser cent dollars comptant pour obtenir
d'un propriétaire la clef d'un logement avant même de
pouvoir être assurés de l'habiter.

Moi qui n'ai jamais accordé aucune attention ni
importance aux questions ménagères et financières, je me
sens tout à fait impuissante et dépassée devant les
évènements. Et «le devoir d'imprévoyance» d'Isabelle
Rivière devient de l'irréalisme dangereux, une grave
utopie*. Je dois au plus tôt habiter un logement seule avec
Michel si je veux apprendre à me débrouiller avec toutes
les restrictions économiques actuelles. Apprendre à faire
des achats et un budget selon nos petits moyens ne sera
pas facile.

15 août 1942

Aujourd'hui, fête de l'amitié et de l'amour! Michel et
moi assistons aux cérémonies de mariage de mon amie de
coeur Suzanne Manny avec Roger Marier de Québec.
Deux autres jeunes dynamiques et audacieux. Bravo! Ils
iront peut-être vivre à Washington D.C. Lui, il étudiera,
elle, elle travaillera.

*Bible de la spiritualité conjugale de l'époque où la notion de
providence était à l'honneur. Isabelle Rivière, philosophe, épouse de
Jacques Rivière.

10 septembre 1942

Au grand étonnement de mes parents, nous partons tous deux vers Québec, «sur le pouce». Mes parents sont scandalisés. Nous n'avons pas d'argent pour défrayer le prix du train ou de l'autobus et nous ne voulons pas en demander. À l'aventure, nous voulons revoir Québec et visiter l'Exposition provinciale sur le terrain du Colisée: artisanat, défilé de troupeaux, concours, folklore, etc.

Dans l'impossibilité de trouver une chambre vacante à un prix abordable, Michel s'est adressé au poste de police et a expliqué notre situation de visiteurs au mince portefeuille et a demandé l'hospitalité de deux cellules vacantes. Le directeur du poste n'en croyait pas ses yeux ni ses oreilles. Il a téléphoné à l'une de ses parentes: «Ma tante, auriez-vous une chambre de libre pour un jeune couple distingué mais pauvre?» Il est venu lui-même nous reconduire avec l'auto de la police au domicile de sa parente. Elle nous a bien reçus. La chambre était propre et peu coûteuse. Nous avons remercié le policier qui nous avait rendu service. «Vous êtes un couple dépareillé», nous a-t-il dit.

15 septembre 1942

Nous sommes revenus hier pour fêter les soixante-quinze ans de ma grand-mère Monet. Pour son cadeau d'anniversaire, je lui ai offert un secret et une assurance.

«Je suis enceinte de trois mois et bien heureuse avec Michel.
— C'est le plus beau présent que tu puisses m'offrir. Merci.
— Mais chut! c'est un secret entre nous trois.»

Fin septembre 1942

Maxime Raymond, député libéral de Beauharnois, dissident de son parti et membre fondateur de la Ligue, a annoncé la formation d'un nouveau parti politique appelé le Bloc populaire canadien. Ce nouveau parti défendra l'autonomie provinciale à Ottawa et les droits des Canadiens français dans la législation et les services. Il a adopté pour devise le slogan suivant: Le Canada aux Canadiens (non aux Britanniques) et le Québec aux Québécois (non aux Canadiens anglais). Je souhaite bonne chance à ce parti. Mais un groupe dissident, quoique nécessaire, est toujours minoritaire et sacrifié à la puissance du pouvoir.

Le programme du Bloc comporte la lutte contre les taudis, le soutien aux coopératives, au syndicalisme, aux allocations familiales votées par le gouvernement provincial. Puis la nationalisation de l'électricité, enfin la décentralisation des pouvoirs exagérés du Gouvernement fédéral en temps de guerre.

10 octobre 1942

Jacqueline, la jeune soeur de Michel, la quatorzième enfant des parents Chartrand, s'est mariée avec Joachim Cornellier un copain de Michel. Il vient d'être reçu officier d'infanterie, après plusieurs mois d'entraînement volontaire. Tout d'abord un mois à Saint-Jérôme, camp préparatoire à un cours d'officier, puis trois mois à Brockville en Ontario, quelques semaines à Farnham et à Joliette. Jacqueline pourra vivre près de lui à Joliette, «en chambre et pension». Ce n'est pas gai pour les deux. Mais que voulez-vous? À la guerre, comme à la guerre. Il a préféré s'enrôler volontairement pour devenir officier plutôt que «private». Faut dire que les emplois sont difficiles à obtenir pour ceux qui sont d'âge militaire parce que les employeurs ont ordre de participer à l'effort de guerre. Certains jeunes et moins jeunes veulent aller même au loin défendre la liberté des pays alliés contre les invasions barbares d'Hitler.

Myrielle Couvrette a organisé une belle réception à l'occasion du mariage de sa jeune soeur. Mes belles-soeurs sont fort gentilles avec moi. J'apprécie leur amitié, moi qui n'ai pas de soeur. Je suis comblée.

13 octobre 1942

Nous occupons enfin seuls, à Montréal-Sud*, rue Lafayette, un logement neuf de quatre pièces mais sans chauffage ni téléphone. La guerre, toujours la guerre. Il faut débourser des frais interurbains pour téléphoner à Montréal et pour s'y rendre, il nous faut prendre un autobus qui traverse le pont Jacques-Cartier et nous amène rue Bordeaux près d'Ontario. On peut également prendre un tramway électrique qui traverse le pont Victoria et nous mène dans le Vieux-Montréal à la gare Youville.

Mes parents nous ont fait cadeau du poêle à bois de marque Gurney qui sera déménagé de Beloeil pour réchauffer notre nouveau foyer... Autre cadeau bien apprécié, la machine à coudre de ma grand-mère Alain, décédée depuis maintenant plus de cinq ans. Et des boîtes et des boîtes d'articles de ménage préparées par maman, transportées par papa et reçues par nous deux avec reconnaissance.

19 octobre 1942

À l'École des parents, je suis allée entendre une causerie de madame Paul Martel (Florence de son prénom). Elle a entretenu son auditoire des objectifs et réalisations de la Ligue des droits de la femme. C'est une des suffragettes qui a lutté avec Thérèse Casgrain et autres membres de la Ligue pour obtenir le droit de vote aux femmes, malgré l'opposition de la majorité des femmes elles-mêmes. Près de treize ans de démarches, souvent humiliantes et insultantes, auprès de la députation de l'Assemblée nationale.

*Montréal-Sud a été annexé à Longueuil en 1961.

Cette conférence m'a intéressée et informée sur certaines questions dites féministes. Comme je le fais souvent, j'ai regardé dans mon dictionnaire la définition du féminisme. Je la note ici. C'est très important d'y réfléchir. Féminisme: «Tendance à améliorer la situation de la femme dans la société, à étendre ses droits, etc.» Alors, je suis féministe, même si, par ignorance, c'est un terme considéré comme péjoratif.

9 novembre 1942

Papa accompagne Michel à un cours libre aux Hautes Études commerciales, en sciences économiques et politiques.

11 novembre 1942

Armistice, fête légale. Si l'armistice de cette deuxième guerre pouvait donc se signer! Michel et moi avons décidé de nous engager ensemble dans la campagne électorale fédérale.

La campagne des conscrits

Dès octobre 1942, deux élections partielles furent annoncées: l'une dans le comté de Charlevoix-Saguenay, l'autre dans Montréal-Outremont. Dans Charlevoix, quatre candidats avaient fait savoir leur intention de briguer les suffrages. Puis une grande nouvelle parvint au public: Thérèse Casgrain venait de décider de poser sa candidature comme libérale indépendante dans cette circonscription qu'elle connaissait d'ailleurs bien pour y avoir habité durant sa jeunesse. De plus, son père, Rodolphe Forget, courtier et homme d'affaires mais conservateur en politique, ainsi que son mari Pierre Casgrain, celui-là libéral, avaient tous deux été, depuis près de quarante ans, tour à tour députés de ce comté. Pierre Casgrain venant d'être nommé juge, le comté n'avait plus de député en Chambre. D'où la nécessité d'une élection complémentaire. Et madame de proclamer: «Je n'aurai pas travaillé plus de dix ans pour obtenir l'éligibilité des femmes pour rien; je me sens maintenant dans l'obligation d'ouvrir la voie aux femmes candidates.»

De mon nouveau logement de Montréal-Sud, je suivais par radio les actualités littéraires et politiques. Un soir que j'avais invité mes parents à souper, la conversation tourna autour de la question de la présence des femmes en politique active. Papa qui était à même de mieux connaître que moi l'opinion publique me dit tout à coup: «Madame Casgrain est une femme exceptionnelle, très renseignée sur les législations et bien initiée, par son milieu, aux affaires politiques. Elle a sûrement l'étoffe, le talent et l'audace qu'il faut pour se porter candidate, mais de là à être élue, c'est une autre question. Les préjugés sont tenaces, surtout en milieu rural, contre la présence active des femmes canadiennes-françaises dans les réunions politiques, encore plus comme membre du Parlement. C'est une pionnière, mais comme je connais les politiciens des deux partis, ils vont conjuguer leurs efforts pour la faire battre et la ridiculiser. On la renverra à ses causeries, à ses oeuvres féministes, à sa Ligue des droits de la femme et surtout à ses tricots du temps de guerre.»

Plus près de nous dans le comté de Montréal-Outremont, s'était organisé depuis l'annonce des élections, un mouvement de résistance à laisser élire par acclamation le «candidat de la guerre», le major général Léo L. Laflèche, ministre des Services nationaux de guerre. Une grande question s'était posée aux directeurs de la Ligue pour la défense du Canada et du Bloc populaire canadien, deux groupements récemment fondés: «Laisserons-nous élire par acclamation à Montréal, dans un quartier majoritairement canadien-français, le général d'Ottawa?». Les journaux anglais et même *La Presse* approuvaient sa candidature inconditionnellement. Seul Georges Pelletier, membre de la Ligue et directeur du *Devoir*, insistait sur l'importance, pour le bon exercice des droits des citoyens en démocratie, de présenter un adversaire au candidat du gouvernement en guerre.

Jean Drapeau, étudiant en troisième année de droit à l'université de Montréal et secrétaire adjoint de la Ligue, s'est alors intitulé le «candidat des conscrits» pour faire opposition au major général Laflèche. Les deux adversaires portaient des noms qui prêtaient à de faciles jeux de mots... Le quartier populaire de Saint-Jean-de-la-Croix, situé au nord des voies ferrées du CPR, faisait partie du comté. Là se portait tout l'effort d'organisation de la bataille.

Ni la Ligue ni le Bloc comme tels ne pouvaient ni ne voulaient prêter officiellement leur nom à cette campagne électorale. Les deux groupes nationalistes devaient garder une existence indépendante. Mais leurs membres, individuellement, apportèrent en grand nombre leur concours bénévole. Marc Carrière s'offrit comme organisateur d'assemblées. Malheureusement, lors d'un discours à la salle Saint-Jean-de-la-Croix, il fit — conscient ou téméraire, je ne peux le juger — un discours à l'emporte-pièce. Il déclara publiquement: «Je suis conscrit, mais je ne répondrai pas à l'appel militaire. Je ne porterai l'uniforme que pour servir ma patrie le Canada et non l'étranger.» C'était le 8 novembre.

Les journaux anglais, *The Gazette*, *The Star*, *The Herald*, réclamèrent à grands cris, à coups d'éditoriaux, son arrestation immédiate, tout comme ils avaient demandé en 1940 celle de Camilien Houde, maire de Montréal, qui était d'ailleurs encore emprisonné. Deux membres de la GRC, sans mandat — c'était la loi sur les mesures de guerre —vinrent arrêter Marc Carrière au bureau de l'organisation, au 60, rue Saint-Jacques ouest, et l'amenèrent, en présence même de Jean Drapeau, aux quartiers généraux de la Gendarmerie et de là en cellule à la prison de Bordeaux. Maître Fernand Chaussé essaya en vain d'intervenir pour le défendre. Il n'y eut pas de procès.

Michel s'offrit alors pour le remplacer comme organisateur et orateur. Sur l'estrade, il écarta deux doigts de la main droite et dit: «Bonsoir chers amis, je me présente, Chartrand, je suis le deuxième organisateur du candidat des conscrits. Regardez bien mes deux doigts, ils symbolisent la Victoire (il pensait sûrement à une victoire morale).» Michel, avec une petite équipe de jeunes, recherchait des salles pour y convoquer des assemblées dans le comté. Je me rappelle particulièrement celles de Sainte-Madeleine d'Outremont, de Parc Extension* et de Saint-Jean-de-la-Croix. Les membres de l'équipe se divisaient le travail et se relayaient d'une assemblée à l'autre pour prononcer des discours. Pour ma part, je conduisais d'une salle à l'autre, avec la voiture gentiment prêtée par mon père — sympathique à notre cause — les orateurs désignés. Je faisais le taxi et portais messages et nouvelles à tous et chacun des participants.

À la demande de Laurendeau et avec l'accord de Michel, je préparai avec soin, tact et ruse deux émissions de radio, l'une pour CHLP, l'autre pour CKAC. L'enjeu était de taille. Citoyens canadiens, nous estimions avoir le droit — même en temps de guerre, même opposés aux politiques canadiennes — de nous exprimer sur les ondes des radios privées, mais à quel coût, et particulièrement à la radio d'État. Comme Radio-Canada n'accueillait à ses studios d'enregistrement que les représentants officiels des partis reconnus, une simple représentante de la «campagne des conscrits» ne pouvait être admise à discourir sur ses ondes, même gentiment.

La radio d'État semblait être la chose du Gouvernement plutôt que des Gouverneurs de la Société Radio-Canada. Le parti au pouvoir trouvait cette situation tout à fait normale. La censure imposait aux intervenants de ne citer aucun nom de personnages officiels, de n'avancer aucune opinion contraire aux politiques gouvernementales déjà votées. Le censeur fédéral était un Écossais du nom de MacMahon. Nous devions lui remettre, pour fin de censure de guerre, nos textes vingt-quatre heures à l'avance. Ce que je fis. Afin de ne pas être blâmée par les autorités fédérales, je décidai, à la suggestion de papa, de composer deux fables «à la française» dans lesquels les personnages fictifs et les situations décrites ressemblaient de très près à celles que nous vivions au Canada durant la guerre. MacMahon les lut, me regarda fixement, puis sourit et me dit:

«OK Miss, you are very smart!
— Madame.
— Madam, you are also very pretty.»

Avec ma meilleure diction, je racontai mes innocents boniments qui furent, m'a-t-on dit, bien compris et appréciés. À deux reprises,

*Comté Outremont

mon père, «sur le banc», avait ajourné d'un quart d'heure l'audition d'une cause afin de pouvoir écouter à la radio les fables de sa fille.

Le dimanche 22 novembre eut lieu l'ouverture officielle de la campagne électorale libérale. L'organisation gouvernementale avait mobilisé autour de son prestigieux major général tous les officiels canadiens-français du parti. Les ministres et les députés représentant le Québec remplissaient en rangs serrés l'estrade d'honneur. Le pouvoir fédéral était omniprésent dans la salle.

Le Général se leva et parla d'un ton calme, mais avec un fort accent anglais. «Mes amis, je suis un vieux soldat qui a fait deux grandes guerres. Notre premier devoir c'est d'assurer la défense du Canada. Cela demande soldats, marins, aviateurs, etc. Le Canada est le grenier et l'arsenal des démocraties attaquées par l'ennemi allemand. Je considère que le Canada, pays de onze millions de population, doit fournir sa quote-part de soldats et que nous n'avons pas le droit de refuser d'être aux côtés de nos alliés sur les champs de bataille d'Europe. Pour moi, j'ai marché et je continuerai de marcher par la croix et par l'épée.» Applaudissements et huées accueillirent ces propos.

Furent également orateurs, Louis Saint-Laurent, ministre de la Justice, Ernest Bertrand, Thomas Vien, ex-député d'Outremont récemment nommé sénateur, Vincent Dupuis, député de Chambly-Rouville, de sentiment anti-conscriptionniste mais fidèle au parti. Ils essayaient tous, à tour de rôle, de paraître compréhensifs envers les conscrits et leurs ami(e)s. Mais au même moment, dans la salle, des «fiers à bras» engagés par le Parti libéral commencèrent à sortir de force les jeunes qui répliquaient ou posaient des questions aux orateurs, à d'autres ils donnaient de durs coups de poing. Alors Vincent Dupuis intervint et dit: «Je demande à mes «amis» —ce mot me parut bien équivoque — de laisser les jeunes tranquilles. Je suis sûr que si à l'une de vos assemblées il y avait dans la salle des interruptions à vos discours, vous feriez aussi sortir ces gens. Ce que vous faites ce soir sera publié dans tous les journaux du pays.»

Le comité d'organisation dirigé par André Laurendeau et Jacques Perrault avait eu l'idée d'envoyer ses partisans assister à cette réunion afin de poser des questions aux orateurs. Pierre Elliot Trudeau en était. À ce moment, Michel était à adresser la parole dans une autre salle d'école. Il avait demandé à notre ami Pierre de bien prendre soin de moi, car j'étais déjà enceinte de cinq mois et la grande assemblée libérale s'annonçait houleuse. Galant et «bon prince», Pierre assura Michel qu'il saurait bien me protéger. Mais dans la bagarre engagée à l'arrière de la salle, nous fûmes à notre tour bousculés et insultés. Tous deux issus de pères libéraux, scandalisés par la situation d'agression d'une «gang de boxeurs en service» pour faire taire les jeunes, nous nous sommes écriés à notre tour:

«Dans une assemblée, on a bien le droit de poser des questions. Vous, les libéraux, pourquoi ne tenez-vous pas vos promesses de ne pas imposer la conscription outre-mer?

— Conscription ou pas, toi, la fille, sors dehors ou va te faire sortir à notre manière.

— Doucement, vous, là, cette femme est enceinte. Elle ne trouble pas la paix. N'y touchez pas.

— Toi le jeune *smart*, ferme-là et sors tout de suite.»

Puis, brusquement, ils nous empoignèrent et nous projetèrent tous deux sur le trottoir de la rue Saint-Laurent.

Humilié et indigné de ces événements, Pierre Elliot Trudeau déclara dans une assemblée: «On m'a appris à l'université qu'en démocratie c'est en tant que citoyen qu'on se présente aux élections et non comme le représentant d'une clique militaire. On fait à Ottawa une politique «d'après moi le déluge». Cette politique est imbécile quand elle n'est pas écoeurante.» «On l'a bien vu ce soir-là», ai-je pensé.

Les réunions se succédaient, les adhésions se multipliaient, les téléphones et les lettres de sympathie ne cessaient de parvenir au local des conscrits. Dans un comté majoritairement anglo-juif, qui venait de voter OUI à 60 % au plébiscite du 27 avril, cette bataille de Jean Drapeau, membre actif de la Ligue, était plutôt une bataille de principe, de fierté nationaliste. En ouvrant une assemblée, Drapeau avait déclaré: «Ce serait pour nous, pour vous, pour moi, une grande victoire que de sauver mon dépôt.»

Michel avait enchaîné en demandant à l'assistance de soutenir de leurs cotisations, de leur vote et de leur bénévolat le candidat des conscrits. «Votons bravement pour Drapeau en nous souvenant du sort que la GRC vient de faire à Marc Carrière. Souvenez-vous qu'Honoré Mercier, chef provincial nationaliste, a été élu parce que le peuple se souvenait de l'exécution de Riel.» Puis Chartrand critiqua la fermeture des industries de Trois-Rivières et compara l'exode des centaines de familles trifluviennes à la déportation des Acadiens.

Il s'attaqua ensuite aux bandits «à gages» qui avaient assommé des jeunes à l'assemblée d'ouverture du général Laflèche et bousculé sa femme enceinte. Chartrand déclara: «Si *The general from*

Subirons-nous la conscription des femmes?

M. King a annoncé cette mesure il y a déjà quelques mois — Comment réagir ?

Au cours d'un conflit entrepris au nom de la civilisation chrétienne et des principes démocratiques, notre gouvernement osera - t - il conscrire les femmes au travail de guerre ?

C'est ce dont nous a menacés le Premier Ministre de ce pays dans un discours prononcé en août dernier.

Quelle attitude le chrétien et le Canadien français doivent-ils prendre devant cette menace ? Voilà ce que traite avec une chaude éloquence et une grande sûreté de doctrine M. François-Albert Angers, dans une brochure intitulée "Est-ce ainsi qu'on fait la Guerre Sainte" ? Chacun voudra se mettre au courant des périls encourus par la famille et des moyens d'éloigner de nous la terrible menace.

Cette brochure se vend $0.10 l'exemplaire, $1.00 la douzaine et $8.00 le cent; on se la procure en écrivant à "L'Action Nationale. Case Postale 133, Outremont, ou à la Librairie du "Devoir".

Ottawa, Ontario, prétend représenter si bien la province de Québec, pourquoi n'a-t-il pas choisi de se présenter dans le comté de Charlevoix-Saguenay, comté uniquement francophone? Non, il savait que là il aurait été battu.» «Cette élection libérale fédérale est un gaspillage d'argent, poursuivit Chartrand. L'argent coule à flot pour gagner le comté. C'est de l'usurpation de pouvoir. Il faut, nous, les jeunes, remettre à leur place l'honnêteté et la justice dans la conduite des affaires de l'État, l'Église, dans la sacristie et les aumôniers militaires, dans leur confessionnal.

L'abbé Sabourin, aumônier militaire, faisait de la propagande pour le recrutement militaire et récitait ici et là dans des groupes sociaux des tirades à la louange de la Grande-Bretagne «J'aime l'Angleterre parce que...» Dans ses discours à travers le comté, Michel se moqua, de façon ironique, de l'ecclésiastique déguisé en major. Il se mit à réciter une litanie satirique contre l'Angleterre en y introduisant tous les griefs historiques traditionnels des Canadiens français depuis la conquête de 1759. Puis il s'emporta, devint plus agressif, s'en prit aux agents de la GRC déguisés en assistants ou en journalistes, qu'il savait omniprésents dans la salle. «Écoutez-moi bien, peut-être comprenez-vous mal le français. Je vais répéter mes griefs contre l'Angleterre et le Gouvernement plus lentement pour vous. Vous pourrez les rapporter à vos «boss» avec plus d'exactitude.» Laurendeau, assis à mes côtés, fut surpris et saisi du style virulent et violent de Michel. Pour ma part, j'en fus inquiétée. J'ai craint qu'à partir de ce soir-là la GRC le surveille de près et le prenne tôt ou tard en faute, l'arrête et l'emprisonne.

Bourassa parmi les jeunes

Le 29 novembre 1942 fut pour moi un soir mémorable. Une grande assemblée publique, la dernière avant le vote, avait été organisée par Laurendeau, Drapeau et Michel, au sous-sol de l'église Saint-Jean-de-la-Croix. La vedette de la soirée était sans contredit Henri Bourassa qui, à soixante-dix-huit ans, avait accepté de sortir de sa retraite et de prêter main forte aux jeunes conscrits.

En montant sur l'estrade, entouré des officiels de la Ligue, Henri Bourassa jeta un coup d'oeil sur moi, voisine d'André Laurendeau. Il me dit sur un ton agacé, presque fâché: «Madame, dans votre état, votre place n'est pas dans une assemblée politique, mais à la maison. Votre mari aurait dû vous le dire.» Il n'avait guère changé d'idée depuis la toute récente obtention — contre son gré — du droit de vote et d'éligibilité des femmes. Je demeurai quand même assise sur l'estrade en arrière de lui. Sa fille célibataire était à ses côtés.

182

Le candidat Jean Drapeau fit alors un vibrant et excellent discours. Il avait mis l'accent sur les motifs que, en tant que Canadiens français, nous avions de résister aux exigences de l'impérialisme britannique. Puis sursaut et interruption brusque de Bourassa. «Mon jeune ami Drapeau et vous tous, jeunes, avez tort d'évoquer uniquement des motifs purement canadiens-français. L'impérialisme britannique est à combattre partout au Canada. J'ai toujours prêché l'anti-impérialisme et je n'ai jamais modifié les raisons de cette politique suivant le milieu auquel je m'adressais. Nous sommes tous des Canadiens et cette vérité doit suffire à nous faire repousser tout impérialisme quel qu'il soit — tenez-vous-le pour dit», et il se rassit.

Plus tard dans la soirée, un Bourassa d'un autre style, plutôt conférencier, nous présenta durant plus d'une heure un cours d'histoire politique nationale et internationale touchant les quatre dernières décennies. Puis, imprévisible, il reprit son ton malicieux. Parlant de la nécessité de la prudence dans la conduite des affaires de l'État, il s'écria — visiblement et volontairement à l'adresse du cardinal Villeneuve de Québec, pro-conscriptionniste: «Rappelez-vous, mesdames et messieurs, de tout milieu et de toute classe sociale, qu'en religion la prudence est une vertu cardinale...»

Sa nature fière mais agressive, la vivacité du geste, le son de sa voix grêle surprirent l'assistance. Par ignorance et courte vue, pour nous de la vingtaine, Henri Bourassa était plutôt un mythe, un *has been*, qui s'était volontairement fait quelque peu oublier. Certes, nous savions qu'il avait fondé *Le Devoir* en 1910, qu'il était un grand nationaliste canadien, qu'il avait en diverses occasions prononcé des discours flamboyants, mené des campagnes politiques ardues et risquées même contre le tout-puissant Laurier. Mais de le voir près de nous et avec nous, batailleur encore vigoureux et cinglant, créa dans l'assemblée un silence quasi religieux, voire même une attitude de gêne et de respect devant le personnage.

Les résultats de l'élection fédérale du 30 novembre 1942 nous apparurent comme une grande victoire morale. Jean Drapeau ne perdit pas son dépôt. Le major général Laflèche l'emporta tout juste par la moitié de la majorité obtenue par Thomas Vien, ex-député libéral: le major général Laflèche obtint douze mille deux cent quatre-vingt-huit votes, avec une majorité de cinq mille trois cent soixante-huit votes, et Jean Drapeau en obtint six mille neuf cent vingt. Dans Charlevoix-Saguenay, maître Frédéric Dorion, candidat conservateur, fut élu. Thérèse Casgrain, candidate libérale, arriva bonne seconde, bravo! Et dans Winnipeg Nord-Centre, le révérend Stanley Knowles, candidat de la Cooperative Commonwealth Federation (CCF), succéda à J.F. Woodsworth, qui était le fondateur de ce parti.

LE DEVOIR, MONTREAL, VENDREDI 4 DECEMBRE 1942

"Ouvrez d'autres comtés dans la province et nous y serons," déclare M. Drapeau devant un auditoire enthousiaste

"L'esprit de parti est mort, vive le parti de l'esprit!" — "M. LaFlèche est devenu honorable, la population de Saint-Jean-de-la-Croix l'est restée" — L'indépendance du Canada — Les bobards de la propagande — Commentaires sur l'élection de lundi dernier

Plusieurs milliers de personnes acclament M. Drapeau

M. Michel Chartrand

M. Michel Chartrand, organisateur du candidat des conscrits, ouvre la série des discours. Il est en train de créer un genre oratoire extrêmement pittoresque, fait d'humour souvent cruel et de jovialité, et qui a le don de mettre l'auditoire en joie. "Si notre voix est faible, c'est que nous avons chanté la belle liberté canadienne, pour laquelle nous nous battons partout dans le monde".

Le soir de l'élection, l'organisation libérale avait retenu la salle où nous parlons, mais sans tenir d'assemblée. Etait-ce donc pour nous causer des désagréments? Non, c'était pour s'en épargner.

L'orateur discute ensuite du discours que M. King vient de prononcer à New-York pour vanter l'effort de guerre canadien, notre production, notre révolution industrielle. Nous avons des militaires partout dans le monde, même des aviateurs qui servent temporairement en Afrique du Nord. Peut-on se faire tuer de façon temporaire? interroge M. Chartrand. M. King est suave et acrobate, disant blanc aux uns et noir aux autres. Ah! belle démocratie qui s'épanouit dans l'électoralisme et le suffrage universel! Un monsieur qui appartient à la fois à l'Information et à la Sun Life, Philippe Brais, et un juriste réputé comme Jules Desmarais, ont eu des consultations au Windsor pour savoir comment le général ferait sa campagne. Et il y avait l'ami Portelance qui sait s'entourer de gens pour maintenir l'ordre.

Fait curieux, à 8 heures 30, lundi matin, il y avait déjà quelques milliers de votes enregistrés dans les bureaux de scrutin où nous n'étions pas représentés.

Des gens qui sont en minorité dans Montréal et la province n'ont pas cru bon de s'allier à la minorité canadienne. Nous respectons leur opinion. "On est têtu, on va mourir têtu". Nos enfants continueront de voter contre la conscription.

Nous avons reçu pour la campagne, en souscriptions, de 3 à 4 mille dollars, que nous avons dépensés à la radio, pour la location des salles et pour les annonces. Lundi nous n'avions pas de comités, nous avons dû établir nos quartiers chez Laurendeau. "Les ineffables Hébreux passent à travers les murs". Le soir il y eut fête intime au Reform Club où l'on servit des boissons écossaises.

Drapeau a continué la lutte contre la conscription et il veut aujourd'hui, lui et ses camarades, la continuer jusqu'à leur mort contre l'impérialisme et la conscription. Nous n'attendrons pas une prochaine campagne électorale pour défendre nos vies et la liberté, pour exposer comment nous entendons que notre pays soit gouverné.

184

3 décembre 1942

Ce jeudi soir, ce fut la dernière assemblée post-élection. Jean Drapeau réunissait ses amis et collaborateurs pour faire le point: quelques commentaires et révélations sensationnelles. Il a terminé sur ces mots cette assemblée fraternelle: «L'esprit de parti est mort. Vive le parti de l'esprit, Laflèche est devenu Honorable, la population de Saint-Jean-de-la-Croix l'est restée».

4 décembre 1942

Nous sommes revenus aujourd'hui de Montréal, de l'appartement de mes parents où nous vivions depuis le 22 novembre afin d'être sur place pour participer à la campagne électorale de Jean Drapeau. Mes parents ont été bien obligeants et compréhensifs de nous accueillir ainsi.

Je commence à sentir davantage le poids du bébé en plus d'une immense fatigue après ces deux semaines de surmenage et d'activisme politique. J'apprécie le calme de mon petit logement surtout le silence qui y règne après tant de discussions et de discours publics. J'écoute à la radio un très beau sketch de Félix Leclerc, notre poète national.

5 décembre 1942

Dans *Le Devoir*, je lis ceci à propos de Michel et de ses discours durant les quinze jours de campagne: «Chartrand est en train de créer un genre oratoire extrêmement pittoresque fait d'humour parfois cruel et de jovialité qui a le don de mettre l'auditoire en joie.» C'est une exacte description du style parlé de mon cher Michel.

20 décembre 1942

Souper de fête de Michel. Il a vingt-six ans aujourd'hui. Papa, lui, en a cinquante-deux. Le double! Le double d'expériences aussi, dont certaines désillusions, surtout en politique.

J'ai offert à mon mari, en cadeau, un numéro d'une très belle revue, portant le nom de *Gants du ciel*, d'Anne Hébert, sa poétesse favorite. Ce cahier comprend les poèmes suivants: *Sous-bois d'hiver, Chats, L'Infante ne danse plus, Présence, Je voudrais un hâvre de grâce, Le château noir, Ballade d'un enfant qui va mourir*. Aussi des propos sur l'art par Jacques de Tonnancour (ami de Michel) et d'autres sur le roman canadien-français par Rex Desmarchais. L'été dernier, en juillet, j'ai lu d'Anne Hébert (cousine de Saint-Denys-Garneau, tous deux originaires de Sainte-Catherine de Fossambault) un livre étrange: *Songes en équilibre*. Cette poétesse étonne, déroute, me paraît à la fois distante, hautaine, menacée et menaçante, mais d'une grande sensibilité.

À sa façon, Michel est aussi poète. Poète à sa façon de m'aimer, de me le faire deviner et surtout de me l'exprimer.

21 décembre 1942

Je devrai dorénavant priver Michel de manger du beurre sur plusieurs aliments. Cette denrée plutôt abondante dans la province est maintenant rationnée afin d'en envoyer de plus grandes quantités en Europe. Dans les émissions de radio et les pages féminines de *La Presse* et du *Devoir* destinées aux ménagères, on nous donne régulièrement des conseils sur la consommation. Même les excellentes journalistes attachées à ces journaux, Laure Hurteau et Germaine Bernier, traitent forcément très souvent des questions d'économie en temps de guerre: la conservation, la récupération, «le neuf dans du vieux» (nos grands-mères ont toujours fait ça).

Des slogans sont affichés partout, tels *Alimentation, santé et victoire, Ménagères, faites le serment de tirer le meilleur parti possible de votre budget, des aliments achetés.* Je note ici une suggestion pour augmenter le volume du beurre. Il suffit de battre le beurre «aliment de la défense» avec du lait et d'y ajouter une enveloppe de gélatine. J'essaierai cette recette. Je suis assurée d'avance que Michel se rendra compte du subterfuge. Il a le palais si fin... Mais je lui dirai que c'est pour le mieux-être de son foie et de son estomac et pour aider à la Victoire des nos Troupes... Au goûter, Michel s'est exclamé: «Du beurre, c'est du beurre ou ce n'est pas du beurre.»

25 décembre 1942

Nous avons fêté Noël aujourd'hui avec les parents Monet, Chartrand et Choquet de Sainte-Adèle en attendant avec confiance l'année 1943. L'an prochain, nous serons parents à notre tour.

Confidences

Ma petite vient de revêtir la longue robe de baptême dans laquelle je fus moi-même baptisée. Maman est très émue à la vue de cet être si menu né de sa fille qu'elle considère pourtant encore comme «sa petite fille». Et de voir ce bébé si fragile, dans la toilette brodée jadis avec tant d'amour, la grand'maman ne retient plus ses larmes.

Et moi, maman d'hier, je contemple cette mignonne enfant, bébé aussi délicat et précieux que le grand amour qui l'a fait naître. Je la voudrais tout à moi, rien qu'à moi. Et déjà on l'emporte sans moi... Le parrain et la marraine me remplacent, dit-on. Se peut-il que je sois déjà remplacée! La porteuse, l'aïeule, ma propre marraine, a tellement hâte de tenir dans ses bras l'enfant de la quatrième génération qu'elle s'en empare allègrement dans un geste de fierté vraiment émouvant.

Le père enveloppe son enfant, non seulement d'un regard protecteur mais d'un tissu bleu français garni de fleurs de lys blanches: le drapeau national des Canadiens-français. Notre fille en a fait sa première mante de sortie. Dans les couloirs de l'hôpital, aux personnes qui s'étonnent

de ce châle éclatant et symbolique, j'entends mon mari qui réplique: «Ma fille saura de quelle race elle est née». Et sa fille, en l'honneur de la grande femme qui fut la co-fondatrice de Ville-Marie, portera le nom de Mance.

Seule, maintenant, je pleure doucement. Depuis mon arrivée dans cette chambre d'hôpital, des sentiments si divers m'ont tour à tour bouleversée. La grande espérance! Les effroyables inquiétudes! La crainte de la mort! et l'abandon à la Providence des petits oiseaux qu'on ne voit jamais pleurer... Puis, après les douleurs de la délivrance, dans le demi-sommeil de l'épuisement, la voix chère de Michel: «C'est une belle fille!» Doux réveil!

Mais à peine éveillée à la vie, cette petite part sans moi. Pourquoi n'ai-je pas, suivant une mode moderne, attendu le retour de mes forces pour la porter moi-même au baptême? L'enfant est bien portante, dix jours sont si vite passés. Je domine cette tentation, et je fais à Dieu le don de ce premier détachement de mère chrétienne.

À portée de ma main, il y a le rituel du baptême; j'en médite chaque parole, j'en récite chaque oraison. Jamais

mère moderne ne fut plus présente à la cérémonie du baptême de son enfant. Délivrée de l'esprit de coquetterie, des soucis de toilette qui accompagnent habituellement toute visite, même celle que l'on fait à l'église, j'ai goûté toute la saveur du texte liturgique dont j'ai compris le sens profond.

Marie-Mance-Micheline, fille de l'Église, reçoit mon baiser le plus affectueux. Les parrain et marraine, les grand'parents des deux familles sont tous émus et paraissent si heureux.

Mais le bonheur du jeune papa qui fut si bon, si tendre, si attentif à toutes les heures de la grossesse et de la délivrance, c'est encore celui qui m'émeut le plus. La paternité est une grande chose, souvent méconnue, peut-être, à cause de la gloire dont on auréole la maternité.

Notre nouvel état de parents, nous en avons compris toute la beauté, toute la sublimité, dans ce regard de tendresse amoureuse que nous avons échangé au-dessus du front baptisé de notre premier enfant.

Simonne CHARTRAND

Notre-Dame-du-Portage,
le samedi 24 juillet 1943

Mon grand amour,

Avec mes parents et Micheline, je vis ici d'heureux jours.

J'ai voulu aller à Rivière-du-Loup sur le pouce. Un aimable monsieur, qui s'est dit chevalier de Colomb du quatrième degré, m'a fait faire le trajet et invitée chez lui pour goûter de la truite pêchée par lui ce matin même. Ne crains rien, sa femme est la deuxième qu'il épouse et, de son côté, il est son troisième mari. Alors je ne puis être en danger... On ne peut croire que je sois déjà maman. Si jeune!

Micheline se porte à merveille. Hier le soleil l'a grillée, ses joues sont comme des pêches et son rire clair. Elle m'a donné une grande nuit de repos. Je suis donc très bien et de bonne humeur. Obligée d'être éloignée de toi physiquement j'en profite pour prendre des réserves de sommeil et revivre par la pensée tant de bons moments.

Chéri, je te sais occupé à la préparation des élections du Bloc. J'ai pu hier me procurer un journal (The Star) afin de connaître quels étaient les candidats que le Bloc présentait dans Cartier et Stanstead. Le journal mentionnait les noms de l'avocat Philippe Monette — un petit cousin de mon père — et un autre avocat polyglotte celui-là, maître Paul Massé. D'après le journal, dans cette élection partielle, les deux se proposent de se présenter candidats du Bloc dans le comté ouvrier de Cartier. Vas-tu travailler pour ce bon monsieur Massé? Est-ce le frère de Jules Massé, président de l'Association du bon parler français? Quel sera ton rôle dans cette élection? Probablement celui d'organisateur. De toute façon, sache que je ne m'opposerai jamais à ce que tu t'occupes des choses de l'État en autant que ta conscience n'en sera pas affectée. Car inutile de vouloir sauver les autres si on risque de se perdre soi-même. Tu vois dans quel sens j'entends «se perdre».

Je te dis ces choses bien inutilement, tes convictions étant d'ailleurs depuis longtemps faites sur ces questions. Que veux-tu, une femme se répète toujours, pensant mieux convaincre.

J'ai hâte d'avoir des nouvelles de ton voyage, de tes activités, de ta santé, etc. Écris, livraison spéciale, à Notre-Dame-du-Portage; j'aurais un mot de toi avant de retourner à Montréal-Sud, ça me ferait bien plaisir. Je pense tellement à toi et je veux que tu le saches. Profite de mon absence pour voir «tes gars» comme tu dis et pas trop souvent tes «anciennes et les jolies», car il y en a beaucoup qui aimeraient peut-être te savoir libre!!! Je badine.

Je t'écrirai à nouveau, mon amour. J'ai hâte de t'embrasser et de te retrouver. Tâche de ne pas te surmener. Je t'aime et Micheline aussi.

Baisers,
Simonne

Notre-Dame-du-Portage, le 27 juillet 1943

Mon cher mari,

Bonjour! Je viens de lire, même en vacances, Le Devoir comme chaque matin. Un communiqué a attiré mon attention. Il est signé par le docteur Albert Guilbeault pédiatre à l'hôpital Notre-Dame, un ami de ta soeur Myrielle et de son mari Bernard Couvrette. Comme directeur de la clinique BCG* d'Hochelaga, il offre aux jeunes filles ou femmes des cours de puériculture afin de former du personnel compétent pour prendre soin des nourrissons nés de mère tuberculeuse. Par mesure de prudence, on éloigne le bébé de sa mère immédiatement à la naissance pour éviter la contagion, on lui donne le vaccin et des soins comme dans toute bonne pouponnière. La science a découvert que la tuberculose est contagieuse et non fatalement héréditaire. Donc, on peut sauver les nourrissons en les isolant aussitôt de la mère contagieuse.

Comme tu le sais, cette affreuse maladie a fauché bien des vies dans ma famille. Si je faisais, par malchance ou surmenage, une rechute, je serais heureuse, comme mère, que la Clinique prenne soin de notre bébé. J'ai donc pris l'initiative de m'inscrire aux deux cours/semaine qui comportent l'avantage et l'inconvénient du service bénévole à donner tous les samedis à la pouponnière. Je sais d'avance que tu seras d'accord avec mon projet d'étude en puériculture.

Ma première expérience maternelle avec notre «si fine» Micheline développe ce qu'on appelle «l'instinct maternel», élargit ma capacité d'aimer et de me dévouer, mais ne me donne pas assez d'assurance. L'affection ne peut suppléer à la connaissance. J'ai toujours besoin d'étudier les questions en groupe avec un bon professeur. Un livre théorique en pédiatrie ne suffit pas. Notre pédiatre, le docteur Norbert Vézina, donnera les cours théoriques. En plus, j'expérimenterai le samedi la pratique en clinique de huit heures du matin à huit heures du soir, ce qui facilitera ma pratique à domicile...

À mon avis, on n'est pas une bonne mère uniquement par instinct parce qu'on a accouché. Encore moins un bon père parce qu'on a fécondé une femme. Qu'en dis-tu? Mais toi, né dans une famille

---

**Bacille Calmette-Guérin (biologistes), vaccin anti-tuberculeux.*

nombreuse, déjà oncle plusieurs fois, tu as plus d'allure avec un bébé; rien ne te surprend ni ne t'énerve. Ce n'est pas mon cas. Il me faudra, dès mon retour à Montréal-Sud, aller à la recherche d'une gardienne fiable pour la fin d'août. À moins d'avoir sur place un gardien qualifié, patient et affectueux...

Mes parents te saluent et Micheline te sourit. J'ai hâte de te retrouver.

À très bientôt
Simonne

Le Bloc populaire canadien

28 janvier 1943

Hier soir le Bloc populaire canadien a ouvert sa campagne officielle au marché Saint-Jacques. Étaient présents: le chef du nouveau Parti, Maxime Raymond*, libéral fédéral dissident, Paul Gouin, ex-leader du parti l'Action libérale nationale (1936), André Laurendeau, secrétaire du Parti et Philippe Girard, syndicaliste et organisateur de l'assemblée, ces derniers, tous trois de Montréal; de Québec, le docteur Philippe Hamel et René Chaloult, député du comté de Lotbinière. Convaincus du bien-fondé de leur cause, tous ont fait des discours très persuasifs. Michel et moi étions présents et avons applaudi ces braves qui osaient contredire les fédéraux.

8 février 1943

Comme en riposte, le cardinal R. Villeneuve entreprend ces jours-ci une série de causeries. Il affirme que les évêques appuient la poursuite énergique de la guerre et de l'effort de guerre. Pour la campagne des Bons de la victoire, il s'est même fait photographier à Québec sur un char d'assaut. Ça me scandalise de la part d'un disciple de Celui qui a apporté un message de paix sur la terre. Évidemment l'argument d'arrêter à tout prix les invasions d'Hitler est toujours mis de l'avant. C'est un geste bien équivoque même de la part du cardinal de Québec.

11 février 1943

À l'auditorium du Plateau, Henri Bourassa a donné ce soir une conférence sous les auspices de la Ligue. L'avocat Jacques Perrault a présenté le conférencier et François-Albert Angers l'a remercié. Sur la scène il y avait les deux

*Maxime Raymond, auteur de *Politique en ligne droite*.

fils jésuites François et Bernard Bourassa et leur soeur Anne-Marie. Jean Drapeau, André Laurendeau, Gérard Filion, le notaire Athanase Fréchette de la Société Saint-Jean-Baptiste et l'abbé Groulx entouraient avec vénération Bourassa, en quelque sorte leur maître à penser en matière de politique canadienne.

C'était mon troisième contact avec la personnalité de ce grand citoyen canadien qu'était Bourassa. Dans la salle, j'étais auprès de Michel, très attentive à tout ce qui se disait. L'atmosphère était surchauffée par les discours patriotiques contre les politiques fédérales. Les personnalités présentes, de plusieurs années mes aînés, m'ont impressionnée mais je me sentais d'une tout autre génération. En ce temps de propagande intense de guerre et de guerre intensifiée, tous les jeunes nationalistes anti-conscriptionnistes passent, dans le milieu anglophone de la presse et de la finance, et même chez le haut clergé, pour des énergumènes échevelés, inconscients, voire même peureux et lâches. Des lâches!

Maintenant enceinte de huit mois, je ne crois pas me mêler à nouveau à pareil bain de foule. Je veux rester davantage à la maison et préparer la layette du bébé, mais il m'est difficile de trouver de la laine à tricoter et de la *flanalette* pour tailler des couches, puisque les tissus sont requis et sélectionnés pour confectionner des uniformes militaires. La guerre, toujours la guerre! J'aimerais mettre au monde un petit enfant dans la réjouissance universelle de la paix négociée.

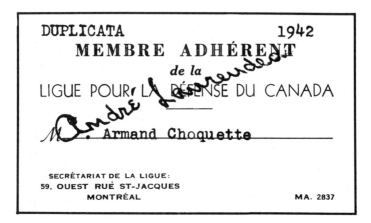

DUPLICATA   1942

MEMBRE ADHÉRENT

de la

LIGUE POUR LA DÉFENSE DU CANADA

M. _____ Armand Choquette _____

SECRÉTARIAT DE LA LIGUE:
59, OUEST RUE ST-JACQUES
MONTRÉAL   MA. 2837

Montréal-Sud, 2 août 1943

Les journaux nous présentent ce soir un compte rendu de l'assemblée contradictoire tenue par le Bloc à Magog. Une photo met en évidence le candidat dans Stanstead, J. Armand Choquette, membre de la Ligue et secrétaire de l'Union catholique des cultivateurs (UCC) du diocèse ainsi que le grand personnage politique qu'est Henri Bourassa. Il y fit un long discours fort éloquent qui fit la manchette des journaux. La photo est prise sur le perron de l'église Saint-Patrick de Magog. Les autres orateurs furent Marcel Poulin, Louis-Philippe Lacroix, candidat dans la Beauce, Paul Massé, candidat dans Montréal-Cartier. Bel exemple de solidarité. Le journal titrait: «L'avenir est au Bloc», tant mieux! Espérons de bons résultats.

L'organisateur de cette campagne électorale est Philippe Girard, syndicaliste actif depuis près de dix ans à la CTCC. Il est, m'a-t-il dit, en congé non payé de son poste de président du syndicat de la Montréal Tramway. Par conviction nationaliste, il a renoncé à sa sécurité d'emploi. Il est, depuis la fondation de la Ligue et du Bloc, le seul organisateur plein temps, quoique faiblement rémunéré par les seuls fonds et cotisations volontaires des membres. Il essaie de rallier les «gros canons» du parti: les tenants

Henri Bourassa, à l'extrême gauche de la photo: J. Armand Choquette, candidat élu le 9 août 1943.

de la participation du Bloc à la fois sur le terrain fédéral et provincial, tandis que les Chaloult, Gouin, Hamel et Groulx, eux, veulent faire la lutte uniquement sur le terrain provincial. Le chef Maxime Raymond est de santé précaire et ne peut plus être un chef très actif sur tous les fronts. J'utilise un langage de guerre...

3 août 1943

Impossibilité pour Michel de se rendre à Magog. Il est trop occupé à réviser les listes électorales du comté de Cartier — beaucoup de noms canadiens-français ne figuraient pas sur les listes. Il bûche dans un comté ouvrier avec si peu d'aide. La direction du Bloc croit que ce comté est perdu d'avance. Alors tous les zélés vont dans Stanstead. Michel met à l'organisation de cette élection de Massé beaucoup de temps et d'énergie. Il est vaillant et bon organisateur mais trop peu soutenu. Bien des gens sont en vacances.

5 août 1943

Hier, première grande assemblée publique de Paul Massé, ex-candidat de l'Action libérale nationale de Paul Gouin. L'avocat Massé habite et exerce sa profession dans ce comté (Cartier) auprès de divers groupes ethniques qu'il respecte beaucoup. C'est réciproque. Henri Bourassa, malgré son grand âge, s'est déplacé pour venir parler en faveur de maître Paul Massé, à l'école Olier, avenue des Pins, sur une estrade installée en plein air face au manège militaire.

Plusieurs orateurs le précédaient. André Laurendeau avait voulu garder «pour le dessert» l'allocution de Bourassa. Jean-Louis Dorais, maître Jacques Perrault, Jean-Louis Arbique et d'autres jeunes parlaient à tour de rôle. Tout à coup, impatient et bourru, Bourassa dit à Laurendeau, son voisin d'estrade, sur un ton criard: «Laurendeau, mais laissez-moi parler, laissez-moi parler, ou je m'en vais. J'étais venu ici pour parler.» Puis, il se leva de son siège, prêt à descendre les marches de l'estrade. Le docteur Jean-Baptiste Prince, président de la Ligue et son bon ami, le décida à revenir à son siège et aussitôt le présenta à l'assemblée qui l'applaudit. Bourassa me parut alors à nouveau d'un caractère mordant envers ses adversaires. Toutefois, il se dégageait de lui, par moments, une certaine bonhomie. J'ai reçu là, par ce grand tribun, une leçon extraordinaire d'histoire du Canada et des relations de notre pays avec l'Empire britannique, mais rien dans cet exposé n'a rejoint ma propre conscience, encore moins ma sensibilité de jeune femme canadienne-française face aux événements actuels.

10 août 1943

Résultats des élections fédérales complémentaires d'hier le 9 août. J. Armand Choquette est élu député de Stanstead avec 6 661 votes, contre le candidat libéral qui n'a obtenu que 5 349 votes. Malgré 38 % d'anglophones, les ruraux et les syndiqués ont voté pour Choquette. Bravo!

Dans Montréal-Cartier, le Bloc a fait bonne figure. Paul Massé a reçu 5 639 votes et n'a eu que 150 voix de moins que Fred Rose, celui-ci élu avec 5 789 votes, candidat communiste soutenu par le journal *Le Combat* qui lui avait fait beaucoup de propagande. L'intellectuel juif de McGill, David Lewis, candidat de la CCF aux idées plutôt socialistes, secrétaire de son parti, a recueilli 3 313 votes. Si les membres du Bloc avaient donné un meilleur coup de main à l'organisation de Massé, celui-ci aurait été élu.

Enfin, ici se clôt un chapitre d'histoire électorale canadienne. On va enfin vivre la vie d'un couple normal, vivre ensemble avec notre bébé Micheline.

Montréal-Sud, fin août 1943

Depuis quelque temps, les hommes, même mariés, de vingt-sept à trente ans, sont appelés par les autorités fédérales à passer un examen médical aux casernes du *Dominion of Canada*.

Dans les conversations, dans les nouvelles, on apprend que s'entreprennent ici et là des raids, des perquisitions, des arrestations dans les familles des déserteurs, des insoumis que la GRC traite de lâches. Michel doit donc se présenter à la caserne Jacques-Cartier située heureusement à Montréal-Sud, tout près de notre logement. Quelles en seront les conséquences?

4 septembre 1943

Assistons Michel et moi au mariage à la cathédrale de Montréal de mon amie Lorraine Provost avec Gabriel Neyron, jeune francophone d'origine manitobaine, officier d'artillerie et instructeur à Petawawa, Ontario. Lorraine pourra l'accompagner comme épouse d'officier durant quelques mois et vivre «en chambre et pension». Dieu seul sait ce qui leur arrivera. Papa sert de père à Lorraine. Tous, nous leur offrons nos voeux les meilleurs dans les circonstances. Les deux amies de couvent des années trente sont maintenant des «madames».

Femme en espérance

12 janvier 1944

Je compte accoucher de mon second bébé d'ici une quinzaine de jours. Nous avons quand même, avant cet évènement, décidé de réunir chez nous parents et amis pour discuter de l'importance de mieux propager le journal du Parti, *Le Bloc*, et d'y faire collaborer des gens de divers milieux. Ont répondu à notre invitation l'abbé Lionel Groulx, Paul Massé, Eugène Therrien, Philippe Girard, Ginette et Victor Trépanier, rédacteur du journal, André Laurendeau et Ghislaine. Ce fut une rencontre amicale et joyeuse qui laisse présager de bons résultats.

Dominique Beaudin, rédacteur de la *Terre de chez nous* publiée par l'Union catholique des cultivateurs*, s'engage à rédiger une «chronique du conscrit». Pour ma part, je m'offre à écrire quelques articles si mes tâches maternelles m'en laissent le loisir.

Pour la cérémonie du baptême de Sophie Hélène j'avais choisi comme parrain mon frère Amédée, alors étudiant en philo II au collège Grasset et comme marraine la grande et belle nièce de Michel, Hélène Choquet. Ma belle-mère, Hélène, toute fière de porter l'enfant aux fonts baptismaux de l'église Notre-Dame était accompagnée de son fils «le capitaine» Gabriel qui arrivait tout juste d'Angleterre, «en permission».

Gabriel, de dix ans l'aîné de Michel, s'était enrôlé volontairement dès septembre 1939 au tout début de la guerre dans le *Royal Montréal Regiment* (RMR). Sergent, il était parti en décembre avec le premier contingent des troupes canadiennes. Il avait été attaché au War Office de Londres, puis, en 1940, la France étant occupée, il était entré dans la Résistance et y avait servi durant neuf mois. Ses bons états de service et la nécessité d'un repos bien mérité lui valurent un retour, un congé dans sa famille. Ce 2 février 1944, je rencontrai pour la première fois ce «phénix de capitaine». Inutile de relater ici les vives discussions et les propos contradictoires échangés entre les «archanges Chartrand» sur le rôle du Canada et des Canadiens dans la guerre en Europe.

*Devenue l'Union des producteurs agricoles

Confidences

Micheline, trésor enfoui sous un grand châle de laine, rentre au foyer. Dans sa plus belle toilette de fleurs fraîches et de plantes bien vivantes, il se fait accueillant à la jeune famille. Enfin, nous sommes trois!

Dans la chambre, le ber d'érable blond, habillé de draps de beau lin canadien et de couvertures de laine du pays, sourit à la nouvelle arrivante. De style ancien, ce ber — qui chez nous ne "berce" jamais — crée une atmosphère de traditions agissantes....

Et les cadeaux continuent d'arriver, les voeux, les félicitations, les gâteries, les tendresses. Véritables semaines d'enchantement; tout cela à cause de ma fille première-née. Quelle richesse ! Et quel événement extraordinaire qui émeut aussi tous mes parents, tous nos parents, tous nos amis.

Puis la vie continue. Bébé profite normalement. Maman se rétablit progressivement. La vie est bonne.

Un soir, très sérieusement, probablement comme bien d'autres jeunes parents, nous nous posons craintivement une question : "Accepterons-nous tout de suite un second enfant?"

Douleurs de l'enfantement, inquiétudes de toutes sortes des mois d'attente, frais médicaux, toute une série de tableaux se présente à notre esprit dans ce logis trop étroit déjà.

Accepterons-nous tout de suite un second enfant? Silence.

Où trouver réponse à notre inquiétude? Dans les livres? Allons-y voir. Maints ouvrages, exposés dans toutes les vitrines expriment librement l'opinion courante. Sous des titres éloquents et non équivoques, ils exposent doctrine et méthodes anti-familiales. Ces traités dits scientifiques prétendent jouer un rôle libérateur vis-à-vis de la femme esclave de la maternité. Enfin, annoncent-ils, la femme choisira l'époque où elle sera mère.

Vous connaissez le reste du message moderne. C'est la réponse des livres populaires. Cherchons maintenant celle du milieu social. Au bureau, comme au salon, on émet maintenant ces mêmes idées, on les discute et on n'est pas loin de les accepter.

Silencieux toujours, ce n'est que dans notre coeur que nous avons trouvé la bonne réponse. Et de nouveau, je suis une mère en espérance.

Tant que nous l'avons pu, nous avons gardé la nouvelle secrète. Il serait toujours trop tôt pour entendre les "Encore?! Ne pouviez-vous pas vous retenir un peu? Qu'est-ce qui pressait tant? Quelle extravagance! Quelle imprudence!" Ça continua : "Naturellement, les hommes... ce ne sont pas eux qui les ont..." et j'en passe.

La belle espérance fut ainsi accueillie. Affligée par le peu de sympathie de mon entourage, des personnes même qui hier fêtaient UNE maternité, j'allai me réfugier près du grand amour de mon mari. "Pourquoi donc le second enfant est-il aussi mal venu, quand le premier vient d'être acclamé?"

Je l'entends me répondre : "La femme qui refuse le deuxième enfant n'a jamais aimé sa vocation de maternité. Peut-être chérit-elle follement son unique enfant, mais là encore ce n'est pas l'amour maternel qui s'exprime, c'est un instinct de possession, le besoin d'affection, la joie de voir réalisé son rêve de jeune fille. Toi, maintenant, tu seras vraiment mère.

—Et toi, vraiment père, car si je porte physiquement nos enfants, tu les gardes dans ton esprit et dans ton coeur. Tu penses déjà à leur éducation — tu ne me parles que de cela, toujours — tu prends toutes tes responsabilités. Alors, à nous deux, et que nous importe le reste du monde."

Deux ans de mariage, deux enfants. Et c'est en regardant dormir ma petite Hélène, pendant que Micheline essaie ses premiers pas que je souhaite à toutes les "mères en espérance" le plein épanouissement de leur bonheur dans leur vocation d'épouse et de mère.
17 février 1944

Simonne CHARTRAND

Article paru dans la revue *Paysana*.

De son côté, mon jeune frère Amédée, très «peu porté» sur la religion, revint de la cérémonie du baptême, bouleversé et indigné de certains textes liturgiques. Il me rapporta une partie de l'interrogatoire du prêtre au parrain: «Que demandez-vous à l'Église de Dieu?» Il devait répondre: «La foi et la vie éternelle.» Le prêtre souffla ensuite par trois fois en forme de croix sur la toute menue Sophie Hélène et dit: «Satan, esprit impur, sors de cet enfant et fais place à l'Esprit saint, le Consolateur.»

Amédée me demanda tout bas à l'oreille — pour ne scandaliser personne: «Simonne, crois-tu vraiment qu'avant la cérémonie ta petite était ce matin possédée du démon?» Je ne répondis pas. J'embrassai Hélène et la remis à son père. Selon moi, il était inopportun de discuter religion et politique en de pareilles circonstances. Je fis un clin d'oeil à papa, qui, complice, comprit vite qu'il valait mieux sabler le champagne en signe de réjouissance de la présence de Gabriel parmi nous et de la venue d'une mignonne petite soeur pour Micheline. Celle-ci avait dix mois et douze jours...

À l'occasion de cette vie

Amédée Monet

neuve, dont tu veux bien me confier une parcelle.

Gabriel Chartrand, frère aîné de Michel Chartrand.

Outremont, le 25 février 1944

Chère madame Simonne,

Je viens tout juste de lire dans Paysana les pages que vous avez écrites en souvenir de la naissance de votre Micheline et sur la venue d'Hélène. C'est bien fait, humain et chrétien. Je vous en félicite.

J'espère que tout va toujours bien entre Michel et vous, et vos deux chérubins.

Respectueusement vôtre en Notre Seigneur,

Lionel Groulx, prêtre

Une tape ou un bonbon?

Depuis mars 1944, après la naissance d'Hélène, notre deuxième fille, je devins membre du conseil d'administration de l'École des parents du Québec. De plus, Michel et moi assistions ensemble, autant que possible, aux cours donnés rue Laurier, à la salle Saint-Stanislas de Montréal.

Le père Noël Mailloux, o.p., directeur de l'Institut de psychologie de l'université de Montréal, y fut invité comme conférencier émérite. Dominicain et homme de science, le père Mailloux avait étudié aux États-Unis et fait des recherches cliniques auprès des très jeunes enfants vivant en institution: pouponnières, crèches et garderies. Il nous parla ce soir-là, comme toujours d'ailleurs, avec grande assurance, statistiques à l'appui, des premières manifestations du plaisir et de la douleur, de l'intelligence et de la volonté chez les petits. Devant un énoncé si péremptoire, un silence absolu régna. Vint la période de questions. Michel osa rompre le silence:

«Mon Père, dites-moi, quand un bébé d'un an, en bonne santé pleure la nuit sans raison apparente, se peut-il que ce soit par simple caprice?

— Il faut étudier son cas, l'observer de près...

— Évidemment. Mais à la fin de ladite observation, lui donne-t-on un bonbon ou une tape, «la carotte ou le bâton», comme disent les Français (rires de la salle)?»

La réponse du savant conférencier fut si évasive que la salle se vida petit à petit.

VERITAS

Institut d'Études Médiévales Albert le Grand
831, avenue Rockland
Outremont

Le 13 mars, 1945.

Chère Madame,

    Permettez-moi de vous féliciter pour votre esprit de travail et d'apostolat. Comment ne pas faire tout en mon pouvoir pour aider les mamans comme vous ? Je vous offre une bibliographie intéressante. Il y a ici et là dans ces ouvrages des choses plus ou moins justes; mais j'ai confiance que vous saurez faire la part des choses. Dans l'ensemble, ils sont utiles et intéressants. En assimilant cela, vous ferez beaucoup de bien autour de vous. Je suis toujours à votre disposition.

Père Noël Mailloux o.p.

Travailler pour la patrie

de: Simonne
à: Michel Chartrand

Saint-Sylvère, le 14 mai 1944
Claire Vallée

Mon Michel bien-aimé,
Je viens de faire un pèlerinage merveilleux en pleine nature au bout de la terre de mes hôtes, Françoise Gaudet Smet et son mari. Les aspects divers, côteaux, vallons, clairières, sous-bois du domaine sont tous plus charmants les uns que les autres. Assise sur un petit côteau en face d'un rocher, tout près de pruniers sauvages en fleurs, je rêve...

Avec Micheline et Hélène et ceux à venir, je nous voyais heureux, sans soucis de comités, de propagande ou d'organisation, tout occupés à nous cultiver l'âme et l'esprit en famille tout en faisant rejeter sur le dehors le trop plein de notre bonheur et de nos bonnes découvertes. J'essaie maintenant de trouver le moyen de nous voir un jour implantés en pleine nature, y gagnant là notre vie, y développant tous les talents et les oeuvres susceptibles de servir les autres. Quel serait ce moyen?

Je ne veux pas n'être qu'une «femme de maison dépareillée» comme le prêche et l'écrit l'abbé Albert Tessier, et l'enseignent les

écoles ménagères. C'est pourquoi je persiste à vouloir lire, à m'informer, à me joindre à un groupe éducatif qui recherche une pédagogie familiale et sociale: l'École des parents.

C'est à toi, Michel, mon confident, mon ami et mon compagnon que je peux confier ce malaise, ce dilemme à l'intérieur de mon coeur et de ma tête. Tu sais — pour m'avoir connue jeune fille très engagée dans l'apostolat social — combien et comment je suis impulsive et avec quelle ardeur j'entreprends toujours une tâche, une action sociale. Je me sens toujours, comme on disait à la JEC, «responsable des autres». C'est peut-être exagéré mais ça fait maintenant partie de ma mentalité, de ma tournure d'esprit: Voir, juger, agir.

Toutefois, maintenant mariée et maman de deux bébés, j'ai trop à faire comme tâches domestiques pour continuer d'accepter à l'automne de participer à des comités. Il faut à tout prix que tu m'éclaires et que tu m'orientes vers ma vraie voie. Peut-être serait-ce celle d'écrire, de la maison, des textes, des plans de travail pour ces groupes? Il peut te paraître étrange que je t'entretienne de cela tout à coup, par correspondance, mais c'est le fruit de mûres réflexions.

Ici, dans la solitude d'une modeste ferme éloignée de la vie turbulente, je me sens à l'aise, réconfortée par la simplicité de la vie rurale. Si c'était notre destinée que d'y vivre, si c'était ton ambition et ton goût, j'aimerais le savoir afin de m'y mieux préparer. Au contraire, si tu entrevois que ton gagne-pain et ton rôle dans l'action politique te requièrent toujours dans la masse, dans l'activité des centres et des organisations, il nous serait utile d'en discuter pour nous organiser en conséquence, peut-être de nous trouver une gardienne fiable et compétente pour prendre soin des petites quand j'aurais à m'absenter pour t'accompagner dans une action politique.

La vue des bois et des champs immenses a un effet bienfaisant sur mon état physique et mental. Avouons-le, nous vivons tous deux depuis que nous nous connaissons, une vie trépidante. Nous nous surmenons dans nos implications sociales. Malgré la venue de deux bébés, nous avons à peine changé notre rythme de vie. Ces deux maternités, aussi belles et merveilleuses qu'elles soient, m'ont rendue si impressionnable, si nerveuse, si tendue que je me sens abattue, déroutée.

Il faudrait peut-être que je délaisse le travail bénévole en tant que membre de comités. J'ai de la difficulté, j'ai comme un problème de conscience à refuser de participer aux cours du Service *de préparation au mariage, aux réunions des équipes de foyers ou aux conférences de l'École des parents. Ces activités m'intéressent beaucoup. Je dois apprendre mon métier de parent. Les bébés ne requièrent pas que des soins physiques, mais de l'attention, de la compréhension, de l'affection. Beaucoup de temps et de soins.*

Je viens de lire l'office des Rogations. J'aime tout ce qui est champêtre. Je me repose beaucoup. Tôt le soir, je suis au lit que je trouve froid sans l'hospitalité de ta forte épaule. Garde notre nid chaud, embrasse souvent les petites pour moi qui, le jour de la fête des Mères, n'a d'enfants que dans son coeur.

Père tendre et dévoué, époux chéri, plus j'ai de temps libre plus je peux goûter le bonheur de t'avoir comme compagnon de vie.

Toute ma vie est avec toi. Rends-la belle et serviable.

Amoureusement à toi
Simonne

P.-S. Je lis Femme, *un livre très poétique sous le pseudonyme d'Ancelle, présenté sous forme de journal intime d'une mère de famille française rurale. Ce carnet contient de fines remarques, cueillies d'un regard perspicace et heureux à même le vécu quotidien de l'existence d'une maman. Je m'y retrouve à l'aise. Pourquoi ne pas me remettre à écrire mon journal? En ai-je le temps? Félix Leclerc, lui, a pris le temps de nous offrir à tous le cadeau de poésies merveilleuses, bien de chez nous,* Allegro, Adagio, Andante, *de la musique en paroles.*

de: Simonne
à: Michel Chartrand

Saint-Sylvère, le 15 mai 1944
Claire Vallée

Mon amour d'homme,

Les cris des corneilles, le coassement de la grenouille, les chants des mésanges et des bouvreuils, ces passereaux à tête et ailes noires, à dos gris et à ventre rose, tous ces sons entendus me ravissent. Le bon air et la paix de Claire Vallée me reposent les nerfs et me redonnent la grâce du sommeil. Je suis d'une paresse mentale qui, de dire Françoise, «n'est pas péché» dans mon cas. Je parle peu, j'écoute les aînés, les gens du milieu, j'apprends à vivre à un autre rythme, quoique madame Smet soit bien remuante et qu'il entre ici beaucoup de visiteurs.

Si tu pouvais te dégager de toute cette fébrile activité politique et venir près de moi, nous parlerions ensemble, tout doucement, à la fois de notre avenir familial et national. Mais tu es avant tout un homme d'action. Je le sais, je le savais... Je ne puis te le reprocher.

La vie est douce et pure ici, alors que dans tant d'autres pays, c'est l'emprisonnement, la torture et des fusillades par milliers, fruits pourris de la guerre. Personnellement je ne souffre pas de la guerre — puisque tu as été exempté comme conscrit. Il y a ici un parti de paix sociale à bâtir. Et tu y travailles. C'est très bien. Je suis d'accord. Il m'arrive pourtant de rêver que nous soyons un jour dégagés de toute la besogne fastidieuse que l'action sociale et politique nous impose. Nous y consentons par principe: c'est une forme d'apostolat laïque. Je ne crois pas que cette volonté d'être plus libres de notre temps soit de ma part une forme d'égoïsme, ni d'insouciance, mais c'est plutôt un profond désir d'épanouissement et d'ajustement plus harmonieux de nos personnalités qui sont tout à fait différentes.

Jeunes gens, nous avions des objectifs communs d'apostolat. Il est difficile de les réaliser en tant qu'époux et parents. Nous sommes encore de si jeunes mariés. Je sais que tu agis toujours par devoir, par conviction. Tu acceptes d'accomplir des besognes d'organisation parce qu'il faut que ce travail de second plan soit accompli pour bâtir un parti, changer les mentalités des Canadiens «bleus» ou «rouges». Je ne t'en admire pas moins. Mais en sera-t-il autrement un jour? Après la campagne électorale du Bloc en régions et l'élection du 8 août où j'espère, André Laurendeau, notre jeune leader sera élu député à l'Assemblée législative du Québec, auras-tu plus de temps à consacrer à tes trois femmes? Je le souhaite en mon nom et en celui de Micheline et d'Hélène.

Pour l'élection du coeur
Simonne

FEMME ET PATRIE

"Entre femmes"

"Tiens, ma femme, voilà pour toi. Ça fait assez longtemps que tu entends parler du Bloc Populaire Canadien et que tu te demandes ce que c'est au juste que cette politique qui te prend ton mari Bien, viens lire avec moi "Le Bloc" qui arrive, et tu comprendras ce pourquoi je suis du Bloc".

Cela m'amène à me rapprocher de vous toutes, femmes de ma province, de mon pays, afin de vous faire part de quelques idées, de certaines opinions. J'ai besoin de sentir votre sympathie, votre amitié. Je désirerais qu'un grand courant d'amitié fraternelle nous unisse toutes ce soir.

Dites donc, chère madame, qu'est-ce que ça vous dit, vous, la politique dont parle si souvent votre mari? L'entendez-vous comme moi, vous dire le samedi: "Fais le souper à bonne heure, un tel parle à 6 h. 15, et le dimanche, à 7 h. 30, c'est un autre tel...

Et tel soir où vous croyez passer la soirée en tête à tête ou chez des amis, c'est, vous dit-il, un comité, une assemblée qui le retient, quand ce n'est pas, en fin de semaine, un voyage d'organisation, un Congrès, etc., etc.

Oh! la politique, vous dites-vous, pourquoi faut-il que mon mari s'en mêle?

C'est cette réponse que je voudrais avoir de vous. Pour ma part, j'y vois bien une certaine nécessité, surtout quand je considère la marche des événements, l'état actuel des choses qui nous intéressent: la situation de la famille surtout.

Au Bloc Populaire Canadien, on nous en parle tant. On veut une politique familiale, des allocations familiales, une vie économique mieux organisée, etc. Ces propos-là me touchent de près: primes à la naissance, salaires plus élevés pour les maris, conditions de vie plus humaines pour nos foyers, paix en temps de guerre, éducation plus adaptée aux besoins, aux talents de nos enfants, etc., etc.

Parlons-en donc, voulez-vous? N'est-ce pas nous qui mettons les enfants au monde, qui en prenons soin? Vous constatez, comme moi, qu'le gouvernement actuel n'est guère notre ami, qu'il n'encourage guère la natalité, le progrès, qu'il contribue plus à la guerre qu'à la paix, à la ruine qu'à la prospérité.

Chères amies, devant le berceau de la plus petite qui vient de s'endormir, c'est là que je songe à tout cela. Et je sens que vous aussi vous êtes préoccupées de l'avenir des petits. Que ferons-nous pour l'améliorer? Evidemment, notre devoir d'état, et de notre mieux, mais tout notre devoir d'état. Et pour cela, il importe à mon sens que nous mettions, au plus tôt, l'avenir des nôtres entre les mains d'hommes fiables, instruits des solutions aux gros problèmes de l'heure, soucieux de les apporter, capables de diriger notre vie économique à notre profit, compétents et dévoués à la tâche du gouvernement de notre destinée nationale. Vous les connaissez, ce sont les dirigeants du Bloc Populaire Canadien et eux seuls, offrent ces qualifications.

J'étais à réfléchir à tout cela, quand entra mon mari, de retour d'une assemblée populaire du Bloc. "Chéri, lui dis-je, très sérieusement, le Boc dont tu fais partie, j'en suis moi aussi maintenant. Je réalise trop la place importance que prend la politique dans la vie de la famille, de la nôtre, puis dans celle de toute la race canadienne-française, pour être inerte, indifférente à l'action du Bloc Populaire Canadien. A partir d'aujourd'hui, je lis avec toi le journal "Le Bloc", puis j'écoute les émissions consacrées à vos opinions, puis, ah! là est la part la plus importante et la plus coûteuse, je te laisse libre de tes actions, de tes loisirs, afin que tu donnes pour le Bloc Populaire Canadien ton plein rendement. Je crois, par cela, accomplir plus parfaitement mon devoir d'état en tant que femme et mère. L'amour que je porte à ma famille et à mon pays, se manifestera ainsi.

Chères amies, vous toutes qui lisez cette confidence, pourquoi ne pas suivre mon exemple et faire part, par le journal, de vos problèmes, de vos points de vue et opinions sur le Bloc Populaire Canadien, sur la politique actuelle qui nous relance, comme vous le voyez, jusque dans nos enfants, et nos maris.

Ensemble, nous mettrons toute notre ardeur à collaborer avec nos maris au mouvement sauveur du Bloc Populaire Canadien. Qu'en dites-vous de ma résolution? L'appuyez-vous? Oui ou non. Faites-le donc savoir. Ecrivez au journal, vous êtes toutes les bienvenues. Unies dans un même combat par un sentiment d'amitié, nous verrons ensemble quel rôle nous pouvons jouer pour mener au pouvoir les hommes du Bloc Populaire Canadien, afin que leur programme se réalise.

Simonne MONET-CHARTRAND.

Tiré du journal: *Le Bloc,* 25 mars 1944.

Saint-Sylvère, le 16 mai 1944
Claire Vallée

Mon mari chéri,

Les cheveux au vent, les yeux plongés dans la rivière, je m'enivre de l'air et des couleurs environnantes. Tu mériterais pourtant de te reposer avec moi. C'est presque injuste que je sois seule à profiter de ce site enchanteur et de l'amicale hospitalité de nos amis. Je te sais occupé à tant de besognes au secrétariat du Bloc alors que moi je suis en pleine nature. Je souffre de te savoir travailler, en ces beaux jours de début d'été, dans le brouhaha du Vieux-Montréal. Le bonheur n'est complet que lorsqu'il est partagé par celui que l'on aime.

La vie paisible que je mène ici fait le vide dans ma tête; il n'y a que mon coeur qui vit. Il nourrit des rêves et des rêves; peut-être trop? Je ne sais. C'est bon de désirer de grandes choses surtout quand on sait qu'un charmant compagnon veut aider à les réaliser. Michel que je chéris entre toutes personnes, je rêve en premier lieu de devenir une épouse parfaite, encore plus douce et plus patiente, plus ingénieuse et habile de ses mains pour enjoliver notre foyer, notre plaisir de vivre.

Le mois passé, j'ai découpé dans La Presse, *un court article publicitaire sur le rôle de la femme canadienne dans cette guerre. Je te cite de mémoire le contenu de l'entrefilet: «La femme se doit de conserver toute sa féminité sous un dehors d'énergie et de volonté. Elle doit entretenir sa beauté, nécessaire à l'effort de guerre. Les femmes appartiennent de droit, et au premier chef, à ce capital spirituel que défendent ceux qui luttent pour notre civilisation. La beauté des femmes canadiennes est pour les soldats, les militaires, une récompense, un stimulant». Qu'en dis-tu, toi l'anti-conscriptionniste?*

Auparavant, la coquetterie féminine était vue comme un défaut, presque un sortilège, mais voilà qu'elle contribue maintenant «à garder haut» le bon moral des soldats. Cette publicité opportuniste me déplaît. C'est l'exploitation d'une certaine image de la femme pour des fins de propagande de Bons de la victoire. La guerre est un temps de prospérité artificielle, passagère, illusoire. Je souhaite qu'elle se règle et que de meilleurs programmes et dirigeants politiques gouvernent les peuples. Si j'accepte tes absences fréquentes, c'est avec la conviction que tu deviennes un leader politique serviable plutôt qu'ambitieux et dominateur.

Pour ma part, de l'intérieur de la vie familiale, loin des chars d'assaut, il me faut apprendre à diriger beaucoup de choses. À me diriger moi-même d'abord. J'ignore trop de choses, les plus simples, les plus domestiques. Je m'initie au jardinage et au plaisir de la pêche sur la rivière Bécancour. Tout m'intéresse: les recettes de cuisine, les couches-chaudes*, les activités ménagères rurales. Ici, tout a sa raison d'être, sa fin propre. C'est cela qui me frappe, m'étonne et me donne le goût de mieux apprendre à tenir maison d'une façon économique. Je tiens à ce que nous établissions le budget familial régulièrement, systématiquement. Je ressens maintenant le besoin d'organiser plus sérieusement «nos petites affaires». J'ai négligé par ignorance ou inconscience ces choses matérielles qui m'apparaissent aujourd'hui comme ayant plus d'importance.

Je ne sais que t'aimer, te le dire. C'est l'essentiel peut-être, mais j'ai l'impression qu'il faut me développer d'une façon moins intellectuelle mais plus imaginative dans le sens de la création, du neuf à inventer, de nouvelles façons de vivre entre les membres d'une jeune famille. Notre vie d'amoureux où il entre de la fantaisie, beaucoup d'activités est certes agréable, mais je doute qu'avec des enfants, une famille quoi, elle soit bien adaptée aux réalités du quotidien. Et le fameux «devoir d'imprévoyance», cette philosophie religieuse présentée aux couples chrétiens par Isabelle Rivière, nous a trop influencés, mal influencés, je crois. Cette approche est attirante mais irréaliste. Pour ta part, tu as pris une assurance-vie de la Laurentienne, tu calcules, tu réfléchis à tout cela. Remarque bien que toutes ces observations ne te sont pas particulièrement adressées. Je me les fais surtout à moi-même et te les confie tout simplement, en partage.

Avec la venue des élections provinciales en août prochain, ta participation active à l'organisation politique du Bloc va encore t'éloigner de moi. Je t'avoue que j'envisage un été assez morne, loin de l'eau, des grands horizons. Le rêve irréalisable d'acheter et d'habiter la maison familiale de Beloeil m'a fort déçue. Notre logement de Montréal-Sud est clair, pratique et bien situé, mais si petit. Et Montréal-Sud n'est pas la vraie campagne. Pourtant j'en

---

*Serres domestiques.

aurais besoin, tout comme toi, ne serait-ce que pour changer d'atmosphère. Je ne veux pas te demander l'impossible ni développer des caprices enfantins.

Je ne sais si une ferme nous accueillerait, avec les bébés, non loin de la ville, pour que tu puisses y venir nous rejoindre plus facilement. Je te confie ce projet et je le mets entre les mains de la Providence.

J'ai hâte d'être à ton cou pour te redire tout le bonheur qui remplit ma vie, grâce à toi. Tout ce que je te raconte ne dénote en aucune façon du mécontentement mais un goût de vivre de mieux en mieux dans une atmosphère épanouissante pour notre jeune famille.

Michel aimé, ta femme désire devenir parfaite. Je rêve encore! Réveille-moi et dis-moi ce que tu désires pour que je te rende toujours pleinement heureux. Je rêve toujours au plus parfait. Je te chuchote à l'oreille cette interrogation: je ne sais si je porte un troisième enfant??? Prie le Père qu'Il me donne une meilleure santé. C'est indispensable à toute mère de famille.

Affectueusement tienne
Simonne

En souvenir
de Ghislaine Perrault et
d'André Laurendeau

C'était dans la semaine du 20 mai 1944. Je revenais de chez Françoise Gaudet Smet, de sa Claire Vallée à Saint-Sylvère. Elle et son mari m'avaient offert l'hospitalité pour quelques jours d'écriture et de repos bien nécessaire et bien mérité loin des pleurs des bébés. «Ça te fera du bien». Michel assumait alors la relève à la maison avec l'aide d'une puéricultrice. Nous habitions alors un logement à Montréal-Sud (devenu Longueuil), rue Sainte-Hélène, face au pont Jacques-Cartier. Du second étage, nous jouissions d'une magnifique vue sur le fleuve Saint-Laurent et le mont Royal. Micheline, notre aînée, avait alors quatorze mois, Hélène, quatre mois, moi, vingt-trois ans et demi, et Michel, vingt-six ans. Et deux ans de vie en ménage...

Trois jours après mon retour à la maison, j'appris par téléphone que ma mère, gravement malade, venait d'être transportée d'urgence à l'hôpital Notre-Dame, en ambulance de Québec où elle accompagnait son mari — quoiqu'à l'écart — à un congrès des chevaliers de Colomb en «Convention d'État». Quel jargon mystérieux et prétentieux! Après examen, le médecin diagnostiqua: pneumonie double et menace de cécité totale. Déjà maman avait perdu un oeil lors d'un accident. Affreuse nouvelle!

Désemparé, abattu moralement, mon père me téléphona aussitôt à Montréal-Sud pour me demander la faveur de venir avec ma famille habiter quelque temps chez lui, remplacer maman en quelque sorte. Je considérai que c'était à mon tour de leur rendre service, mes parents étant de bons gardiens d'enfants et très hospitaliers. Nous couchions souvent chez eux avec nos petits lorsque des cours ou des réunions politiques importantes nous retenaient tard dans la soirée à Montréal. Par esprit de reconnaissance, donc, plus que par goût et par plaisir, je dus accepter de me rendre à la maison de mes parents à Côte-des-Neiges. Leur boudoir fut vite aménagé en studio-pouponnière pour les besoins de notre jeune famille.

Papa, lui, n'avait aucune habitude, ni expérience de la tenue de maison. De plus, en temps de guerre, peu ou pas d'auxiliaires familiales, communément appelé «bonnes» étaient disponibles; filles et femmes travaillaient en usine de production de matériel de guerre.

De son côté, mon jeune frère Amédée en fin de semestre, se lançait dans l'étude en préparant ses examens du baccalauréat de philo II du collège Grasset. Il fréquentait alors François Hertel, professeur de philosophie. Amédée passait, selon moi, plus de temps à philosopher et à disserter avec Hertel sur le monde contemporain («Pour un ordre personnaliste») qu'à vraiment préparer ses examens. C'était son choix et ça ne me concernait vraiment pas. Jeune homme gâté, il n'assumait aucune responsabilité dans la maison. Le chanceux! Je ne pouvais le blâmer, j'avais fait de même quelques années auparavant.

Toutefois, j'étais débordée de travail domestique. À cause de la guerre, les ménagères étaient tenues à des restrictions et aussi à prendre de nouvelles habitudes de conservation en vue de la récupération: corps gras, os de viande, chiffons, matériaux divers, etc. Pour ne rien oublier, je pris l'habitude d'écrire au mur, sur un babillard, l'horaire et l'emploi du temps de chacun des membres de cette famille élargie afin que provisions, repas et boires des deux petites, travaux domestiques, tout soit prévu, organisé et exécuté en temps à la satisfaction de tous.

En plus, je devais, sur la demande de maman, amener tous les après-midi mes deux petites enrubannées et endimanchées visiter leur grand-mère hospitalisée. Mon père me prêtait son auto, une Nash grise, mais je trouvais énervant de conduire en pleine ville avec deux bébés attachés à mes côtés qui n'appréciaient pas toujours ce voyage.

«C'est peut-être aujourd'hui la dernière fois que je puis entrevoir et reconnaître mes chères petites. Approche-les, je vois si peu et si mal. Pourquoi sont-elles encore vêtues de salopettes? Elles ont pourtant reçu de si jolies robes de mes amies, lors de la cérémonie de leur baptême.»

— Mais maman...»

Surmenée par la multiplicité des tâches ménagères, inquiète de l'état physique et psychologique de ma mère, mal à l'aise auprès de mon père et de mon frère, je me sentais jour après jour de plus en plus faible et souffrante. J'éprouvais d'atroces douleurs dans le bas du ventre. J'avais constamment des pertes de sang depuis quelques mois. Averti par téléphone, mon médecin m'avait répondu: «Reposez-vous, couchez-vous.» Comment le faire en pareilles circonstances? Les conseils, c'est bien facile à donner, mais...

Michel de son côté était, comme toujours, très occupé ici et là. Il travaillait à la fois dans une imprimerie et à l'organisation du Bloc populaire, jeune parti qui voulait présenter des candidats dans divers comtés lors des élections provinciales d'août 1944.

En février, André Laurendeau, père de trois enfants, avait été élu chef provincial et se présentait comme candidat à Montréal dans le comté de Laurier*. Michel l'accompagnait dans diverses régions pour y organiser des comités et des assemblées. Il partageait la tâche d'organisation avec le syndicaliste expérimenté Philippe Girard. Celui-ci était un excellent organisateur. Sympathique, enjoué, orateur-né, habile et convaincant. Président du Conseil central de Montréal (CTCC) depuis 1935 et du Syndicat des employés de tramways, il était à ce moment-là en congé non payé, sans aucun mandat ni poste syndical, donc libre de son temps et de ses propos d'ordre politique. C'est le premier Montréalais qui m'ait parlé de syndicalisme et de la doctrine sociale de l'Église en milieu ouvrier de façon dynamique et intéressante. Ses vastes connaissances pratiques en politique, sa vive intelligence, son ardeur à se battre pour des causes m'avaient fascinée. En plus, c'était un brave père de famille nombreuse, mais comme beaucoup d'autres trop souvent absent du foyer... J'étais d'accord pour, qu'avec lui, Michel effectue l'important travail de participer à la mise sur pied d'un nouveau parti provincial; mais je souffrais de voir mon mari si peu souvent et pour si peu longtemps. Enfin...

* Nous avons fêté ses trente-deux ans le 21 mars 1944.

André Laurendeau et sa famille.

Ces jours-là, lors d'une réunion de travail tenue chez mes parents — au sujet du Bloc populaire — à laquelle participaient Marcel Poulin, Philippe Girard et André Laurendeau, celui-ci dit à Michel:

«Ne trouves-tu pas Simonne affreusement pâle? C'est la première fois que je lui vois les yeux ternes, presque morts. Ils ont l'habitude de tant briller. Elle semble épuisée. Pourquoi ne pas l'envoyer tout de suite voir son médecin. Elle pourrait ensuite aller se reposer chez nous, à Saint-Gabriel de Brandon. Notre maison de campagne est vide en cette saison. Ma femme l'accompagnerait. Ghislaine et Simonne s'entendent très bien. Mon auto est à la porte (nous n'en avions pas), je peux immédiatement aller la reconduire chez son gynécologue.»

Ce qui fut fait, au grand soulagement de Michel, lui aussi inquiet de ma santé. À ma vue et après un très bref examen gynécologique, le docteur G. s'exclama:

«Mais, madame, quelle imprudence de tant travailler et de vous déplacer dans votre état (pendant la guerre les médecins ne se déplaçaient pas pour visite à domicile), vous êtes enceinte de près de trois mois et en train de faire une fausse-couche. Ces petites hémorragies, il faut arrêter cela immédiatement. Mettez-vous aussitôt au lit, les jambes relevées, très hautes, en position d'accouchement, pour au moins dix jours; autrement vous serez coupable d'avoir provoqué un avortement. M'entendez-vous?»

— ...

— Vous êtes muette et agissez comme une irresponsable. Il aurait fallu limiter vos relations sexuelles après la naissance récente de votre deuxième bébé.

— Nous avons été continents durant quarante jours et quarante nuits. Après ce temps, malgré ma demande, vous n'avez pas voulu nous donner une forme de contraceptif.

— Madame, je suis un médecin catholique et l'Église le défend. Vous le savez pourtant, seule la méthode Ogino-Knauss qui établit la période de fertilité et de stérilité de la femme est acceptée par l'Église. Je comprends qu'avec un cycle irrégulier comme le vôtre et le va-et-vient de votre mari en province, il soit difficile de régler votre vie sexuelle par le calendrier.

— Et les préservatifs pour hommes?

— Ils sont donnés seulement aux soldats, surtout pour leur éviter les maladies vénériennes données par des prostituées, non pas comme moyen contraceptif pour un couple de civils. L'abstinence partielle sinon totale de relations sexuelles demeure la meilleure méthode et la seule que la religion catholique accepte comme «empêchement de famille». Allez et soyez sage.»

Découragée, je sortis du bureau de ce médecin qui n'avait pas eu un mot sympathique à mon endroit. Il répétait en automate sa leçon de morale sexuelle. Je trouvais son attitude froide, inhumaine, tout comme la sévérité de l'Église. Je me disais que la religion catholique, ses commandements et ses défenses n'avaient pas de services à rendre aux mères de famille chargées, surchargées de bébés, d'enfants. Elle n'était d'aucun secours dans mon cas.

Je marchai, marchai sur Sherbrooke, de Fullum à Bleury, comme démente, l'esprit absent des réalités extérieures: feux de circulation, distance, temps, horaire, etc. De loin, j'entendis la voix de Michel me dire, sur un ton à la fois affectueux et ferme: «Surtout, au retour, prends un taxi pour revenir ici. Pas le tramway.» C'est ce que je fis enfin pour me rendre à Côte-des-Neiges chez mes parents. J'avais déjà trop marché et saigné. André, Philippe et Michel, leur réunion terminée, étaient déjà repartis à l'extérieur de la ville, en Abitibi. Mon père gardait les deux petites. Il était doué comme grand-père. En me voyant si pâle, il me dit: «Simonette, ça ne va pas. Il te faut partir d'ici au plus tôt et aller seule te reposer. J'avais fait des démarches pour trouver une bonne. Heureusement, j'ai réussi ce miracle. Ce soir, une brave fille d'expérience viendra coucher ici et s'occuper de la maisonnée. Michel te recommande d'aller à Saint-Gabriel avec madame Ghislaine.»

Papa nous offrit son auto; mon frère Amédée la conduisit. Nous sommes partis rue Sherbrooke ouest vers Pointe-aux-Trembles. À la senteur des réservoirs d'huile, je me suis mise à vomir puis à saigner davantage; la route était cahoteuse. Dès l'arrivée à sa maison de Saint-Gabriel, Ghislaine Perrault Laurendeau m'a bien vite installée au lit, les jambes élevées, selon la recommandation expresse de l'accoucheur-gynécologue. La posture était inconfortable. Les douleurs augmentaient. Appelé par mon amie dès notre arrivée, le médecin du village vint aussitôt m'examiner.

«Mais, ma jeune dame, vous avez bel et bien provoqué un accouchement. Pourquoi avoir tant marché en sortant de chez votre médecin? Pourquoi lui avoir désobéi? Si vous perdez cet enfant vous serez coupable d'une grave faute. C'est criminel de provoquer une fausse-couche. Vous l'avez fait exprès. Ne bougez plus. Où avez-vous donc la tête et le coeur?»

Je ne répondis pas. Je pleurais, j'étais épuisée, découragée. Dans mon for intérieur, je rageais, j'étais terriblement humiliée. Je me disais: «Les prêtres et les médecins, eux, ne seront jamais porteurs d'enfants. Ils n'accoucheront jamais. Libre à eux, de faire au-dessus de nous et pour nous des condamnations, des règlements absurdes et inhumains.» Après son départ, je fis une autre hémorragie. Une masse gluante de filaments, de fibrine et de gros caillots de sang me sortit du vagin comme un boulet de canon. Je criai fort. Ghislaine recueillit ce que nous croyions être le foetus, sans trop regarder. Nous pleurions toutes les deux. Surexcitées, nerveuses, nous avons pensé avant de nous en défaire, à faire une onction, à l'oindre dans l'esprit «d'un baptême de désir», tel qu'enseigné dans le petit catéchisme. J'étais épuisée mais délivrée, calmée.

Quelques heures après ce triste événement, la cloche extérieure sonna. Ghislaine ouvrit la porte. C'était le curé qui faisait sa visite de paroisse. Il avait vu de la lumière chez les Laurendeau et était entré pour les saluer et réclamer la dîme annuelle. Ghislaine, femme digne et réservée, aussi perspicace que distinguée, ne causa pas avec le curé. Elle se contenta de le saluer, lui faisant comprendre qu'elle avait, chez elle, une amie malade qui demandait des soins.

«Mais ça tombe bien, je vais aller la voir et la bénir.
— Pour le moment, je crois qu'elle préférerait être seule. Elle vient de faire une fausse-couche.

— Raison de plus. Je suis prêtre, il faut baptiser le foetus, autrement, il ira dans les limbes.

— Merci monsieur le curé, nous avons vu à ça nous-mêmes, comme femmes, comme mères.

— Mais il y a aussi l'enterrement. Je peux préparer les formules nécessaires.

— Non vraiment, nous n'avons pas besoin d'aide. Merci. Laissez-nous seules.»

Elle referma la porte.

Quelle femme de caractère que Ghislaine Perraut Laurendeau. Imperturbable, libre, forte. Chez elle, en sa compagnie si chaleureuse, je me remis de cette triste et exténuante aventure. Maman aussi était rétablie, heureusement.

Michel vint me chercher pour me ramener à la maison. Dehors, à Montréal-Sud, rue Sainte-Hélène, on fêtait la Saint-Jean-Baptiste. De mon balcon, je pus assister à la joyeuse soirée de chants, de musique, de danses folkloriques de ce 24 juin, fête nationale. La joie régnait au-dedans comme au-dehors

Sans trop le vouloir ni le savoir, j'avais entrepris à mon tour une nouvelle expérience de natalité, de salut national... Brusquement réveillée en une belle nuit de juillet, j'ai senti en mon ventre des mouvements bien précis et très significatifs... Ces petits coups révélateurs m'ont fait prendre conscience que je venais, en juin dernier, de faire une *fausse fausse-couche*.

Je n'avais pas oublié les remarques désobligeantes, les profondes humiliations et les accusations graves de ces «messieurs» peu sympathiques aux difficultés physiques, psychologiques et morales éprouvées lors d'une grossesse. La femme assume presque seule, dans sa chair, son esprit et son coeur cette extraordinaire expérience à la fois pénible et heureuse selon les circonstances. On m'avait sévèrement blâmée d'avoir délibérément provoqué une fausse-couche, un avortement.

Et voilà! Ce foetus était resté en moi bien vivant. Il bougeait ce troisième enfant.

"Vie ou mort ?"

Dernièrement, toutes les familles de tous les milieux fêtaient, et avec raison, la maman canadienne.

Seul l'Etat, le gouvernement est resté passif.

Chargé du bien commun de la société; pourtant composée de familles, il aurait dû, il nous semble, profiter de l'occasion pour adresser aux mères du pays, son témoignage d'admiration. Non, il a préféré garder ses compliments, comme son argent, pour d'autres grands personnages et ceux-là, tous étrangers au pays. N'y aura-t-il donc que l'abbé Sabourin pour parler de nous, nous vanter?

Gouvernement libéral!

Ironie des mots, s'il l'était de cœur et d'esprit (mais il n'a ni l'un ni l'autre) il nous aurait adressé un message de sympathie.

Mamans du Québec et de tout le Canada, nous reconnaissons que notre rôle est essentiel au bien de la nation. Le facteur natalité sera donc sérieusement considéré et encouragé par une politique familiale: primes aux naissances (expérience de l'Alberta), allocations familiales, salaires plus élevés pour les pères de famille nombreuses, logis plus salubres et hygiéniques, services médicaux à la portée de toutes les bourses: consultations prénatales, assistance, aide-maternelles dans tous les cas de maternité, etc. En tout la protection de l'enfant et de la mère de famille, pour leur épanouissement intégral et leur bonheur!

Avez-vous entendu pareil langage dans la bouche d'un politicien libéral? Impôts, conscription, service de nos enfants outre-mer, crise du logement, etc. Tel est notre lot au lendemain de la fête des mères.

Les mamans de cinquante ans se voient forcées de se séparer du fruit de toute une vie d'amour et cela pour les fins d'un empire. Mauvaise farce, vilaine blague que ce prétexte de civilisation. Quand le gouvernement libéral cessera-t-il de se moquer des bonnes gens, de mentir si effrontément à la face des Canadiens français.

Les femmes, les mères sont dégoûtées d'une politique qui joue à la croisade, à la rédemption du monde au prix de la vie de toute une jeunesse et de l'avenir d'une autre génération.

Dorénavant, les femmes parleront pour réclamer un régime humain, sous lequel les enfants qu'elles mettent si douloureusement au monde puissent vivre heureux et en paix.

La paix! Travaillons-y donc avec autant d'ardeur qu'aux oeuvres de destruction. Faisons en sorte que les hommes honnêtes puissent enfin diriger nos destinées selon nos besoins, notre caractère et notre idéal chrétien.

Simonne Monet-Chartrand

Tiré du journal: *Le Bloc,* 24 juin 1944.

C'est aussi "notre" lutte!

D'ici quelque temps, toutes, où que nous vivions dans cette province, nous entendrons parler d'élections.

Nous, les femmes qui tenons à créer dans nos foyers d'amour, une atmosphère de paix et de gaieté, nous sommes certainement contrariées de voir nos parents, amis et voisins discuter de politique.

Dans le passé, nous avons été témoins, nous avons souffert et plusieurs souffrent encore de disputes de famille dues à de vieilles querelles d'opinions. Oh! les vieux partis politiques, ce qu'ils ont pu en créer de la division dans les familles, les villages et le pays.

Aujourd'hui un idéal national existe qui rallie les patriotes. les gens sincères et dévoués. Ceux qui ont une conscience politique se lancent dans la lutte non par intérêt, ambition personnelle ou désir de popularité mais pour accomplir ce qu'ils jugent être leur devoir.

La politique prend donc avec le Bloc un aspect plus sérieux. Il retient notre attention. Maintenant que nous avons le droit de vote — ce qu'à hauts cris certaines femmes ont revendiqué pour nous même si nous n'y tenions pas — il s'agit d'agir en conséquence. Se faire un devoir civique de voter, avec sagesse, honnêteté et bon sens.

Et encore faut-il savoir ce que représentent les partis en lice. Journaux, assemblées, discours, causeries radiophoniques nous renseignent. Mais plus éloquents que des discours, sont les régimes passés. Régimes libéraux, régimes de l'Union Nationale, nous savons maintenant ce qu'ils valent par leurs chefs.

Regardons plutôt André Laurendeau. Ses adversaires lui reprochent comme un péché mortel d'être un nationaliste — partisan du nationalisme. Voyons le dictionnaire Larousse. Nationalisme: "préférence déterminée pour ce qui est propre à la nation à laquelle on appartient."

André Laurendeau comme vous et moi est Canadien-français, appartient à la nation canadienne-française, il préfère le bien, le bonheur et les intérêts de sa nationalité avant tout.

Vraiment, jamais homme politique n'a reçu de ses adversaires semblable louange, pareil témoignage de confiance en son patriotisme.

Eux-mêmes le désignent donc comme le chef de la nation canadienne-française.

Un homme qui, grâce à son éducation de famille, a grandi avec le désir de connaître, d'étudier et d'aider à la solution de nos problèmes nationaux, économiques, sociaux et politiques est, à 32 ans, mûr pour la lutte.

Evidemment, bien d'autres gens, fonctionnaires, voisins ou amis du parlement, s'ils connaissent la routine parlementaire, l'art de passer les télégraphes et de distribuer le patronage, passent pour des gens d'expérience... plus aptes au pouvoir.

De ces expériences, André Laurendeau peut s'en passer. Sa valeur morale, son caractère tenace, son intelligence éclairée et surtout son désir de servir les siens, coûte que coûte, lui feront tenter d'autres expériences de salut national, celles-là.

Simonne Monet-Chartrand

Tiré du journal: *Le Bloc,* 15 juillet 1944.

Grève ou pas grève, le Bloc vivra

Le 3 août eut lieu le grand ralliement final des sympathisants, candidats et orateurs du Bloc populaire canadien au stadium de Montréal. C'était un pari de taille à relever. Difficulté imprévue: ce jour-là, grève générale des tramways. La plupart des gens n'ayant pas d'automobile, il a fallu des gestes de solidarité, de conviction profonde pour réussir à les déplacer vers le stadium à l'angle des rues Delorimier et Ontario.

Michel et Philippe Girard doutaient fort du succès de l'assemblée pourtant si soigneusement préparée. Vers huit heures trente du soir, selon les journalistes-reporters, le stadium contenait près de vingt mille spectateurs sympathisants et quelques adversaires curieux et surpris d'un pareil déploiement de forces vives d'opposition à la conscription outre-mer.

De huit heures du soir à minuit, les discours se succédèrent, entrecoupés de chants, de slogans, d'applaudissements. D'abord, le chef, Maxime Raymond, septuagénaire, aussi malade que courageux, puis Henri Bourassa, l'invité d'honneur dont ce fut la dernière apparution sur une estrade politique, les candidats Ovila Bergeron, président fondateur de la Caisse populaire de Magog et vice-président du Syndicat du textile (CTCC) et candidat provincial dans Stanstead, maître Albert Lemieux, jeune avocat, président de la Société Saint-Jean-Baptiste de Salaberry-de-Valleyfield et candidat dans Beauharnois, Jean Drapeau, candidat dans le comté de Jeanne Mance et André Laurendeau, le chef du Bloc populaire canadien, dans Montréal-Laurier.

Marcel Poulin et Jacques Sauriol , dit «le roux» et frère de Paul Sauriol du *Devoir*, animaient gaiement, avec beaucoup d'humour et d'enthousiasme, cette soirée. Ils présentaient tour à tour les orateurs en y ajoutant des slogans, des mots d'esprit qui avaient pour effet de faire rire et applaudir l'assistance. Les trusts et l'impérialisme britannique, les manoeuvres frauduleuses des vieux partis furent vertement fustigés par tous ceux de l'estrade et ceux de la salle. Tous les membres cotisants présents portaient un pendentif en forme de petit cube de bois, de bloc.

André Laurendeau, candidat dans Laurier, de plus en plus mince, mais de plus en plus convaincant et persuasif comme orateur, énuméra, pour terminer l'assemblée, les raisons qu'il avait personnellement et que nous devions tous avoir de voter le lendemain pour les candidats provinciaux du Bloc. La soirée se clôtura par le chant en choeur d'une chanson composée par André Mathieu, pianiste adulte (déjà surnommé dans son enfance «notre petit Mozart national»). Ce chant du Bloc avait été endisqué sous la direction chorale d'Arthur Laurendeau.

À la sortie des estrades, c'était l'euphorie. Tous se saluaient, s'embrassaient, se remerciaient pour services rendus, etc. Vers minuit, Philippe Girard et Michel, les deux principaux organisateurs de ce rassemblement, fourbus, fatigués, surmenés, étaient confiants de faire élire Laurendeau. Mais nos moeurs électorales sont si traditionnellement malhonnêtes...

Enfin, le 8 août 1944, le jour des élections! Dans les comités de comtés de divers partis, le Parti libéral de Godbout, l'Union nationale de Duplessis et toute la population de la province étaient à l'écoute des résultats du vote. La radio annonçait à l'issue du dépouillement du scrutin: «Le Bloc recueille 16 % des suffrages et fait élire quatre députés. Godbout, avec 39 % des voix, gagne 37 sièges. Duplessis mène avec 36 % des voix et prend 45 sièges.» À partir de ces résultats non définitifs chez les vieux partis, on allait reparler encore des déficiences de la carte électorale. Mais si on ne la réformait pas, c'est qu'elle avantageait toujours un parti. Le découpage de la carte électorale favorisait à cette époque le vote des ruraux qui, eux, votaient surtout pour Duplessis.

Surprise! Un candidat CCF, David Côté était élu dans le comté de Rouyn-Noranda. Duplessis était donc élu premier ministre avec une majorité dite de 36 % des voix mais il avait la majorité parlementaire à cause du nombre de députés élus dans plus de 45 circonscriptions.

André Laurendeau, à trente-deux ans, était, je crois, le plus jeune chef de parti à être élu député au Québec. Au même âge, mon père avait été le plus jeune avocat-député du dominion à être nommé juge. L'important dans toute cette activité électorale, c'était d'en sortir la conscience libre avec la ferme volonté de faire appliquer le programme pour lequel la population avait élu ses députés.

Montréal-Sud, le 9 août 1944

Hier, c'était fête chez notre ami André Laurendeau. Il a été élu député dans la circonscription de Montréal-Laurier avec 9 540 votes (majorité de 647 votes sur son plus proche adversaire). Bravo! À leur domicile, rue Stuart à Outremont, Ghislaine, son épouse, leurs deux enfants, Francine et Jean, leurs parents et beaux-parents, les organisateurs Philippe Girard, maître Jacques Perrault, son beau-frère, Michel Chratrand, Victor Trépanier, directeur du journal, et tous les vaillants défenseurs du programme du Bloc provincial, leurs épouses et leurs amies, tous se sont retrouvés heureux et réjouis de cette remarquable victoire effective et morale.

Heureusement que l'été n'est pas fini; tous pourront se reposer après un travail difficile, exigeant, mais valorisant pour les individus, le Parti et la nation. Vive le chef du Bloc populaire du Québec!

14 août 1944

On annonce la libération de Camilien Houde, interné aux camps militaires de Petawawa et de Frédéricton depuis son arrestation du 5 août 1940 par la GRC en vertu des articles 21 et 39 de la loi sur les mesures de guerre. Il avait alors déclaré le 2 août 1940: «Je me déclare tout à fait opposé à l'enregistrement national qui est sans équivoque une mesure déguisée de conscription. D'après moi, le parlement canadien n'a pas de mandat pour la voter. Je n'ai pas l'intention de me conformer à cette loi, je ne me sens pas tenu de le faire. Je demande à la population de ne pas s'y conformer...»

25 août 1944

Bonne nouvelle! Aujourd'hui la France est libérée par les troupes du général Leclerc. Il entre à Paris en triomphe. Les actualités filmées montrent la joie et le délire des Parisiens.

31 août 1944

Le général Charles de Gaulle, le chef de la Résistance vient d'être élu président de la République. Mes deux beaux-frères Gabriel Chartrand et Joachim Cornellier, tous deux officiers de l'armée assisteront peut-être à ces glorieux évènements. Je le leur souhaite.

23 novembre 1944

Catastrophe! Un arrêté ministériel autorise l'envoi outre-mer de 16 000 conscrits canadiens. Ça y est. La vraie conscription est votée. Les nôtres iront mourir sur des sols étrangers pour des erreurs, des raisons, des problèmes politiques et militaires qui nous sont totalement étrangers et dont nous ne sommes en rien responsables. C'est mon point de vue.

11 décembre 1944

Camilien Houde est réélu maire de Montréal, son fief. La politique est l'art du possible, semble-t-il.

La mort, la vie

de: Lionel Groulx
à: Michel Chartrand

Outremont, le 23 novembre 1944

Mon cher Michel,

J'ai appris, au retour de mon voyage dans l'Ouest canadien où j'ai visité tous les groupes canadiens-français, le grand malheur qui vous a tout récemment frappé. J'aurais préféré vous présenter mes condoléances de vive voix, mais je n'ai pas attendu ce jour pour penser dans mes prières, à votre cher père défunt.

J'avais causé une couple de fois avec lui et pu me rendre compte de quelle solide étoffe canadienne et chrétienne il était fait. Vous perdez beaucoup. Ce fut un homme de conscience et de devoir irréprochables.

Nos vieux parents sont le don suprême qui nous relie à tout notre passé. Heureusement que la foi ne se brise jamais si on la vivifie et qu'elle présente devant nos yeux, ses émouvantes perspectives. Nous savons par elle que cette vie n'est pas la seule vie, que nos morts ne sont pas vraiment morts mais de plus en plus vivants, qu'ils restent plus près de nous que pendant leur existence terrestre, plus que nous ne saurions l'imaginer.

Réfléchissez, méditez, vous qui avez appris à le faire à la trappe d'Oka, vivez avec ces pensées, ces idées d'espérance.

Que le Père des humains, le Père de votre père vous accorde ainsi qu'aux vôtres paix et consolation.

Mes respects à votre chère épouse madame Simonne.

Cordialement en Notre-Seigneur
Lionel Groulx, prêtre

Ce matin-là, le 8 décembre, jour de fête civile et religieuse, Michel, qui faisait alors partie de la chorale de l'église Saint-Georges de Montréal-Sud, assistait à la grand-messe. J'étais «due pour accoucher». Ma petite valise faisait face à la porte. La gardienne avait reçu toutes les recommandations appropriées dans les circonstances, Micheline et Hélène jouaient dans leur chambre et moi, j'attendais Michel avec impatience, en me contorsionnant et en essayant de mieux respirer.

À son arrivée, nous traversâmes en toute hâte le pont Jacques-Cartier en route vers l'hôpital Notre-Dame où nos deux aînées étaient venues au monde il y avait si peu de temps de cela. Je me sentais comme une somnambule qui aurait tourné, tourné en rond comme une toupie avant de s'éveiller à la réalité.

Comme toujours, obligeant, affectueux et respectueux envers moi, Michel se comportait en compagnon responsable et compréhensif. Son soutien attentif durant mes grossesses et mes accouchements m'a toujours été d'un grand réconfort. Il prenait bien soin de moi, ce «treizième» enfant d'une famille montréalaise de quatorze enfants. «En travail», la délivrance s'annonçait. Enfin! L'accoucheur dit alors devant moi à Michel: «C'est encore une fille! «Bonne race croise son sexe.» Puis il ajouta en riant: «Il faudra faire un fils la prochaine fois!» La prochaine fois? Quel tact!

Marie fut baptisée le 13 décembre, fête de sainte Lucie au baptistère de l'église Notre-Dame par l'abbé Lionel Groulx qui m'avait enseigné l'histoire à l'université, avait célébré notre mariage et baptisé les deux soeurs de Marie-Andrée. Sa marraine, l'amie Ghislaine Perrault Laurendeau, avait préféré ajouter à son prénom celui de son mari, André, plutôt que le sien. Paul Smet, le mari de Françoise, la porteuse, nous fit cadeau d'une magnifique sculpture d'oiseaux.

À mon grand regret, je ne pus être présente à cette cérémonie liturgique. Au premier enfant, toute nouvelle accouchée, j'avais trouvé normal de demeurer au lit à l'hôpital durant la cérémonie qui, comme toutes les autres d'ailleurs, eut lieu tôt après la naissance du bébé. Selon la tradition religieuse, le nouveau-né devait être baptisé le plus tôt possible, souvent le lendemain de sa naissance, afin qu'en cas de décès (le taux de mortalité infantile a longtemps été élevé au Québec) les bébés ne soient pas forcés de séjourner dans les limbes — lieu bien vague et indéterminé il va de soi — ni privés d'entrer au Ciel. C'était alors l'enseignement de la théologie catholique. La mère, encore alitée, était par le fait même exclue de la cérémonie qui donne la vie spirituelle. Cette coutume m'a ce jour-là bien indignée et peinée sans que je puisse rien y changer.

Heureusement, je reçus de la «belle visite». Des amies, anciennes dirigeantes diocésaines de la JECF, sont alors venues me tenir compagnie: Jeanne Benoît, (madame Jeanne Sauvé) épouse de

Maurice, Joan Hébert (madame Jean-Paul Gignac), Fernande Martin (madame Pierre Juneau), Élaine Duhamel (madame Roger Duhamel).

Puis Marie-Andrée revint du baptistère Notre-Dame à ma chambre d'hôpital avec Michel et mes parents. Elle fut la bienvenue parmi nous. Nous l'avons toujours beaucoup aimée.

À six semaines, Marie souffrit d'une gastro-entérite aiguë. Le pédiatre prescrivait par téléphone — durant la guerre, les médecins spécialistes ne se rendaient pas à domicile — des changements de lait: condensé, en poudre ou nature coupé d'eau, il réévaluait les formules et les quantités. Rien n'y fit; elle vomissait tous ses boires, dépérissait à vue d'œil, avait le tient d'un vieillard. Elle pesait moins qu'à sa naissance.

Un matin, affolée, en désespoir de cause je décidai de l'amener moi-même, en autobus, au département de pédiatrie de l'hôpital Notre-Dame. Une voisine vint, par charité, surveiller Micheline et Hélène, Michel étant à l'extérieur de la ville. À l'arrivée, le commis à l'administration demanda, comme c'est l'habitude, de remplir un très long questionnaire: le nom de mes parents, du père, mon nom de fille, mes maladies d'enfance, le prix que je pouvais payer pour la chambre — c'était bien avant la loi de l'assurance-maladie — le nom du médecin traitant, etc. Je lui répondis: «C'est un cas d'urgence, ma petite se meurt. Je veux la reconduire tout de suite au département de pédiatrie pour examen et premiers soins. Je reviendrai plus tard remplir vos formules.»

Je courus vers la porte de l'ascenceur, ma petite Marie toute serrée dans mes bras. L'agent de sécurité m'arrêta aussitôt.

«Les papiers d'abord.

— La Vie d'abord.»

Je montai à la course l'escalier qui faisait face à l'ascenseur; on me fit redescendre aussitôt. Un deuxième garde de sécurité vint vers moi et me dit:

«Donnez-moi votre bébé, je vais le tenir et allez, comme tout le monde, remplir les formules d'admission.

— Non, non, non. Le bébé a le temps de mourir d'ici là.»

Me sentant piégée, affolée, les larmes aux yeux, j'invoquai sa marraine Marie, Mère des Sept Douleurs. Comme par miracle, sortit à l'instant de l'ascenseur du premier étage le docteur André Mackay, un ami.

«André, tu es médecin, amène ma petite en pédiatrie; elle se meurt.

— Mais, Simonne, je ne suis pas assigné en pédiatrie et j'allais...

— Je t'en prie par faveur, accompagne-moi par le souterrain de l'hôpital qui mène de l'autre côté de la rue Maisonneuve pour que je n'aie pas à sortir dehors.»

Au pas de course nous sommes enfin arrivés au département. Le docteur Norbert Vézina, qui avait été mon professeur en puériculture au BCG, était de service. Il l'examina. «Vite, garde, vite, du sérum.» Une garde se présenta aussitôt. C'était Huguette Chamard, originaire de Saint-Jean-Port-Joli, ancienne dirigeante de la JECF du diocèse de Rimouski.

«Simonne!

— Huguette! C'est Marie. Elle va mourir. Je vous la confie. J'ai confiance en vous deux.»

À André qui ne m'avait pas quittée je dis:
— «Mille mercis. Je n'oublierai jamais le service rendu.»

À l'hôpital, on l'alimenta au sérum, puis à l'eau coupée de lait, à l'aide d'un compte-gouttes. J'allais tous les jours chez la voisine prendre de ses nouvelles par téléphone. Durant la guerre, on n'installait pas de nouveaux appareils chez les civils. En reconnaissance de sa guérison, selon une dévotion courante, je la consacrai à la sainte Vierge que j'appelais sa «matronne» au lieu de patronne. C'était une pratique fréquente à l'époque. Superstition ou acte de foi? Qu'importe! Je le fis simplement et je teignis en bleu tous ses vêtements. Je savais très bien que les excellents soins médicaux prodigués par des professionnels qualifiés l'avaient sauvée d'une mort certaine, mais je ressentais aussi que les prières qu'en mère éplorée j'avais adressées à une autre Mère qui, Elle, avait souffert de la mort de son fils, avaient été exaucées.

Guérie, Marie revint à la maison le jour du premier anniversaire d'Hélène. Les deux étaient nées en la même année 1944...

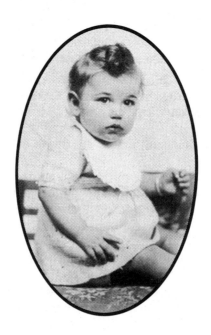

de: Lionel Groulx
à:Simonne

Outremont, le 28 janvier 1945

Madame Simonne,

*Vous venez de me demander d'intervenir pour consacrer officiel-
lement à la Sainte Vierge votre petite Marie qui est si malade. Voici
un acte de consécration que je lui dédie du fond du coeur. Vous
pourrez le réciter si vous avez la foi.*

*«Notre-Dame du Canada, vous que nos aïeules ont tant priée et
tant aimée, nous vous consacrons particulièrement notre petite
Lucie Marie Andrée qui est souffrante. Faites qu'elle reprenne vie et
santé et continue de grandir normalement. Veillez sur Marie, née le
jour où l'Église célèbre votre Immaculée Conception.*

*Veillez sur elle. Qu'elle devienne la joie et l'espérance de ses
parents et qu'elle soit toute sa vie toujours digne de sa race et de sa
foi. Qu'à l'heure de l'éternité vos bras maternels lui soient ouverts
avec un amour privilégié.»*

Ainsi soit-il.
Lionel Groulx, prêtre
261, ave Bloomfield, Outremont
En la fête de la Purification
de la Sainte Vierge, le 2 février

André Laurendeau,
chef du Bloc populaire canadien au Parlement

À droite de Michel Chartrand, on reconnaît: André Laurendeau, Philippe Girard

En ce 13 février 1945, veille de la Saint-Valentin, nous décidons, Ghislaine Perrault Laurendeau, Michel et moi d'aller à Québec entendre André Laurendeau prononcer son premier discours à l'Assemblée nationale. Dans le jargon parlementaire on appelle le premier débat auquel les chefs d'opposition et les députés ont généralement l'occasion de prendre la parole pour définir leurs politiques: le débat sur l'adresse en réponse au discours du trône.

André Laurendeau, député de Montréal-Laurier depuis le 8 août 1944, au nom de deux cent mille électeurs dégoûtés des «vieux partis» et qui représentaient seize pour cent du vote provincial, avait sérieusement rédigé un discours bien documenté en vue de préparer sa réplique au «cheuf» Duplessis réélu à l'été Premier ministre. Comme soutien amical et moral, nous avions tous trois pris place dans les galeries destinées aux visiteurs afin qu'il se sente écouté et approuvé.

En grande pompe, les officiels de l'Assemblée, ministres et députés, précédés du huissier à la «verge noire» pénétrèrent dans l'enceinte parlementaire avec beaucoup d'ostentation. Cette assemblée de députés et de ministres endimanchés, fiers de leurs succès électoraux, me parut à la fois guindée et d'allure désuète. Le défilé solennel dans la plus pure tradition britannique semblait flatter la vanité des élus qui allaient enfin, après six mois, occuper leurs sièges à l'occasion de l'ouverture de la session.

Quand ce fut au tour de Laurendeau de prendre la parole, les députés ministériels, le premier ministre en tête, se mirent à causer entre acolytes. Certains sortirent et lirent leur journal du matin. Ils ne semblaient accorder aucun intérêt à cet étrange personnage égaré en politique selon leurs dires. D'une voix assez faible, hésitante, son allure frêle, son maintien digne, son texte concis, bien structuré firent dire à Duplessis sur un ton moqueur: «Ce petit monsieur distingué n'a pas l'étoffe d'un politicien. C'est un intellectuel! Il ne connaît rien aux stratégies parlementaires.» Ses disciples éclatèrent de rire. Laurendeau poursuivit sans broncher, sur un ton un peu plus ferme:

Comme chef et représentant du BPC en ce Parlement, je ne veux pas comme député conserver du passé ni les coutumes ni les débats désuets. Je me sens de l'époque moderne et je veux ici légiférer pour des besoins sociaux, nouveaux, spécifiques. Les administrations publiques du passé, celles de Lomer Gouin, Alexandre Taschereau, Adélard Godbout et Maurice Duplessis ont fait des protestations systématiques à Ottawa mais uniquement sur le terrain légal. Malgré cela, elles n'ont pas réussi à reprendre depuis la guerre les sources de taxation qui devraient être nôtres.

En matière sociale, le pouvoir fédéral, par ses lois qui établissent des pensions de vieillesse, l'assurance-chômage, les allocations familiales et autres mesures sociales, a devancé dans ces champs de législation la législature provinciale.

Vous, membres des vieux partis, vous vous plaignez de ne pouvoir légiférer faute de pouvoirs adéquats de taxation.

LE BLOC A QUEBEC

SESSION PROVINCIALE 1945

OVILA BERGERON
Stanstead

ALBERT LEMIEUX
Beauharnois

ANDRÉ LAURENDEAU
Montréal-Laurier
———
CHEF PROVINCIAL

LE BLOC POPULAIRE CANADIEN

445, rue St-François-Xavier, Montréal J1

Il faut non plus s'en plaindre, mais les reconquérir et les utiliser pour construire une audacieuse législation sociale telle que proposée dans le programme du BPC.

Nous sommes un jeune parti, mais un parti indépendant des forces financières et des groupes d'intérêt du grand capital. Voici l'attitude que mes collègues, Ovila Bergeron, député de Stanstead et whip du parti, maître Albert Lemieux, député de Beauharnois, et moi-même prendrons en Chambre. Quand une loi, une motion ou un amendement apparaîtront au feuilleton de la Chambre et qu'après étude, ils nous sembleront justes et valables, que leurs parrains soient rouges ou bleus, nous, du Bloc, les appuierons. Si nous sommes convaincus qu'ils sont mauvais et injustes, nous les combattrons.

Je sais que des motions d'ordre social présentées par notre jeune formation politique provoqueront l'hostilité concertée et combinée des vieux partis de cette Chambre. Mais je le répète le Bloc n'est lié que par ses membres, ses électeurs et son programme et n'est pas asservi aux désirs, projets et intérêts de la haute finance, ni aux trusts tant de fois dénoncés par Gouin-Hamel et même René Chaloult.

Nous trois, représentants en Chambre des besoins de changements et de progrès sociaux d'une bonne partie de l'électorat, nous nous engageons pour toute la durée de notre mandat, à démontrer un grand effort d'impartialité, d'indépendance et d'honnêteté d'esprit sans toutefois recourir à l'obstruction systématique.

Nos objectifs sont précis: défendre et restaurer la souveraineté du Québec dans les matières qui sont de sa compétence à l'intérieur de la Confédération. Québec, et selon moi comme chef du Bloc, est un véritable État, un peuple, une nation. Nous pouvons et devons prendre les moyens de nous doter, comme majorité, de lois conformes à nos intérêts et nos idéaux provinciaux, non pas en fonction de l'Empire britannique, des trusts ou des intérêts mesquins des vieux partis.

Le Bloc fut le premier mouvement politique à réclamer un système d'allocations familiales provinciales. Mais Ottawa a pris les devants. La loi fédérale telle qu'elle fut votée est dangereuse à plus d'un titre, elle vise les foyers de peu d'enfants, ses taux sont décroissants selon le nombre d'enfants, situation injuste pour les familles nombreuses du Québec. L'attitude actuelle du Québec, qui n'a pas conclu en cette matière d'entente avec Ottawa, ne me semble pour l'instant qu'un coup d'épée dans l'eau.

Les membres des vieux partis seront, nous l'espérons, en cette nouvelle session moins chicaniers et partisans, ils adopteront des politiques d'ensemble plus justes et raisonnables. Si le Bloc n'existait pas, il faudrait l'inventer!

* Un résumé subsantiel de l'exposé d'André Laurendeau a paru dans le journal *Le Bloc* du 22 février 1945.

Pour l'avoir bien observé depuis l'époque de la Ligue et lors de ses discours publics aux assemblées du Bloc, je crois qu'André Laurendeau, à cause de sa formation et de son intégrité intellectuelles n'avait pas le ton bagarreur ni l'habilité politique nécessaires pour faire face à l'omniprésent et puissant Duplessis. Encore moins la capacité d'utiliser les procédures parlementaires afin de déjouer les stratégies du «Cheuf» non plus que celles de la politicaillerie et des manoeuvres libérales. Fait à signaler, pour le narguer, Duplessis avait assigné à Laurendeau un siège derrière René Chaloult, quand, en tant que chef de parti, il aurait dû occuper un meilleur rang, «le mien» au dire de Chaloult, alors député indépendant.

René Chaloult avait été l'un des artisans de la bataille du NON au plébiscite d'avril. Le ministre fédéral de la Justice, pour des paroles que tenaient, chacun à leur tour et dans leur style propre, les orateurs de la Ligue, lui avait fait un procès. Heureusement Chaloult fut acquitté et la Ligue, pour fêter l'événement, organisa le 27 août un banquet au marché Atwater. Michel et moi sommes partis de Beloeil pour y assister. Nous avons causé des événements récents avec bien des ami(e)s de divers comtés. J'eus l'impression que bientôt naîtrait un groupement encore plus engagé dans l'action politique directe.

Au cours des débats de la Chambre, André Laurendeau adressait des chroniques au *Devoir* sur les travaux de la session. Ainsi étions-nous, Michel et moi, son épouse, ses enfants, ses parents et ses intimes au courant des débats parlementaires et de ses interventions à l'Assemblée nationale comme chef du Bloc.

Le 22 juillet, à la veille de l'élection de 1948, André Laurendeau poursuivait encore sa carrière de rédacteur au *Devoir* et ne fut pas candidat. Le BPC, parti né de la guerre, s'est par après effrité et disparut de la scène politique. Ce fut alors un triomphe pour Duplessis qui rallia habilement à l'Union nationale de nombreux individus et groupements nationalistes autour de sa décision de doter officiellement la province d'un drapeau fleurdelisé.

À l'occasion de l'ouverture de la session de 1945, je m'étais rendue à la bibliothèque du Parlement provincial m'enquérir des textes des discours prononcés par mon père, Amédée Monet, député de 1918 à 1922. À ma grande surprise, j'appris du bibliothécaire en chef monsieur Jean-Charles Bonenfant, l'inexistence d'un hansard québécois: «Au Québec, seules les notes des députés sont enregistrées, non pas leurs discours.» Et d'ajouter monsieur Bonenfant d'un ton moqueur:

«Si toutes leurs paroles étaient rapportées textuellement, les députés et ministres n'oseraient pas ou oseraient moins prolonger leurs débats et leurs querelles partisanes jusqu'à l'absurde. Ce serait une bonne chose mais trop coûteuse.»

Je n'ai donc jamais pu lire les discours complets de mon père, député de Napierville à Québec. Mais grâce au hansard, un journal bilingue des débats du parlement fédéral, j'ai pu lire et transcrire tous les discours de mon grand-père Dominique, député fédéral du même comté de 1890 à 1904.

Des enfants?
Pourquoi? Combien?

L'empêchement de famille

Avant de connaître Michel, j'avais lu, par simple curiosité et pour mon information, une brochure éditée en France intitulée *Mariage et Fécondité* — selon les exigences de la loi morale — signée Pierre Lhomme, docteur en philosophie. Mais après la naissance de Marie, en décembre 1944, je m'enquis à nouveau des découvertes scientifiques des gynécologues Ogino du Japon et Knauss d'Autriche qui, depuis 1930, avaient attiré l'attention du monde médical sur la contraception. À la même date Rome avait publié *Casti Connubii*, une encyclique sur le mariage chrétien. Comme épouse et mère de trois enfants — en trois ans de vie conjugale — à la recherche d'une méthode sûre de planification familiale, je revins alors à la lecture du petit livre laissé de côté dans les années quarante.

Avec fébrilité je plongeai dans cette étude car je ne connaissais aucun écrit du genre édité dans la province de Québec. Seuls certains textes publiés par des théologiens en vue des cours de préparation au mariage portaient sur les exigences de la loi morale dans la vie sexuelle conjugale. Peu d'écrits scientifiques rédigés par des médecins canadiens-français étaient disponibles sur la question de la contraception. Il n'auraient probablement pu obtenir le *Nihil Obstat** ecclésisastique nécessaire à leur publication à cause de la pudibonderie religieuse d'alors en matière sexuelle. Le corps médical se rendait aussi complice d'un certain mutisme vis-à-vis «l'empêchement de famille». (Et voilà pourquoi votre fille est muette... Et voilà pourquoi votre femme est enceinte...)

En dernier ressort, le confessionnal, lors des retraites des femmes durant le Carême et à l'occasion de la semaine pascale, décidait ce qui était permis et défendu dans le mariage si l'on voulait «faire ses Pâques», donc recevoir l'absolution et demeurer «en état de grâce».

Je continuai à lire Ogino et Knauss; «Notre méthode nouvelle et rationnelle est inutilisable après un accouchement jusqu'aux premiers flux nouveaux. Pour être scientifiquement inattaquable et pratiquement sûre à la fois, la «méthode» suppose cependant diverses conditions. Tout d'abord, l'existence d'un cycle à peu près régulier,

---

* Formule employée par la censure ecclésiastique pour autoriser l'impression d'un ouvrage contre lequel aucune objection doctrinale ne peut être retenue. Le *Nihil Obstat* précède l'*Imprimatur*.

Pierre LHOMME

Docteur en Philosophie, Licencié ès Lettres
Professeur de Philosophie

———   ———

Mariage et Fécondité

selon les exigences de la loi morale

LES DÉCOUVERTES RÉCENTES DES GYNÉCOLOGUES
OGINO-KNAUS-SMULDERS
CONCERNANT LE RYTHME DE LA FÉCONDITÉ FÉMININE
DANS LEURS RÉPERCUSSIONS SUR LA MORALE CONJUGALE

Edition revue et corrigée

———   ———

QUATRIÈME MILLE

———   ———

1937

P. TEQUI, 82, Rue Bonaparte, PARIS-VIᵉ

Prix : 3 fr.

ensuite le calcul exact de la durée habituelle du cycle et, en troisième lieu, la permanence sans grands écarts de cette période menstruelle.»

Si j'ai bien compris, me suis-je dit, la «méthode» est inapplicable lorsque l'une ou l'autre de ces conditions «sine qua non» fait défaut.

Voilà, c'est très simple! Il suffit d'être femme, d'avoir des menstruations régulières, un crayon et un calendrier, des notions de calcul exact et de calcul mental, ou mieux un mari comptable présent à la maison et actif au lit aux bonnes dates ou aux mauvaises selon... Il faut donc à certaines périodes du mois éviter les approches, les relations trop affectueuses et tout contact vraiment sexuel. En d'autres termes, après un accouchement, si on n'allaite pas le nourrisson, vaut mieux vivre en ermite pour sanctifier notre union, la spiritualiser. «Ils seront deux dans une même chair», mais en surveillant le calendrier... «Ce sacrement est grand», mais lourd de conséquences pour le budget, le logement, le corps et la santé de la femme, l'entente cordiale et psychologique des époux et leur conscience morale.

Je poursuivis ma recherche par la lecture d'une étude du père Mayrand, o.p., dominicain français, intitulée *La continence périodique dans le mariage, un problème moral.* Ces textes m'ont indignée, irritée fortement. J'avais d'abord consenti, avec Michel et d'autres couples d'amis dont Madeleine et Benoît Baril, Lili Maillard David et Paul David, cardiologue, à rédiger, sur la question des relations sexuelles et de la limitation des naissances, des cours de préparation au mariage pour jeunes fiancés.

Les autorités ecclésiastiques d'alors exigèrent que les laïques mariés leur soumettent par écrit leurs textes. Seuls à ce jour des prêtres théologiens avaient été autorisés à donner pareils cours. Je ne pus me résoudre à cette censure. Sur des sujets jugés plus profanes tels la physiologie et l'anatomie, des médecins choisis par les aumôniers des Services diocésains et nationaux pouvaient être conférenciers, ainsi que des notaires qui, eux, donnaient un cours spécialisé sur les divers contrats de mariage et leurs conséquences. Je continuai de donner des cours au service de préparation au mariage basés surtout sur mes expériences et mes études en psychologie conjugale et familiale. Je laissais aux fiancés la responsabilité de se documenter et de se former une conscience bien éclairée auprès de personnes plus évoluées et plus humaines que les curés de paroisse.

J'étais de plus en plus persuadée de l'importance de constituer des groupes de foyers, des équipes de ménages pour mettre en commun nos problèmes, nos expériences, nos nouvelles lectures. J'étais également convaincue de l'importance d'organiser des rencontres avec des guides spirituels plus modernes, plus audacieux tel l'abbé Robert Llewellyn, aumônier des étudiants de l'université de Montréal et fondateur de la première équipe de couples mariés dénommée «Les Ataffes»*.

Dès 1943 eut lieu, dans les Laurentides, une rencontre de plusieurs jeunes couples à la *Petite Chaumière*, avec «le père» qui, comme toujours, causait avec un brin de fantaisie qui ouvrait la porte à la réflexion sérieuse. Anti-conformiste, son goût de l'incongruité amusait ou déconcertait ses auditeurs et ses compagnons de travail.

Quelques mois plus tard, au Relais, son chalet d'été de Val-Morin, est née l'idée de club ou plutôt de groupes de ménages. Étaient présents les Pelletier, Alec et Gérard, nouveaux époux, Claire et André Mackay, tous deux déjà reçus médecins, Jeannette et Guy Boulizon, professeurs à Stanislas, ainsi que Michel et moi. Nouveaux parents, nous les devancions d'un an dans nos nouvelles responsabilités. Les groupes à créer seraient basés sur l'amitié, l'échange, l'esprit de service. Les membres susceptibles d'être intéressés seraient d'anciens dirigeants des mouvements de jeunesse et du scoutisme.

Nous appelions l'abbé Llewellyn «le père» car nous éprouvions envers lui une affection filiale mais aussi des plus fraternelles et une gratitude pour sa générosité dans la réflexion et l'action. Ce fut, pour nous tous de cette génération, un guide spirituel des plus psychologues. Les retraites de jeunes couples organisées en pleine nature sous ses auspices et sa direction ont alimenté notre foi. Le rôle dynamique qu'il joua dans divers domaines s'étendit aux activités de l'École des parents par la confiance qu'il témoigna à ses fondateurs. Il a ainsi jeté des ponts entre les générations. Et cela, malgré les mesquineries et les injustices commises à son endroit par certaines autorités ecclésiastiques.

Lors de son départ forcé de Montréal pour la France, Hubert Aquin, alors directeur du *Quartier latin* a dit de lui: «Il a fait une éclaircie dans notre forêt; il a fait reculer la frontière de l'obscurité et de la solitude. Il est venu avec sa portion de lumière, nous l'avons reçue...» Pour sa part, André Laurendeau a écrit une actualité dans *Le Devoir* qu'il terminait ainsi: «Le père a scandalisé. Pensez donc! grouper ensemble en retraite des hommes et des femmes, même si le sacrement de mariage est passé par là...Le scandale des faibles n'empêchera pas ses oeuvres de continuer. Le père a planté dans la bonne terre riche où chaque grain de blé rend cent pour un. Il faut le croire.»

* Tribu africaine: «qui ne veut pas mourir».

Noviciat du mariage

Extraits d'un cours donné à la
Maison des oeuvres de Longueuil
le 10 mai 1945

Pour vous, chers fiancés, j'ai accepté de rédiger ce cours de préparation au mariage. Je n'ai que trois années d'expérience comme femme mariée, mais elles ont beaucoup de valeur, parce que je les ai vécues à plein, intensément. J'avais pensé intituler le cours de ce soir sur les fréquentations: «Flirt, camaraderie ou amour véritable?» Fiancés, vous avez probablement dû dépasser l'étape du flirt, mais j'espère que vous devenez de meilleurs camarades. Quant à l'amour, vous vous en rendez compte, c'est un sentiment beaucoup plus profond.

N'importe quel homme n'est pas attiré par n'importe quelle femme et vice-versa. Il y a là des sympathies naturelles qui jouent. L'appétit sexuel ne joue pas seul, il est inextricablement lié à un attrait qui porte vers l'autre dans la totalité de sa personne. On aime chez l'autre à la fois sa façon de penser, de parler, de sourire, même si parfois certains gestes, expressions ou habitudes peuvent agacer et déplaire. Chacun a ses habitudes de famille, ses comportements particuliers; il faut le comprendre et l'accepter quitte à changer — l'un et l'auttre et ensemble, pour le plaisir de l'autre — certaines façons de réagir et de se conduire qui pourraient être améliorées. Selon moi, l'Amour est avant tout un don réciproque, le don de ce que l'on a de meilleur en soi et que l'on offre à l'autre, bien avant de prononcer le «Oui» sacramentel.

L'Église catholique insiste toujours beaucoup sur la pratique de la vertu de chasteté et d'abstinence totale de relations charnelles avant le mariage. La fiancée doit arriver vierge au mariage, le fiancé, lui, a souvent eu quelques expériences sexuelles, histoire d'exercer sa virilité... L'opinion publique l'accepte ou le tolère facilement. Les fêtes et «enterrements de vie de garçon» où l'on boit entre hommes sont l'occasion de certaines confessions et vantardises de leur part. Pour la jeune fille qui s'est chastement réservée pour le mari idéal, on organise entre femmes des «showers» de cadeaux, on prépare sa robe de noce, en blanc...

Il n'y a donc pas — au temps des fiançailles — de véritable noviciat du mariage dans le sens de l'apprentissage de la vie commune, comme il existe dans les communautés religieuses. Un scolastique, une novice ont un temps de probation pour vérifier s'ils ont vraiment «la vocation». Pas dans le mariage. On y entre mal préparés, se connaissant trop peu ou même très mal. On a eu soit «le coup de foudre», ou bien le désir de partir de chez ses parents, on a hâte d'avoir le droit de faire l'amour sans avoir à s'en confesser. On s'accommode, on «sort ensemble» un temps. Comme tout le monde on va aux quilles, au cinéma, au restaurant, aux danses du samedi soir, etc., «on sort ensemble». Puis on se décide à se marier. Alors on économise un peu plus en vue de se «partir en ménage». Les familles annoncent la date du mariage, font imprimer des faire-part, invitent la parenté. Le père de la fille paye le trousseau et les frais de la noce et s'endette très souvent pour épater son entourage.

QUI SUIS-JE? QUI ES-TU?

Se connaît-t-on vraiment assez bien pour entreprendre une longue vie à deux, à quatre, à six... J'en doute fort. C'est pourquoi je vous félicite de vous donner la peine de suivre ensemble les cours de préparation au mariage en vue d'en discuter entre vous.

En relations humaines, c'est une loi générale de la psychologie que puissent survenir des heurts, des discussions entre associés: fiancés, conjoints et parents de sexe et de tempérament différents. Le «Moi» de chacun cherche à survivre, alors que l'institution du mariage religieux et civil tend à la fusion des «Moi». Dans la tradition canadienne-française l'homme — père et mari — a toute autorité sur la fille et l'épouse. Il peut en abuser gravement.

SE PERDRE DANS L'AUTRE

L'Église prêche, parlant du mariage, l'unité, la fusion des conjoints: «Ils ne seront plus deux mais un dans une même chair.» C'est un peu irréaliste. On demeure deux pour accomplir «l'acte conjugal» et pour partager les joies et les épreuves de la vie commune. Il est même bon et normal que chacun garde sa personnalité propre, cherche à survivre individuellement, résiste à l'auto-destruction dans et par le mariage. Il importe toutefois de tout entreprendre pour se bien ajuster à l'autre, lui faire plaisir. La bonté, le tact, la tendresse, la compréhension, la persuasion et la bonne humeur sont des atouts indispensables dans le jeu difficile des relations de couples.

La bonne méthode n'est pas pour la fille — sous prétexte qu'un garçon doit s'affirmer et qu'une fille doit être réservée, souriante, bonasse et soumise — de taire ses opinions, ses sentiments, ses désirs, ses déceptions et pour le garçon de les exprimer avec force. Au contraire, les amoureux des deux sexes doivent tenter de développer l'un envers l'autre une attitude de franchise, d'honnêteté, de dialogue. Ce n'est pas parce que le mari dit «faire vivre sa femme» qu'il doit lui imposer toutes ses volontés et ses caprices ni, elle, s'y soumettre aveuglément. Quelles que soient les habitudes courantes dans la vie de nos familles respectives, il faut inventer notre propre mode de «vie à deux» qui corresponde à nos tempéraments et notre idéal de couple.

La lecture de volumes de psychologie et de sexualité est indispensable pour se former ensemble une opinion éclairée grâce à une meilleure information. Je vous suggère de lire ensemble les livres proposés par les organisateurs des cours de préparation au mariage et plus tard ceux de l'École des parents. Je ne vous conseille pas d'accepter sans réflexion ni discussion les catégories rigides de qualités et défauts propres à chaque sexe telles que définies par certains auteurs à la mode. Les normes, les statistiques, les modèles en psychologie sont affaire de spécialistes. Le bon sens et l'observation demeurent indispensables pour se mieux juger, se comprendre et se bien comporter.

L'amour véritable doit rapprocher deux personnalités différentes qui, grâce à leurs sentiments amoureux, en arrivent à se compléter, à mieux s'équilibrer en vue de la recherche du bonheur. L'homme et la femme ne sont pas sexués seulement dans leurs organes génitaux, dans leur corps mais aussi dans toutes leurs facultés, celles du coeur et de l'intelligence. Celles-ci peuvent se développer pleinement par l'acquisition des mêmes connaissances, mais l'homme et la femme par atavisme et éducation ont tendance à se cantonner dans des sphères de travail, d'activités et de loisirs différents. La coutume dit à l'homme et à la femme que telle attitude, tel travail ou sentiment correspond mieux à sa vraie nature. Méfiez-vous des grandes définitions, des idées fixes. Regardez-vous, souriez-vous, essayez de vous mieux connaître sous votre vrai jour. Ainsi vous aurez des contacts amicaux et amoureux enrichissants. Vous vous respecterez mutuellement, vous aidant à parfaire votre personnalité propre.

L'affection, la tendresse, l'amour que l'on se porte à l'époque des fiançailles doivent continuer de grandir. On ne doit pas considérer le mariage comme le point d'arrivée où tout est réglé pour toujours «pour le meilleur ou pour le pire», mais comme une expérience, une entreprise de vie commune à vivre au maximum vers une recherche toujours plus grande du bonheur dans la tendresse.

Prenez les moyens d'être heureux et de vous rendre heureux. Ce n'est pas de l'égoïsme. C'est un art de vivre, de bien vivre.

Simonne Chartrand
Montréal-Sud

Oui ou non
des allocations familiales?
Votées par le provincial
ou le fédéral?

Depuis juillet 1943, dans la revue *Relations* des Jésuites, sous la signature du père Léon Lebel, le débat était amorcé. Dans la revue *L'Action nationale* de mars 1944, dans le journal *Le Devoir*, au Parti libéral provincial d'Adélard Godbout et au Parti libéral fédéral de Louis Saint-Laurent, la grande question débattue était celle-ci: la loi à venir concernant les allocations familiales devait-elle être votée et administrée par Ottawa ou par Québec? Une autre dimension à ce dilemme d'ordre à la fois économique, politique et juridique, consistait à déterminer à qui elles seraient accordées, au père ou à la mère, et quels en seraient les taux et les modalités.

Sur cette épineuse question Michel et moi différions d'avis. Michel, partisan de la juridiction provinciale en matière d'affaires sociales, réclamait, de concert avec François-Albert Angers, une loi provinciale à cet effet. Par contre, un groupe féminin (considéré comme féministe) dirigé par Thérèse Casgrain et dont je faisais partie exigeait, qu'indépendamment du Code civil provincial, le chèque d'allocation soit adressé à la mère tout comme il l'était dans les autres provinces canadiennes. D'après le Code civil en vigueur, le mari était considéré comme le chef de la communauté familiale, son protecteur et son administrateur et la femme, même mariée, même majeure, était frappée d'incapacité. Partout au Canada, l'allocation familiale serait donnée aux mères, tandis qu'au Québec les groupes sociaux, les économistes nationalistes, les politiciens et le clergé préconisaient qu'elle soit accordée aux pères.

Comme exemple, le Congrès confédéral de la CTCC de 1944 adopta deux résolutions à l'encontre du projet fédéral de législation pour les motifs suivants: «ce projet constituait un empiètement fédéral sur les prérogatives provinciales, sanctionnait l'enfant illégitime, enlevait les droits des pères de famille et défavorisait les familles nombreuses à cause du taux décroissant des allocations.» Le Parti conservateur fédéral, pour sa part, affirmait que les *baby bonus* profiteraient davantage aux Canadiens français catholiques ayant des familles fort nombreuses. Gérard Filion, ex-secrétaire de l'Union catholique des cultivateurs et rédacteur du journal *Le*

Devoir, écrivit que les allocations familiales semblaient être données comme on donne, en milieu rural, des primes aux cultivateurs à la naissance des petits veaux. À la lecture de cet article, je sursautai d'indignation étant moi-même mère de trois enfants et comptant sur les allocations à venir pour équilibrer un peu mieux le budget familial.

De son côté, le clergé de la province craignait que l'État ne se substitue à l'autorité du père de famille qui, selon le droit canonique, a la charge de subvenir aux besoins de sa famille.

Par contre, le sous-ministre du Bien-Être social et de la Santé d'Ottawa, monsieur Georges Davidson, avait désigné dans un texte la mère comme le parent à qui l'allocation familiale devait être payée, considérant avec raison que celle-ci était la plus apte à utiliser à bon escient, pour le bénéfice de ses enfants, ce montant d'argent qui, en somme, venait s'ajouter au salaire souvent insuffisant du père de famille.

Cette interprétation officielle était un argument très positif en faveur de l'attitude du comité féminin qui s'était formé d'urgence pour faire valoir publiquement son exigence qu'Ottawa poste directement aux femmes les chèques d'allocation familiale. Faisaient partie de ce comité, autour du leadership de Thérèse Casgrain, la journaliste Laure Hurteau de *La Presse*, Jean Desprez (nom de plume de Laurette Auger), Constance Garneau, Jeanne Barabé-Langlois, directrice du Bureau d'assistance aux familles, et autres. J'y avais apporté aussi un appui tacite à titre de membre d'une école de parents.

Aux premiers jours de juillet 1945, les premiers chèques d'allocation familiale furent postés à toutes les mères du Canada, sauf à celles de la province de Québec. Nous les reçûmes près de trois semaines plus tard à cause d'un réajustement administratif au sujet du destinataire. Lorsque je reçus, fin juillet, notre premier chèque, Michel me pria de le retourner au gouvernement fédéral accompagné d'une lettre motivant la non-acceptation du chèque pour cause d'intervention indue du fédéral en matière d'affaires sociales qui devaient relever du provincial. Je dis à Michel:

«Fais-le toi-même.

— C'est à toi que le chèque est adressé», me répondit-il.

Trois chèques furent retournés. Au quatrième je décidai de l'endosser et, contrairement à bien d'autres femmes, de l'encaisser. Considérant que le Bloc populaire canadien (aile provinciale) poursuivrait la bataille et obtiendrait une loi provinciale d'allocation

familiale — d'ailleurs premier point de son programme politique —
je ne me sentais aucunement fautive d'encaisser des chèques venant
temporairement du fédéral. Je n'étais pas en position économique
pour jouer à peu près seule à la victime héroïque.

Des élections
encore des élections

8 mai 1945

Churchill proclame la fin des hostilités sur le front européen. Enfin! Le beau mois de juin arrive. Des fleurs, des plantes, du soleil. Nos trois petites et moi irons plus souvent jouer et pique-niquer dans la cour que Michel a fait organiser pour le bien-être des enfants et leur sécurité physique.

Début juin 1945

Des élections, toujours des élections! Elles sont annoncées pour le 11 juin. Je crois que je vais devenir a-sociale, a-politique à force d'en entendre parler et de voir Michel s'y impliquer toujours davantage.

Au fédéral, quatre candidats du Bloc siègent au Parlement: René Hamel, du comté de Saint-Maurice-Laflèche, Maxime Raymond, de Beauharnois, Pierre Gauthier, de Portneuf, Édouard Lacroix, de Beauce. Le parti est, comme son chef, affaibli et les thèmes de leur programme intéressent de moins en moins de monde. Tous fêtent la fin de la guerre en Europe.

2 juin 1945

Surprise! Michel m'a appris tout à coup que dans le comté de Chambly-Rouville, le Parti avait besoin d'un candidat qui a de l'expérience en organisation politique.

Pour avoir de l'expérience, il en a... On avait même annoncé sa candidature sans m'en informer et me consulter. C'est un peu fort. Partout l'opinion des femmes sur le plan familial, social et encore plus politique ne compte guère. On n'a pas tout gagné avec le droit de vote en 1940. Les mentalités n'ont pas changé, loin de là. Avec la fin de la guérre, on ne vantera plus l'énergie, le courage et le travail professionnel des femmes, leur endurance à l'ouvrage. Ce sera vite oublié avec la victoire. Ça m'insulte ce revirement d'opinion en faveur d'intérêts mesquins. Toujours est-il que la face de Michel Chartrand est déjà affichée sur les poteaux de la ville de Longueuil et ailleurs dans le comté.

En haut lieu du Parti, on a décidé que Michel se présenterait dans Chambly-Rouville, comté que nous habitons, où il y a une population de trente trois mille électeurs canadiens-français.

L'élection doit avoir lieu le 11 juin. Il nous reste donc fort peu de temps pour l'organisation de la campagne. Le Parti est sans caisse électorale. Encore du bénévolat pour les Chartrand...

On avait établi l'horaire des assemblées dans tout le comté. Heureusement c'est un territoire qui m'était bien familier. Je l'avais souvent visité et j'y avais vécu plus de vingt ans. Mais, c'est une chose que de vivre en touriste dans une région et une autre d'y aller «quêter» des votes.

J'accompagnais Michel à diverses occasions, tantôt sur les perrons d'église ou dans les salles paroissiales, ou municipales de Sainte-Angèle Le Monnoir, Saint-Jean-Baptiste, Marieville, Beloeil et Jacques-Cartier entre autres villes, si les demoiselles Lord de Montréal-Sud — mes vaillantes gardiennes attitrées — étaient disponibles pour surveiller les trois petites.

Le 11 juin 1945, date de l'élection, le résultat du vote dans le comté Chambly-Rouville fut le suivant:
Électeurs inscrits: 33 253
Électeurs-votants: 25 598
Candidats:
J. Raphaël Michel Chartrand (BPC)   2 333
Joseph Charles Patenaude (CCF)   1 041
Roch Pinard (Libéral, élu)   12 723
Paul Pratt, maire de Longueuil (ind.)   9 158
Roger Duhamel*, dans Saint-Jacques, avait recueilli 12 932 voix et était arrivé bon deuxième. Bravo!

Nous avons fêté ce soir-là, à Longueuil, avec nos amis et sympathisants, une quatrième victoire...morale. J'avais hâte que l'on décroche les photos, la face de mon cher conjoint et que, lui, décroche de l'activité politique électorale.

J'en étais venue à la conclusion qu'il faut plus que des votes, des énoncés de mesures politiques, des discours, des lois, des campagnes de propagande pour influencer un peuple; il fallait créer un sentiment de fierté nationale par des actions concrètes vers des objectifs de bien commun. Il a bien fallu que je l'avoue: la propagande fédérale du temps de guerre, ses objectifs de salut national et de prospérité publique avaient dans un sens, et pour des motifs discutables, été très efficace.

* Roger Duhamel, homme de lettres et journaliste, arrivé en hâte de San Francisco, d'une réunion de l'Oganisation des Nations Unies, avait accepté de se présenter comme candidat du Bloc dans le comté de Montréal-Saint-Jacques. Il y avait là huit candidats en lice.

La bombe atomique

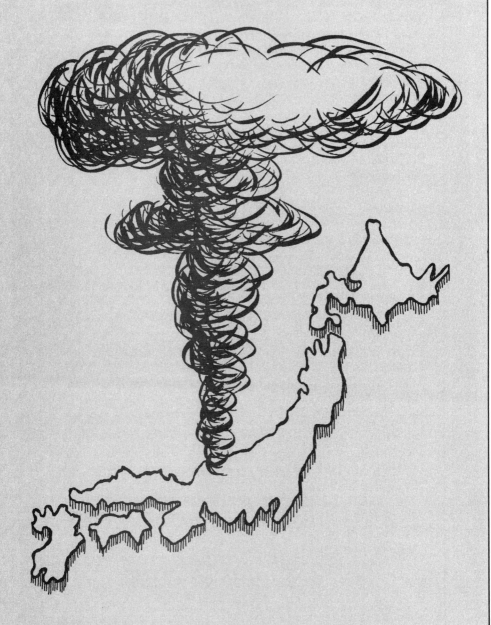

Hiroshima – 6 août 1945
Nagasaki – 9 août 1945

Tableaux déchirants!
Visions d'horreurs,
de cataclysmes.
De bombes et armes diaboliques!
Perspectives d'annihilation universelle en une seconde!
Tableaux déchirants!
Hiroshima!
Symbole de néant.
Tragédie.
Misères, ruines, détresses, solitude sans nom.
Effroyable litanie de désespoirs!
Bouleversements,
angoisses,
paniques.
Tant de vies humaines,
tant de douleurs, d'agonies,
tant de deuils,
pour un aussi sinistre fantôme?

Serait-ce cet atôme hideux,
ce monstre de plus en plus menaçant,
qui obscurcit tous les points de l'horizon?

Nous nous enlisons toujours plus profondément
dans la fange,
dans l'erreur,
et vers l'hécatombe.

Combien de temps
la politique gangrenée,
les financiers sans conscience,
les propagateurs de fausses doctrines
vont-ils ainsi mener le monde?
Mais qu'est-il donc advenu de toutes les belles promesses?
La liberté de pensée,
la liberté de parole,
la liberté du culte?
Les droits de l'homme?

Quelle farce cynique de beaux parleurs!

Tout ce que Hitler nous disait du communisme,
les Occidentaux le disent aussi.
Mais, par contre,
Tout ce que Hitler nous disait de l'Amérique,
de l'Angleterre,
du capitalisme,
les Soviets – leurs ex-alliés –
le disent également.
Alors???

Nous comprenons bien que Hitler n'avait pas raison
Mais qui donc a vraiment raison?
Que devons-nous penser?
Que devons-nous faire?

Hiroshima!

Seigneur,
Pitié!
Pardonnez-nous nos terribles offenses.
Nos défaillances.
Notre chauvinisme.
Nos injustices. Nos rancunes.
Nos vengeances...
Seigneur,
Enseignez-nous à aimer,
Enseignez-nous à prier...

Supplications de toutes les mères du monde pour la paix, de Flore
Mondor-Chaput, Édition Chantecler, Montréal, octobre 1950.

6 août 1945

Le monde entier savait que depuis 1943 des milliers d'experts, de savants et de militaires de divers pays, immigrés aux États-Unis, travaillaient pour le compte du gouvernement américain à la fabrication d'une bombe atomique très puissante. Mais ce à quoi on ne s'attendait pas, c'est que le président Harry Truman donne l'autorisation de lancer ou lâcher — je ne sais comment exprimer ce geste abominable — une bombe atomique au Japon sur des populations civiles. L'horreur des horreurs!

Je suis sidérée, frappée de stupeur. Combien d'êtres humains innocents vont-ils mourir, souffrir, brûlés vifs? Les nations ne peuvent-elles négocier autrement la fin d'une guerre? faire cesser les hostilités dans les deux camps sans ravager à ce point la vie humaine?

Quand je pense à toutes les attentions, à tous les soins qu'il a fallu donner à notre petite Marie pour la sauver de la mort et que des milliers de mères japonaises vont connaître et voir subir chez leurs enfants d'atroces souffrances et cela sans espoir de guérison, je ne peux que désespérer des agissements des gouvernements, de quelque race ou nation qu'ils soient. Aucune raison ou intention d'écourter ainsi la guerre ne peut justifier les Américains d'avoir utilisé sur Hiroshima leur bombe dévastatrice.

9 août 1945

Autre affreuse nouvelle! Seconde bombe atomique lancée aujourd'hui sur une autre ville japonaise du nom de Nagasaki. Les brûlures infligées aux victimes sont paraît-il incurables et les effets radioactifs pourront peut-être, dit-on, affecter les générations à venir.

Je puis à peine manger et dormir tellement je suis affligée d'une grande peine, d'une sensation qui frôle le désespoir. Folle et pauvre humanité!

En ce samedi, 12 juin 1982, je relis ce texte alors que des centaines de milliers de citoyen(ne)s d'un très grand nombre de pays manifestent à New York, durant la session spéciale des Nations Unies, en faveur de la paix, du désarmement et particulièrement contre les armes nucléaires. En ce même jour à Montréal, des Palestiniens, des Libanais et des Québécois manifestent eux aussi contre l'invasion du Liban par l'armée d'Israël. Michel, qui est un des fondateurs de l'Association Québec-Palestine (1972), participe à la manifestation.

Bonheur d'occasion ou occasion de prise de conscience

Sainte-Adèle, le 27 novembre 1945

Mon Michel chéri,

J'ai vraiment trop de choses et de sentiments dans le coeur pour pouvoir te les exprimer sur une aussi petite feuille de papier.

Ce lieu, ces décors familiers où tu es toujours présent, Micheline, notre enfant à mes côtés qui me demande soir et matin: «Où est papa Michel?» ces années passées côte à côte et celles à venir chargées de promesses, tout me gonfle le coeur. Je t'aime tant et si profondément que tu es devenu moi-même; tu me possèdes tout entière. Et la vie en moi qui bouillonne vient aussi de toi...Tu comprends mon état de sensible amoureuse. Ma chair en est atteinte.

En visite chez ton frère Gabriel en compagnie de sa charmante femme «l'Anglaise», je vis des jours calmes, sains, sans efforts. Les détails de la vie quotidienne ne t'intéressent guère, mais je tiens à te dire que je m'organise des journées reposantes et gaies.

Je veux te redire le bonheur que j'ai d'être ta femme, l'espoir que je formule de nous voir meilleurs, plus saints, mais toujours unis l'un à l'autre sous les yeux du bon Dieu. Simplement, quotidiennement.

En ton absence, je réfléchis à tout ça. Ça m'est plus facile de te parler par correspondance que de vive voix car tu élèves le ton trop facilement et ça me gêne et m'intimide. Je perds alors mes moyens... Accaparée, surmenée par trop de responsabilités, sans guère de loisirs culturels ni activités intellectuelles valorisantes, je me sens quelque peu épuisée et pessimiste. Très choyée chez moi, je n'étais pas préparée à affronter le difficile quotidien de la vie; mais j'essaie en toute bonne volonté de le surmonter. Aide-moi, c'est indispensable.

Même loin de notre propre logement, j'y vis quand même à travers les yeux noirs et brillants de Micheline. Elle est bien de toi. Son besoin de baisers et d'attentions puis tout à coup ses sursauts de fierté et d'indépendance, son vif esprit d'observation, son intelligence éveillée, ses réparties à la fois fines et brutales, me font tellement penser à tes propres comportements. C'est vraiment ta fille. Je l'aime beaucoup pour elle-même et en ce moment, je t'aime toi, à travers elle.

Je désire de toute mon ardeur et de toute mon âme embellir et approfondir notre amour. Il faut le soigner, l'entretenir comme un enfant. Tu me dis et m'écris souvent: «Prends bien soin de notre amour.» Mais pourquoi serais-je la seule gardienne de ce bien précieux? Pourquoi serait-ce uniquement la tâche de la femme? Cette manière masculine de penser est erronée et mène à des irresponsabilités de la part des maris et des pères. Je te le dis tel que je le pense. L'épouse et la mère canadiennes-françaises ont trop de responsabilités dans la société traditionnelle.

Moi, je désire que l'on partage également toutes les formes de responsabilités familiales et sociales. Comprends-moi bien. C'est sérieux ce que je te déclare. Tiens-en compte, c'est essentiel à la bonne entente entre nous. Nous en avons causé l'autre nuit ensemble mais je tiens à y revenir.

Michel chéri, je te prie de considérer ta vie affective comme aussi importante sinon plus que ta vie professionnelle et publique. Notre avenir est fragile. Il faut l'analyser, l'étudier et le protéger. Aussi fortifier ma santé et notre foyer. Tu as du coeur et de l'esprit, une grande force de travail et de caractère, mais ce n'est pas suffisant. Il nous faut plus de discipline, d'équilibre à l'intérieur de toutes nos tâches pour un meilleur épanouissement de notre jeunesse ardente et amoureuse. Je te reconnais immensément de qualités et de dons naturels. Mais vont-ils tous servir à l'accomplissement de notre bonheur ou lui nuire? J'ai parfois des craintes à ce sujet. Rassure-moi.

Pour redevenir une meilleure compagne on dirait qu'il faut que je m'éloigne de la besogne de maison. Loin des soucis et des charges matérielles, je conçois mieux notre vie, l'orientation à lui donner. J'ai toujours été idéaliste dans mon amour pour toi et je le suis encore. Le décor m'aide à mieux percevoir la beauté des sentiments, la grande bonté de Dieu, le monde surnaturel. À cause de nos trop nombreuses obligations familiales et sociales, j'ai une soif qui n'est pas assez rassasiée, soif de l'au-delà, monde d'idées et d'émotions que tu partages avec moi. Monde dans lequel nous évoluons difficilement, parfois à mon déplaisir. Je suis à la recherche de moyens concrets pour réaliser l'équilibre entre le temporel et le spirituel.

Je ne suis guère inquiète de la maisonnée, je me fie à ton jugement et à la bonne volonté des autres. A maman, j'ai donné maintes nouvelles. À toi, tout mon coeur. J'ai hâte de te revoir.

Amoureusement tienne,
ta femme

* * *

Notes de lecture 1945

Ex-institutrice et journaliste, Gabrielle Roy, née à Saint-Boniface (Manitoba) vient de publier *Bonheur d'occasion**, un roman qui décrit l'atmosphère du quartier Saint-Henri vers la fin de la guerre. On sent chez l'auteur une protestation contre le chômage, la misère et le sort des femmes dans les métiers féminins (filature, gardiennage, petits commerces, entretien ménager dans les entrepôts, etc.) Elle décrit les caractères et les activités des membres de la famille Lacasse.

L'action se passe entre les rues Saint-Ambroise et Saint-Augustin à l'odeur de pauvreté, de soupe au chou, d'humidité. «Si près des tracks, c'est quasiment pas habitable. Ce bruit-là, je m'y habituerai jamais. Il doit bien y avoir des avantages avec les désavantages», de dire Rose-Anna la mère.

De Westmount à Saint-Henri, voisins verticalement éloignés, le luxe et la pauvreté se regardent sans bouger. Après chaque passage du train, le tourbillon de suie et de fumée retombe sur les logements, les taudis. On déménage, on marche, on ne sort pas du cercle. Les détails de la vie de ce milieu sont présentés comme un dossier de travailleuse sociale. Le pessimisme réaliste demeure chaleureux, émouvant, dans cette étude de moeurs urbaines ayant comme fond de décor des logements minables, un dépotoir, les rails de chemin de fer du CNR.

Les personnages: Azarius, le père de famille rêveur qui finira par s'enrôler dans l'armée, Rose-Anna, l'admirable mère conciliatrice, la jeune Florentine, serveuse au restaurant-comptoir du «Quinze-Cents» qui subit de tristes expériences amoureuses, le petit Daniel qui meurt de leucémie. Les gens souffrent de diverses privations, surtout de la sous-alimentation.

* Prix Fémina 1947

Gabrielle Roy

Les épinards

Quelques mois après la parution et la lecture de *Bonheur d'occasion*, je me rendis dans le quartier Saint-Henri pour donner un cours de puériculture aux mères de famille. C'était un service bénévole de temps de guerre qui avait pour mot d'ordre: *La nourriture pour la santé et la santé pour la victoire.*

Convaincue des récentes théories en nutrition, je parlai, non de la «santé pour la victoire» mais des bienfaits de l'alimentation rationnelle, bien équilibrée en protéines, calcium et sels minéraux pour les jeunes enfants. Je suggérai aux mères de consommer et de faire consommer à leur famille des légumes verts, particulièrement des épinards riches en fer, pour que leurs enfants deviennent forts comme «Popeye, le vrai marin» des bandes dessinées.

Dans l'assistance une femme dans la quarantaine, m'interrompit aussitôt pour me «crier par la tête» du fond de la salle: «Aie, vous-là, la grande, d'où sortez-vous donc? De l'université, faut croire. Où voulez-vous que ça pousse icitte des épinards? Sur les tracks du CNR ou sur l'alsphate? J'en ai déjà acheté une fois au marché des épinards;

c'est plein de sable. Faut les laver dans le bain. Moi, je n'ai pas de bain dans mon logement. Et puis ça ne bourre pas le ventre comme du macaroni. On a fait cuire un plein chaudron, mais ça rapetisse tellement qu'on n'en a pas pour trois personnes. Et personne n'en veut. Très peu pour moi vos épinards (rires de la salle). Vous nous parlez des petits pots. On n'a pas les moyens d'en acheter. Et puis, je vais vous dire ma façon de penser: une mère qui a du coeur ne donne pas à ses bébés cette purée verte écoeurante.» Puis elles se sont mises à se parler entre elles de leurs prouesses de femmes, de mères en temps de guerre.

J'ai dû partir. Jamais je ne m'étais sentie aussi embarrassée, aussi ridicule et impuissante devant un public. Je me rendis alors compte que les meilleures théories alimentaires et éducatives ne peuvent s'appliquer dans un milieu de pauvreté économique. Cette réplique de la ménagère de Saint-Henri me servit de leçon de pédagogie en éducation des adultes et me valut plus qu'un cours théorique sur l'importance de s'adapter aux besoins et possibilités du milieu auquel on s'adresse.

Après *Bonheur d'occasion* et l'incident des épinards à Saint-Henri, je me plongeai dans la lecture d'un bouquin de Simone Weil, ex-professeur de philosophie, née à Paris et issue d'un milieu bourgeois. Ce fut une lecture qui me bouleversa.

Après des années de militantisme révolutionnaire parfois anar-chique puis de spéculation métaphysique, religieuse et mystique, elle a publié en France des notes sur *La Condition ouvrière*.

Émue par les injustices sociales, son instinct de «femme juste» l'a portée à agir auprès des déshérités, non en théorisant sur leur sort mais en partageant volontairement leur vie quotidienne de travail à l'usine: «Le premier choc de cette vie d'ouvrière a fait de moi pendant un certain temps une espèce de bête de somme. J'ai retrouvé peu à peu le sentiment de ma dignité seulement au prix d'efforts quotidiens et de souffrances physiques et morales épuisantes. Il faut se faire une âme forte pour survivre dans pareil milieu de travail.

La dignité est quelque chose d'intérieur qui ne dépend pas de gestes extérieurs. On ne possède vraiment des droits que si on est capable de les exercer; et pour les exercer, il faut s'organiser, se battre, tout risquer: santé, salaire, sécurité, réputation, etc. Mais les ouvrières d'usine avec charge de famille le peuvent-elles sans aggraver leur misérable sort?»

Sa vie et son oeuvre révélaient son mysticisme chrétien et son ardente recherche de justice sociale. Vivant par choix les mauvaises conditions de travail de ses compagnes d'atelier, «manoeuvres sur machines, être maniés comme des rebuts», Simone Weil pensait sérieusement que l'on ne pouvait parvenir à une véritable connaissance du monde des travailleur(euse)s autrement qu'en se faisant soi-même ouvrier(ère). Dans quelques-uns de ses écrits dont je venais de terminer la lecture, Simone Weil m'avait séduite et étonnée par son absence de conformisme et le grand souffle de liberté qu'elle portait en elle. Elle avouait, dans son journal d'usine écrit au jour le jour, éprouver un grand manque d'habileté manuelle, des maux de tête terribles dus à son mauvais état de santé.

Et si, moi, j'avais été obligée de travailler en usine? Je comprenais mieux d'après les descriptions très réalistes du travail à la chaîne la situation des employé(e)s de l'industrie. Même si Charlie Chaplin, au cinéma, en avait fait une satire dans *Modern Times*, je ne pourrais plus jamais voir ce film sans grincer des dents. La machine à manger — pour épargner du temps à l'employeur! *Time is money* est le slogan. Les images de ce film remarquable dépeignaient la situation pénible et quasi inhumaine des ouvriers et ouvrières d'usine.

Je dois à Simone Weil de m'avoir ouvert les yeux et le coeur sur les conditions de vie des familles ouvrières de Montréal. Aussi, je comprenais beaucoup mieux les projets d'action syndicale de Michel pour l'amélioration des conditions de vie des travailleur(euse)s d'ici.

Enfin, un fils!

30 janvier 1946

Hélène, notre deuxième fille a aujourd'hui deux ans. Elle souffle sur les trois chandelles de son gâteau de fête. D'un seul coup, elle les éteint. Applaudissements de la famille! Micheline, surnommée Mimi par sa petite soeur, en guise de compliment lui chante la dernière chanson de son répertoire: «C'est la mère Michel qui a perdu son chat, elle crie par la fenêtre...»

La cloche sonne. Michel va ouvrir et reçoit le médecin. Il entre, m'examine puis dit:

«Madame, vous toussez beaucoup trop. Votre bronchite ne se guérira pas à domicile. Vous réagissez mal aux médicaments prescrits. Vous êtes épuisée par cette quatrième grossesse. Alors, vaudrait mieux vous faire hospitaliser immédiatement.

— Docteur, quand croyez-vous que je devrais accoucher? Cette semaine?

— Probablement, mais comme je pars en vacances, je confierai votre cas à un confrère qui s'occupera de vous. Il est très qualifié. C'est le directeur du département d'obstétrique.

— Mais il ne me connaît pas, ne m'a jamais traitée.

— Je lui remettrai votre dossier médical. Je vais aviser le département de votre arrivée. Préparez-vous à entrer demain après le dîner. Pour soulager votre bronchite, je demanderai à une infirmière-visiteuse de venir vous poser des ventouses. Ça vous soulagera. Bonne chance!

— Bonnes vacances!»

J'aurais bien aimé, moi aussi, être en état de prendre des vacances. Je suis plutôt en perpétuel état de grossesse. Et en plus, cette toux qui ne cesse pas, qui ne guérit pas. J'ai la hantise de la ré-apparition de la tuberculose, d'une rechute possible. Vaut mieux chasser ces idées sombres. Mais comment le faire? Je dois «m'encan-ter» et essayer de me détendre dans une position quasi assise. Ce n'est guère confortable. Mon ventre est si gros... «Pauvre elle, elle est encore «comme ça», a dit ma voisine. J'ai le goût de crier à tue-tête et à tous les humains des cinq continents: «Oui, je suis encore enceinte! Et après? Qu'est-ce que ça peut vous faire? Il n'y a que moi qui peux accoucher. Je vais vous donner une nouvelle vie!»

Une infirmière diplômée annonce sa visite. Elle vient, sur l'ordre du médecin, m'appliquer des ventouses. Alors je dois encore changer de posture.

«Madame, couchez-vous sur le ventre.

— Mais...

— Je dois traiter vos poumons. Votre dos d'abord.»

Puis elle allume et réchauffe les petits pots, des ampoules qu'elle applique avec rapidité sur ma peau pour y produire une révulsion locale raréfiant l'air. C'est une vieille méthode de traitement que l'on dit efficace mais guère rassurante, encore moins agréable.

Jeune et jolie, la garde m'exprime toute sa sympathie. «Vous en avez du courage, madame.» Elle me fait la conversation, presque la cour...

«Je me demande pourquoi une jeune femme aussi intelligente et cultivée que vous, accepte d'être dominée et fécondée par un homme? Entre femmes, nos caresses sont plus douces et sans conséquences, sinon de bien-être physique. Vous verrez, après votre accouchement, je vous initierai... Je reviendrai demain matin vous poser à nouveau les ventouses. Ça vous fera du bien et moi beaucoup de plaisir de vous revoir. Vous avez un si beau dos... Beau pour porter un long décolleté ou une robe de bal. À demain.

— Bonsoir.»

Très pensive et surtout très perplexe devant les tendances affectives de cette femme, je remis mon ample robe de chambre... Un beau dos? J'ai surtout un très gros ventre. Pourvu que cette fois-ci ce soit un garçon! Papa aurait enfin un petit fils et Michel aurait son «gars Chartrand», bien qu'il n'ait jamais manifesté de déception de n'avoir pas encore eu de fils. Il aime beaucoup ses trois petites et s'en occupe remarquablement bien pour un homme d'action tant sollicité à l'extérieur de la famille. On verra bien...

À force de tousser et de pousser, la délivrance devrait venir. En route vers l'hôpital! On dit que l'accouchement n'est pas une maladie, mais allez-y voir... Michel m'accompagna à la chambre qui m'avait été réservée. Une infirmière vint me saluer.

«Bonjour, madame! Je vous reconnais. Vous avez déjà accouché ici je crois?

— Oui, c'est la quatrième fois.

— Le médecin en chef qui doit s'occuper de vous n'est pas au département en ce moment. Mais il a donné ses instructions. Vous devez prendre plusieurs médicaments. Votre accouchement sera provoqué, des injections sont aussi prescrites. Bon courage! Je reviendrai vous voir. À tantôt.»

Je me suis sentie «prise en charge». Les traitements étaient téléguidés d'en haut par un puissant inconnu, professeur d'université, allié politique de Duplessis et très au fait des dernières découvertes de la science pharmaceutique. On pria Michel de retourner à son travail. «Pas d'homme dans la salle d'accouchement.» On m'y conduisit sans que je puisse voir et parler à cet auguste personnage, à l'obstétricien. Le téléphone sonna. La garde en chef répondit:

«Oui, docteur, oui, docteur. Très bien, docteur.

— Garde, pourquoi ne vient-il pas m'examiner?

— Il vous prescrit une injection qui vous fera dormir immédiatement.

— Mais je ne suis pas encore en grandes douleurs. Le travail se fait lentement. Je ne dérange personne, je ne crie pas. Je veux attendre mon heure à ma chambre. Je refuse cette piqûre. Je crains les injections intraveineuses (ou musculaires), les trop nouveaux médicaments sortis des laboratoires et utilisés en obstétrique. Je ne suis pas un cobaye. J'ai lu des articles sur le Démérol. Je crains ses effets secondaires. Je veux accoucher sans cette injection, plus naturellement, même si c'est plus long. Quitte à me donner un peu de chloroforme comme anesthésique aux tout derniers moments avant la délivrance. Garde, je vous en prie, téléphonez à votre savant chef médical et dites-lui que je refuse d'être traitée par téléphone.

— Madame Chartrand, c'est la quatrième fois que je vous reçois à la salle d'accouchement comme parturiente. Je connais votre endurance à la douleur mais je dois obéir au médecin en chef. C'est mon patron immédiat. Il n'admet pas de discussion de la part du personnel encore moins de la part d'une patiente inconnue. Les infirmières en chef n'ont pas de protection syndicale. Vous comprenez que je ne puis transgresser un ordre. Je suis soutien de famille, je garde ma vieille mère chez moi. Je ne puis me permettre d'être congédiée.

— Alors, que ce fameux médecin vienne lui-même m'examiner et m'expliquer pourquoi il tient tant à provoquer l'accouchement. Veut-il être libre pour la fin de semaine?

— Je vais lui téléphoner à nouveau.»

Ce qu'elle fit.

«Docteur, madame Chartrand refuse l'injection prescrite.»

J'entendis alors la voix du «chef» dire à tue-tête:

«Elle n'a rien à décider cette femme. C'est la femme de Chartrand. Une tête forte comme son mari. Donnez-lui l'injection prescrite et si ça ne l'endort pas immédiatement, ajoutez quelques cc de plus. Vous m'avez compris? Ne me dérangez plus. Appelez-moi quand ce sera le temps.

— Allongez-vous bien, respirez profondément, détendez-vous. Cette piqûre va vous soulager en vous endormant rapidement.

— Garde, pourquoi le médecin insiste-t-il tant pour m'endormir? Je ne veux pas être droguée de force ni accoucher avant terme. Non! Non! Non! Je vous en prie garde...»

Bien contre son gré, elle me fit une injection au creux du bras droit. Je cherchais de toutes les forces de ma volonté à résister au sommeil. Une seconde injection suivit immédiatement. Je sombrai dans un profond sommeil. Je passai du 31 janvier au midi au 1er février 1946 au soir dans un état d'inconscience totale.

De très longues heures après l'accouchement, j'ouvris à peine les yeux. Je reconnus Michel à mon chevet. Je demandai à voir le bébé. «C'est un fils», me dit Michel. Je souris.

«On le garde à la pouponnière pour te laisser reposer. Tu ne peux le tenir, ni le nourrir.

— J'ai très mal au bras droit. J'ai la tête grosse et lourde comme une pierre. C'est dû à la piqûre.»

Puis réalisant que j'étais revenue à ma chambre, je demandai à Michel:

«Pourquoi suis-je attachée à mon lit avec des courroies de cuir au bras et aux pieds?

— J'ai été à tes côtés toute la nuit, mais tu as été si agitée que par mesure de précaution, on t'a attachée. Tu étais inconsciente.»

Ma belle-mère, elle-même en convalescence à l'hôpital était venue me rendre visite pour me féliciter de la naissance d'un fils: je ne l'avais pas même reconnue. Elle fut, me dit Michel, horrifiée de voir une jeune accouchée ainsi attachée.

«J'ai accouché quatorze fois à la maison (Michel est le treizième enfant) et je n'ai jamais été attachée comme ça. Ma chère fille, vous avez l'air droguée.

— Elle l'est, dit Michel, ce fameux médecin va entendre parler de moi. Je vais le poursuivre devant les tribunaux pour manque d'éthique professionnelle, pour abus de pouvoir sur une patiente. Maman, je vous raccompagne à votre chambre. Toi, Simonne, je t'en prie essaie de te détendre. Je vais consulter, ici même à l'hôpital, un omnipraticien pour qu'il t'examine et te soigne, puisque ce grand Docteur continue de prescrire par téléphone ou du poste des infirmières.»

Il m'embrassa et referma doucement la porte. Seule, je pleurai et toussai beaucoup. Je m'aperçus alors qu'en plus l'on m'avait fait plusieurs points de suture. En toussant, j'avais l'impression de déchirure, de «décousure». Quelle boucherie que cet accouchement qui aurait dû et aurait pu être si naturel! Ce fameux médecin par son entêtement et son orgueil venait de me voler vingt-quatre heures de ma vie.

Ma belle-mère revint me voir le lendemain:

«Ma chère fille, gardez bien haut votre moral. Ça va vous aider. Je n'aime pas vous voir comme ça triste et souffrante. Je vais prier le bon Dieu pour qu'Il vous remette en bonne santé. Heureusement vous avez un bien beau garçon. Enfin! Je l'ai vu à la pouponnière. Les deux familles sont contentes pour «vous deux». Comment l'appelerez-vous?

— Alain en l'honneur de mon grand-père Lazare Alain et Lionel en l'honneur de l'abbé Lionel Groulx et de l'un de vos fils décédé qui portait ce nom, m'a dit Michel. Votre fils Marius et sa femme Lucille seront parrain et marraine.»

Quelques amis vinrent gentiment m'offrir leurs voeux et des cadeaux «de garçon...»

de: Marie-Louise Monet
à: Simonne

Kankakee, le 5 février 1946

Enfin un fils Chartrand!

À la maman heureuse, au papa et grand-papa donc, toutes mes félicitations!

Je me réjouis de la venue de ce fils Chartrand. Louis Lionel Alain sont de bien jolis noms! Bienvenue au cher petit Alain!

J'espère que tu te rétablis bien ma Simonne. Nous avons été heureux d'apprendre la belle nouvelle par téléphone. Les Desmarteau partagent votre joie.

À toi Simonne et à vous Michel, des baisers et encore des baisers. On n'en donne jamais trop.

La grand-grand-maman d'Alain
et des autres

Toutefois j'avais des rougeurs sur tout le corps. Un dermatologue vint m'examiner. «Infection. Excès de médicaments. Cessez ça. Des bains au soda, puis un peu de poudre à fesses. C'est tout.»

Un chirurgien, ami de la famille de Michel, vint aussi m'examiner quelques moments plus tard. Diagnostic: «Infection au creux du bras qui s'étend au poignet, à l'épaule. Votre femme ne doit pas nourrir son bébé. Il faut faire une incision, opérer dès demain matin. Anesthésie locale seulement. Je m'en charge. À demain, chère madame. Ne craignez rien. Bonne nuit!»

Qui dit que l'accouchement à l'hôpital grâce à l'équipement scientifique et à l'apport des spécialistes est plus sécuritaire? Certainement pas ma belle-mère... Mon mari consulta un avocat afin de poursuivre devant les tribunaux le docteur X. Mais comble de malchance, le dossier médical était, nous a-t-on dit, perdu, soit par le département d'obstétrique ou par les archives. Comme par hasard...

Après trois semaines d'hospitalisation coûteuses et ennuyeuses, je revins chez moi à Montréal-Sud accompagnée pour la première fois par deux mâles Chartrand: Michel et Alain. Le dimanche suivant on fêta l'événement en famille. C'est maintenant une habitude, un mode de vie «d'être en famille».

Que vive
la correspondance!

de: Simonne
à: Michel Chartrand

Saint-Wenceslas, le 1er juillet 1946

M. Michel Chartrand
Sherbrooke

Mon ami bien-aimé,

De notre maison de campagne où je vis depuis déjà un mois — trop souvent seule à mon goût — avec les quatre petits, je t'envoie ce message qui j'espère te parviendra avant la fin de la campagne électorale fédérale du 3 juillet dans le comté de Compton.

D'ici dans un rang de village, j'en sais peu de choses sinon qu'un Canadien anglais du nom de French se présente pour l'Union nationale et que le candidat du Bloc pour lequel tu persistes à travailler bénévolement se nomme Aurélien Quintin. Celui-ci, selon moi, n'a aucune chance d'être élu; Duplessis au pouvoir et la guerre terminée les électeurs désirent que leur député soit au pouvoir. Tu luttes comme toujours avec quelques zélés pour des causes et des idées précieuses et fondamentales. Je suis fière de toi.

J'éprouve toujours envers toi de l'estime, de l'affection et de la confiance envers ta grande valeur morale. Mais, à cause de ton travail tu es presque toujours absent, loin des problèmes quotidiens de la vie domestique qui sont les miens. Je te donne des exemples: j'ai dû faire beaucoup de démarches pour faire analyser l'eau du *puits par l'hygiéniste du comté de Nicolet. Les résultats sont mauvais, l'eau du puits est non potable. Je comprends maintenant le haut taux de mortalité infantile dû à la typhoïde, à des gastro-entérites et autres maladies infectieuses. J'ai demandé aux services de l'Unité sanitaire du comté de venir en juillet ou en août pour vacciner les tout jeunes. Marie et surtout Alain doivent recevoir des injections sans faute. Le responsable m'a dit qu'il viendrait puisque la demande lui en est faite, mais que les populations rurales ne croient pas tellement à l'efficacité des vaccinations contre la rougeole, la tuberculose et autres maladies qu'on appelle ici des «petites maladies». Pourtant, même leurs troupeaux sont atteints de brucellose et d'épizootie, deux maladies contagieuses. Les bovins et les porcins risquent de faire provoquer des avortements à cause de cette fièvre que les agronomes considèrent comme grave.*

J'apprends en causant avec les gens d'ici que la vie à la campagne n'est pas aussi facile et poétique que nous, citadins, l'imaginons. On annonce une grande sécheresse et l'eau manquera bientôt dans les puits. Je dois faire bouillir l'eau pour les biberons d'Alain et pour la cuisson en général, et mettre des cuves et barils dehors pour recueillir l'eau de pluie. Je suis un peu déprimée devant ces problèmes quotidiens d'alimentation et de santé. J'ai écrit à mes parents pour qu'ils viennent nous visiter et me tenir compagnie. Papa, lui, a vécu son enfance dans un rang de Saint-Michel, mais, moi, j'ai vécu la mienne dans une résidence de villégiature. C'est tout autre chose.

Actuellement, nous vivons toi et moi des réalités tout à fait différentes. Nous avions rêvé depuis deux ans de faire l'expérience d'une vraie vie de famille à la campagne. La vivons-nous vraiment? À part le contact avec la jeune madame Gilberte Mathieu, ma voisine, et madame Smet de Saint-Sylvère, ma voisine plus éloignée, je me sens tellement loin de tout, même de toi. Hier, Jacques, le jeune propriétaire, m'a balladée avec les enfants dans son boggie tout luisant tiré par son fringant Castor pour me distraire et amuser les petits. Il te trouve vraiment un «homme spécial» toujours en route vers des batailles sur tous les fronts. «Ce n'est pas un vrai rural, il n'est pas né «habitant».»

Dans la maison, j'admire la très belle armoire ancienne en pin. Je l'ai remplie de lingerie et de quelques effets précieux loin de la portée des petits. Mais, mon cher, ils sont nombreux...et demandent à voir leur père: «Où il est, papa Michel?» Que veux-tu que je leur réponde? «Il vend des abonnements pour Paysana, *il fait des* campagnes pour organiser des élections, des coopératives et peut-être même un syndicat.» Ils ne pourraient comprendre ce langage. Alors, je me contente de jouer avec eux et de leur dire que tu vas venir bientôt.

Mon cher Michel, à tes retours de voyage ou de travail, je dois t'avouer toujours ressentir une certaine gêne à me jeter dans tes bras comme si cette faveur longtemps désirée ne m'était pas encore accordée tout à fait; comme si tu n'étais pas vraiment de retour parmi nous.

Je te considère toujours comme le seul être pouvant me libérer de certaines angoisses, de certains doutes et défauts. Quant à ma personnalité, tu m'as aidée à la parfaire et tu l'épanouiras davantage par l'amour que tu me donnes. Je désire fortement qu'à ton arrivée nous prenions le temps de faire le point, d'examiner notre vie de couple afin de l'embellir à la fois par plus de spiritualité et aussi de sens pratique. Nous ne donnons pas encore notre pleine mesure et il faut y arriver par d'autres moyens peut-être...

Je t'accompagne par la pensée dans le travail politique ingrat et difficile que tu accomplis avec tant de conviction. Mais je t'attends avec impatience, toi, le mari, toi, le père tant désiré. Sache que je suis tienne et pour toujours dans un grand amour.

Simonne

P.-S. Micheline, Hélène, Marie et Alain ont hâte de te voir.

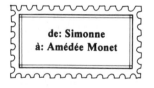

de: Simonne
à: Amédée Monet

Montréal-Sud, le 19 octobre 1946

M. Amédée Monet
Institut Prévost
Montréal

Mon cher papa,

Un mot pour te redire que je ne t'oublie pas. J'ose croire et j'espère que, grâce aux bons soins du neurologue, ton état de santé physique et psychologique s'améliore.

Les enfants viennent de s'endormir beaux et souriants comme des anges. Ouf! C'est le seul temps qui est vraiment à moi. Je respire. Je puis maintenant m'asseoir et me mettre à la rédaction de plans de conférences. J'en ai trois à préparer sur des sujets et pour des milieux différents. La première pour être présentée, fin novembre, à la section de Longueuil de l'École des parents du Québec.

Comme ex-conférencier invité par cet organisme privé, tu as pu apprécier la valeur de ses dirigeant(e)s et de ses programmes d'étude. Je suis moi-même membre actif de la section de Longueuil. Pour moi, la maternité n'est pas qu'une vocation, c'est aussi une profession. Il faut être bien qualifiée pour l'exercer, donc lire et étudier sur divers sujets de puériculture, de psychologie, de nutrition, d'éducation. Le sujet que l'on m'a proposé de traiter est le suivant: «Jeunesse versus âge mûr»: problème de générations. À vingt-cinq ans, je me sens un peu jeune pour affronter pareil problème. J'ai accepté, parce que j'aime relever des défis. Je me servirai comme toile de fond de mes toutes récentes expériences de jeunesse frondeuse face aux gens dits «d'expérience» que je ne pouvais ou voulais pas prendre pour modèles. Tu me comprends, n'est-ce pas?

La seconde conférence sera donnée à la section de Chambly sur le thème de la devise choisie par les Vallerand, fondateurs de l'École des parents soit: S'élever pour élever. Enfin la troisième sera présentée sous forme de cours de préparation au mariage à un groupe de fiancés de Trois-Rivières. Le sujet? La nécessaire adaptation des conjoints au début de la vie conjugale.

Inutile de te dire que toutes mes soirées sont et seront occupées ces mois-ci à l'étude de revues spécialisées et à la documentation en vue de la rédaction de ces trois textes. Et tout cela bénévolement.

Mon cher papa, je suis tes traces vois-tu. Ah! Si l'élite intellectuelle, au lieu de demeurer dans sa tour d'ivoire, n'avait pas failli à sa tâche sociale envers la masse des gens, celle-ci serait moins ignorante, moins pauvre, plus en mesure de vivre convenablement. Je me demande souvent: «Comment les pauvres mères de familles ouvrières et rurales peuvent-elles jouir de leur vie de famille?»

J'aurais besoin de bonnes conversations avec toi, qui, comme juge, as côtoyé les misères humaines. Ton expérience de la vie, de ses embûches, de ses difficultés, semble parfois si négative, si pessimiste. C'est ça ta maladie, tu as perdu le feu sacré, l'espoir en l'humain, en toi. Il faut le faire renaître. Moi, j'essaie de faire rayonner autour de moi ma foi dans les ressources de bonté, d'intelligence et de courage trop souvent ignorées et cachées en chacun de nous. Je demeure idéaliste.

Pour te distraire de mes trop sérieux problèmes je tiens à te signaler les anecdotes gaies et les faits quotidiens amusants de ma marmaille: tels les mots et sons nouveaux d'Alain ton premier petit-fils (huit mois et demie). Peut-être sera-t-il musicien? Aussi les trouvailles de cachette de Micheline, tant recherchée par ses petites soeurs, Hélène et Marie, qui la réclament tout au long de la journée pour qu'elle les amuse et leur chante des chansons. Mimi a beaucoup d'oreille et retient facilement les mots des chansonnettes entendues sur ses petits disques. Elle est douée et précoce. Quelles délices que l'enfance!

Je te raconterai tout cela en détails en allant te visiter cette semaine dès la première occasion de liberté. J'ai bien hâte de te revoir en parfaite forme physique, toi, l'homme à la verve joyeuse et au coeur d'or. Mes propos sont divers et décousus; c'est que je pense à trop de choses à la fois.

D'abord, à remercier la Providence de t'avoir secouru à temps, de te donner la force, la volonté et bientôt le goût d'une vie familiale joyeuse et d'une vie sociale active. Une grand-messe sera chantée sous peu, en notre paroisse, en action de grâces.

Je t'envoie par la poste livres et bonbons. Ceux-ci sont de la confection de Michel. Il est habile en cuisine et aime les sucreries. Moi, je l'en prive, «pour son bien» car son estomac et son foie sont en mauvais état. Mais sa foi en toi, en ton ressourcement et en ta résurrection est sincère.

N'hésite pas à t'adresser à lui pour quelque service que ce soit. C'est un bon fils, un beau fils!

Et moi, ta fille affectueuse
Simonne

P.-S. Tu es, je te le répète, le bienvenu ici pour poursuivre ta convalescence. Ce sera gai pour toi avec les enfants.

de: Simonne
à: Amédée Monet

Montréal-Sud,
le 20 octobre 1946, 10 hpm

M. Amédée Monet
Institut Prévost
Montréal.

Mon papa chéri,
  Je suis contente d'avoir pu te visiter cet après-midi. Tu m'as paru
en pleine forme. Galant, affectueux, optimiste. Bravo pour toi!

  J'avais décidé de passer la soirée à lire et à relire certains
passages, par moi soulignés, des livres de François Hertel: Leur
Inquiétude, Axe et Parallaxes, *enfin* Nous ferons l'avenir. *Ce*
troisième livre est d'ailleurs autographié par l'auteur en première
page «pour son ami Amédée Monet», le fils, ton fils. C'est lui qui me
l'a prêté récemment. Malgré de grands efforts d'attention pour me
concentrer sur ma lecture, tu hantes mon esprit au point de me
forcer à laisser là mes bouquins et à entreprendre la rédaction de
cette lettre.

  À ton dire, Hertel est considéré par une certaine jeunesse élitiste
comme un brillant philosophe, mais est jugé dans les milieux
traditionnels d'enseignement classique comme un rebelle, un
professeur et éducateur marginal trop personnaliste. Dans son livre
Axe et Parallaxes *il écrit cette prière: «Mon Dieu, donnez aux*
philosophes de s'entendre au moins sur l'essentiel», puis il adresse
une lettre à Paul Claudel, non au poète ni au dramaturge mais au
Claudel théologien: «Vous pensez en images et moi j'imagine des
idées. Chaque jour, au livre d'heures, votre souvenir me fascine».

  Ces livres d'un ami de ton fils devraient t'intéresser et être
l'occasion de bons échanges sérieux entre vous deux. Je te les envoie
dans ton lieu de retraite, même si tu n'apprécies guère la personnalité
d'Hertel. Ces bouquins, Michel les avait lui-même achetés — le
premier en 1937 — alors que moi, âgée de dix-sept ans, j'étais
encore au pensionnat au cours Lettres-sciences, les deux autres, en
1941. Je connaissais Michel Chartrand alors peu intimement,
mais nous connaissions tous deux Hertel. Depuis, grâce au cours de
reliure que Michel a tenu à me faire suivre chez l'artisan et artiste
Vianney Bélanger, j'ai pu les relier assez convenablement. Ils
ornent notre bibliothèque.

Autographe pour

Mon ami Amédée Morel

François Hertel

Nous ferons l'avenir — 1

Amédée Monet, frère de Simonne.

Je tiens à revenir à Amédée (junior). Je ne l'appelle plus Dédé, c'est un homme maintenant. Comprends que ton fils est un être triste, tourmenté, désaxé, désabusé de la conduite des adultes. Tu devrais tenter l'impossible pour te rapprocher de lui et mieux comprendre ses problèmes, ses peurs, ses doutes. T'intéresser de près à ses amours, ses projets de futur avocat. Il n'est pas trop tard pour conquérir sa confiance et son estime. Il loge chez toi mais vit ailleurs. Pourquoi ne pas vous parler d'homme à homme?

293

Tu le sais, papa, tu le réalises aussi que la jeunesse comme l'âge mûr a ses difficultés, ses déceptions, ses exigences. Différentes, peut-être, mais réelles. Par contre, nous, les grands enfants, sommes trop souvent de sévères juges des attitudes et comportements de nos parents, de nos aînés, de nos éducateurs. Nous manquons d'expérience, d'indulgence, de sympathie pour les désillusions et les chagrins éprouvés par les adultes. Nous les blâmons sans assez connaître leur vécu intime. Je m'excuse de l'avoir fait moi-même par insolence et effronterie. Ce soir, je tiens à te redire que je crois en toi, en tes sursauts de courage et d'honneur, en tes possibilités de renouvellement. Michel et moi prions la Providence de te secourir et de te donner la grâce de l'espérance en l'avenir.

Mon programme actuel de vie est le suivant: la petite famille à bien épanouir, mon bonheur avec Michel à faire grandir et rayonner, des contacts sociaux enrichissants à établir avec d'autres parents, ma propre culture musicale et intellectuelle à enrichir, enfin le besoin et le devoir de faire du bien autour de nous. Voilà mon idéal de vie. Et Dieu merci, Michel m'aide merveilleusement à le réaliser. C'est un compagnon fidèle, dévoué et tendre.

Mon papa, sache que je suis heureuse avec Michel et toujours davantage. Les bases de notre amour étaient et sont solides. Les gens dits «bien intentionnés» qui nous jugeaient et te déconseillaient ton appui à notre mariage ont manqué de jugement et d'esprit de charité et de justice. Ils ont essayé de saper notre foi et notre confiance en nous, en notre union. Ils ont eu tort. Maintenant la preuve est faite, évidente.

Au risque de paraître trop sentimentale, je te dirai que ton coup de téléphone de ce soir, à l'heure du repas, m'a réjoui le coeur. Tu sais que j'ai toujours eu pour toi une affection très vive. Et ce soir, d'entendre ta voix toute jeune, tes gais propos, tes phrases pleines d'humour m'a reportée au temps de ma tendre enfance où tu étais pour moi l'être le plus merveilleux du monde.

Compte sur mon affection, mes prières, ma piété filiale pour recréer entre nous tous des liens plus solides et plus tendres.

À très bientôt, je l'espère.

Bien affectueusement
Simonne

Alain Chartrand dans les bras de Berthe Alain-Monet, Hélène, Micheline, Amédée Monet et Marie Chartrand.

Montréal, ce 22 octobre, 1946.

Ma chère Simonne,

J'ai reçu ce matin le livre de
François Hertel et la bonne boîte de bon
bons "confection Michel". Après le dîner
j'en ai fait goûter à deux jeunes filles
que j'appelle "mes nièces", qui l'ont
trouvé très bon. Je m'empresse de t'é-
crire pour te dire un merci du profonde mon coeur pour cette délicatesse.
J'aime à croire que tu es en parfaite
santé ainsi que Michel et toute la
chère petite famille. Embrasse-les tou-
pour grand'papa qui les aime bien
je te prie de le croire. La visite de
Mimi m'a fait grand plaisir, elle
voulait que grand'papa s'en aille
avec elle, elle dit "je m'ennuie de toi
chère filleule, comme on l'aime!

Sanatorium Prévost
4455 ouest, boulevard Gouin

Montréal, ce 22 octobre 1946.

Ma chère Simonne,

J'ai reçu ce matin le livre de François Hertel et la bonne boîte de bonbons «confection Michel». Après le dîner, j'en ai fait goûter à deux jeunes filles que j'appelle «mes nièces», qui l'ont trouvé très bon. Je m'empresse de t'écrire pour te dire un merci du profond de mon coeur pour cette délicatesse. J'aime à croire que tu es en parfaite santé ainsi que Michel et toute la chère petite famille. Embrasse-les tous pour grand'papa qui les aime bien, je te prie de le croire. La visite de Mimi m'a fait grand plaisir, elle voulait que grand'papa s'en aille avec elle, elle a dit «je m'ennuie de toi». Chère filleule, comme on l'aime!

Parlons un peu de moi. Je suis très bien, 100% sobre (quelle différence) et j'aime beaucoup ma cure de repos. C'est un endroit idéal, calme et reposant. Je demeure à ce qu'on appelle le Pavillon vert, belle chambre gaie. Nous prenons nos repas dans la grande salle à manger du chalet principal où se rencontrent tous les patients. J'ai été chanceux, à ma table de quatre personnes, ma voisine de gauche est la soeur d'Athanase David, ce qui nous permet de parler de son père, aussi du mien et de son frère, un ami personnel connu en politique; ma voisine de droite vient de St-Hilaire, je connais son père, elle nous a vus à Beloeil, et nous causons du bon vieux temps des régates de St-Hilaire, du vieux bac, de ci, de ça, etc. etc –

Je suis gai, de bonne humeur, en bonne santé, et garde en chef Tassé m'a dit l'autre jour, «même quand vous serez mieux, M. le juge, nous allons vous garder avec nous, car votre gaieté vaut à nos patientes le meilleur des médicaments». Il y a trois femmes qui jouent du piano, et du classique, s.v.p. – 2 qui chantent très bien, moi, je suis le maître de cérémonie, (Roger Baulu), si tu veux, et tous les soirs, après le souper, nous avons un concert que je compte faire irradier quelque jour au poste CVB (ça va bien). Je conte des histoires, je les fais rire, et c'est leur meilleur remède, car la plupart font pitié, souffrant de neurasthénie ou de troubles sérieux de nervosité intense.

Le règlement, que je ne discute pas, est excessivement sévère. Dans un cas comme le mien, par exemple, pour les 6 premiers jours,

297

pas d'appel téléphonique, pas de correspondance, par de sortie en dehors du terrain pour une marche même avec d'autres, pas même le droit de dire «bonjour» à ta femme par téléphone, à côté de la garde, ce qui m'a fait dire l'autre jour à garde Beaudoin «n'ayez pas peur, ce n'est pas Mme Monet qui au téléphone va me conseiller de prendre un coup... Elle a souri gentiment et a ajouté, parlant à un juge: «Dura lex, sed lex».

Ma conduite exemplaire – au dire des gardes – et c'est vrai, me vaut maintenant le plaisir d'écrire, de téléphoner et de recevoir lettres et téléphones. Je peux même sortir du terrain pour prendre une marche sur le trottoir. Quand tu pourras venir me voir, fais-moi le dire par téléphone dans l'avant-midi pour que je sois ici. Et voilà! C'est un papa fier, heureux, résolu, ferme, celui de 1938, qui t'écrit, cela veut tout dire.

Papa

P.S. Amitiés à Michel et grand merci pour ce qu'il a fait pour moi. Fais-lui lire ma lettre.

Le 23 octobre au matin, le postillon m'apportait cette lettre. Je fus surprise, bouleversée d'y reconnaître l'écriture de mon père. Je ne pus l'ouvrir. Quelques minutes plus tôt, je venais d'apprendre au téléphone, par le docteur Saucier, que mon père avait été trouvé, à l'heure du petit déjeuner, inanimé dans son lit au Chalet Vert du sanatorium. Je l'avais vu la veille. Il me paraissait en bonne santé.

«Une hémorragie cérébrale l'a emporté subitement. Consolez-vous, il n'a pas souffert. Son visage était même souriant. Il devait rêver à vous. Il vous aimait bien.»
Je fondis en larmes.

«Venez».

Sympathique et chaleureux, Michel m'entoura de ses bras, en silence. Puis il me demanda tout doucement:

«Veux-tu lire la lettre de ton père? Ne préfères-tu pas attendre un peu?

— Non, je tiens à la lire tout de suite. En ta compagnie. C'est son dernier message. Ouvre la lettre pour moi, veux-tu?»

«Et voilà! C'est un papa fier, heureux, résolu, ferme, celui de 1938, qui t'écrit, cela veut tout dire.

Papa

P.S. Amitiés à Michel et grand merci pour ce qu'il a fait pour moi. Fais-lui lire ma lettre.»

Nous l'avons relue ensemble. Aujourd'hui, je la rends publique. C'est la lettre d'un être profondément humain qui venait d'essayer honnêtement de conjurer le mauvais sort. Il repose en paix. Je le porte encore dans mon coeur.

de: Berthe Alain Monet
à: Simonne

Montréal, le 4 novembre 1946

Ma très chère fille,

Mes meilleurs voeux! Malgré nos divergences d'attitudes et d'opinions, je tiens à te redire toute mon affection et à t'offrir mes prières et mes souhaits. Santé et bonheur!

Je vais te confier, par écrit, c'est plus facile ainsi, ce que j'ai écrit de toi, hier, dans mon journal. «Ma grande fille Simonne est une femme admirable de devoir et de courage. À la fois femme de coeur, mère dévouée et femme d'action sociale. Je suis fière d'elle.»

Embrasse les quatre enfants.

Maman et grand-maman

de: Simonne
à: Berthe Alain Monet

Montréal-Sud, le 23 novembre 1946

Ma très chère mère,

Un mois déjà! Depuis le décès subit de ton mari, de mon père, nous ne nous sommes guère vues que pour régler des questions d'affaires qui ne sont pour moi que de seconde importance. La succession!!! Je ne suis pas héritière et c'est très bien ainsi. C'est à toi que reviennent, à juste titre, les quelques biens légués par papa. «À ma femme», a-t-il écrit dans son testament.

Je ne désire que posséder les textes de causerie, les agendas de mon père pour mieux connaître ses pensées et activités à diverses époques. Si ça te gêne de te départir de ses écrits auxquels tu tiens probablement, dis-le-moi franchement. Si tu trouves cela indiscret de ma part, j'attendrai que, de bon gré, tu me donnes les notes, paperasses et dossiers de papa, comme un legs familial*. Lui parti, j'ai comme un besoin de reconstituer à l'aide de ses documents la trame de sa vie de jeune homme, d'homme mûr, de grand-père, pour que plus tard son petit-fils Alain, bébé de huit mois, et ses trois chères petites le connaissent mieux, comme individu et comme homme politique. Les lettres échangées entre «vous deux» sont indéniablement tiennes.

Je sais que tu souffres d'être seule, même si Amédée habite encore chez toi plutôt qu'avec toi... Tu n'aimes pas me sentir éloignée, habitant la rive sud. Les bras chargés de jeunes enfants, il m'est difficile de te rendre souvent visite surtout en tramway. Tes quatre petits sont beaux, intelligents, fins et très affectueux. J'apprécie beaucoup que depuis leur naissance, tu me rendes spontanément et généreusement le service de les garder tour à tour pour faciliter ma tâche maternelle et mes activités sociales. Je t'en suis reconnaissante.

Je dois admettre qu'il m'est plus facile de t'écrire mes sentiments que de te parler directement ou longuement au téléphone à cause des frais interurbains. Nous ne réussissons pas dans et à travers nos conversations à nous mieux connaître et comprendre. Ce froid entre nous date de si loin... Michel n'y est pour rien, crois-moi.

Selon toi, je demeure «la fille à papa», la maîtresse de Michel, la mère aux attitudes et aux théories pédagogiques audacieuses, la femme d'action en rébellion avec la tradition et le milieu bourgeois. Et tu as raison. Je suis tout cela à la fois. Mais je suis aussi ta fille, héritière de tes grandes qualités morales, de ton sens du devoir et des responsabilités, de l'esprit de service, de ta foi en la Providence, voire même de ton tempérament ardent et passionné.

Je te devine, je te pressens plus que je ne te connais vraiment. Papa t'a souvent reproché devant moi d'être devenue, peu après ma naissance, plus ménagère et mère qu'amante. Ce reproche me sert de leçon, de mise en garde. C'est pourquoi je demeure très liée à Michel, à ses activités, à sa personne; je ne crois pas que nos jeunes enfants en souffrent. Le meilleur exemple que l'on puisse leur donner est, selon moi, de s'aimer pleinement, de se compléter, d'être des amoureux et des amis.

Pour ce qui est de ton veuvage, si subit que tu ne peux y croire, je veux que tu saches que je sympathise beaucoup à la grande douleur

---

* Note de l'auteur. Je n'ai pu recueillir leurs écrits qu'après la mort de ma mère, quinze ans plus tard.

que tu éprouves. Perdre un fils aîné de dix-neuf ans puis un mari de cinquante-six ans, ce sont de dures épreuves pour une femme aussi affectueuse que toi. Pour les survivants, la mort subite d'un être cher est difficile à accepter, mais la longue maladie incurable aussi, la maladie chronique qui rend les malades impotents, handicapés ou inconscients, sans espoir de guérison, est encore pire à supporter. C'est la mort que nous n'acceptons pas. C'est notre impuissance à l'éviter qui nous rend si vulnérables.

Tu le sais, je te l'ai assez souvent répété, peut-être sur un ton insolent et je m'en excuse, je supporte mal les scènes de larmes, les tendances à la neurasthénie, à la tristesse et à la délectation morose «à la Nelligan», propres à tant de femmes, fussent-elles de ma mère. Je vais te paraître dure, trop directe, mais aussi bien être franche et dire toute ma pensée.

Excuse-moi de paraître si peu sympathique à ta peine. Je le suis pourtant. J'éprouve aussi un grand chagrin de la perte de mon père, mais à bien y penser, dans son cas, la mort subite a peut-être été une délivrance. Il est maintenant en paix. Tu crois en la vie éternelle et en la résurrection des corps, alors... En somme, il a un meilleur sort que toi, si nerveusement ébranlée et attristée. Il te faut développer des attitudes plus positives face à la vie future. Fais le bilan de ce que tu possèdes au lieu de calculer ce que tu n'as pas. Tu te plains du manque d'affection et de reconnaissance de la part de tes deux enfants. «Heureusement qu'il y a les petits», te plais-tu à dire. Alors tant mieux! Eux, ils sont spontanés, amusants, affectueux, sans détour. Laisse-toi aller à en jouir, ne cherche pas à les éduquer.

Sache que nous avons pour toi mon frère Amédée, Michel et moi de l'estime, du respect et de l'affection. Mais comprends-le, nous avons notre propre vie à vivre, nos propres opinions et des objectifs personnels et sociaux différents de ceux de votre génération. Ne te tourmente pas pour nous. Nous avons «la grâce d'état.» Tu y crois? Alors, ne t'inquiète pas inutilement. Pense plutôt à survivre. Organise-toi des loisirs. Pars en voyage, change de groupe d'amies. Trouve-toi de nouveaux mobiles d'action, de loisirs, des raisons dynamiques de vivre.

Aie plus confiance en tes propres ressources, remets-toi à l'action sociale, fais du bénévolat. La Ligue des droits de la femme vient de faire paraître une brochure pour informer les femmes de leurs droits et exiger des réformes au Code civil sur la législation et la situation des femmes mariées. Pourquoi ne pas contacter Thérèse Casgrain? Pourquoi ne pas te joindre aux militantes de la Ligue? Tu as du temps libre et des connaissances dans le domaine juridique. Papa nous a si souvent parlé des lois désuètes concernant la femme. Petit à petit, tu poseras un regard plus serein sur le présent et l'avenir, au lieu de pleurer inutilement sur le passé. Recherche la sérénité dans la confiance en toi et en Dieu. Bon courage!

Tu es toujours la très bienvenue chez les Chartrand de «l'autre rive». Viens «en visite», non en éducatrice, en correctrice, mais en amie visiteuse. Je désire fortement que s'établissent entre nous des rapports plus cordiaux, non de mère à fille, mais de femme à femme.

À très bientôt, je l'espère.

Affectueusement
Simonne

de: Simonne
à: Michel Chartrand

Saint-Adèle, le 17 janvier 1947

Mon Michel bien aimé,

Je voudrais qu'à ton entrée à la maison tu n'aies pas l'impression d'être seul. Je veux t'y retrouver avec toute mon affection et te faire oublier les vilains moments de notre dernière matinée. Nous éprouvions au départ un mutuel sentiment de tendresse, un grand besoin de douceur et de pardon. Je t'ai quitté pour quelque temps, le coeur bien gros avec l'impression de poser un acte très nécessaire pour une détente commune.

Ton grand désir de me voir, de me rendre heureuse et en bonne santé, te fait éprouver une sorte de nervosité, de désarroi devant nos difficultés financières. Je crains toujours les sentiments sourds qui grondent tout à coup en toi comme le tonnerre à la suite d'un éclair de lumière sur certaines réalités, certains faits difficiles à accepter, tels tes périodes de chômage hors des ateliers d'imprimerie. Tu veux tellement syndiquer les employés de ton milieu de travail que tu t'attires des congédiements de tes employeurs. Eux ne veulent pas de syndicats ou tolèrent les Unions américaines mais pas les syndicats de la CTCC. Ils te trouvent révolutionnaire, agitateur et ils te congédient.

Je me plais ici dans ce village encore tout rempli de ta présence. Micheline et moi sommes très bien auprès de la si gentille Gerry.

Dans un mois jour pour jour nous fêterons notre cinquième anniversaire de mariage. Bien des joies, quelques difficultés matérielles, mais surtout une vie conjugale pleine d'expériences humanisantes. L'amour que nous nous portons a toujours besoin d'être purifié, embelli pour s'approfondir et grandir.

Je suis à toi de tout coeur
Marie-Louise

P.-S. Si je t'écris sur une carte bordée de noir, ce n'est pas que je sois en deuil de toi, mais de mon père.

de: Simonne
à: Michel Chartrand

Saint-Adèle, le 19 janvier 1947

Mon cher Michel,

Je vis ici, en repos, dans une atmosphère très familière, tout occupée aux soins à donner à Alain et à son cousin germain Maurice. Ils auront bientôt un an ces petits bonshommes. Gerry, la vaillante femme de ton frère Gabriel est devenue pour moi une amie.

Ici comme à Montréal-Sud, la surveillance du chauffage de la maison est constante et obsédante. Même avec deux poêles à bois et au charbon, la température des pièces est tour à tour subitement surélevée ou trop basse. Vive le système de chauffage des maisons bourgeoises!

Il semble que chez tous les couples, ici comme chez nous, bien des discussions portent sur l'insécurité de travail et de revenus des chefs de famille de nombreux enfants. Nos problèmes de cet ordre ne sont donc pas uniques ni particuliers, mais ils me semblent quasi insolubles malgré tes efforts pour les envisager froidement. Tu me répètes souvent que toutes les familles nombreuses ont des difficultés financières et que l'État devrait les aider davantage. Ces ennuis de budget m'attristent et gaspillent nos trop rares moments passés ensemble. Il faut quand même les envisager. Je ne gaspille pas mais nos revenus sont insuffisants. Je prie quand même la Providence pour qu'Elle nous aide à prendre de bonnes décisions.

Une part de mon enthousiasme idéaliste, de ma confiance sans borne «dans le devoir d'imprévoyance» prôné par l'écrivain Isabelle Rivière est diminuée. Serait-ce dû aux grossesses trop rapprochées —

nous avons déjà quatre enfants avant de fêter notre cinquième anniversaire de mariage — au surmenage inévitable, à tes fréquentes, quoiqu'obligatoires absences? Je le crois. Il va falloir être plus prévoyants.

Sans être pessimiste, je ne veux toutefois pas admettre que les mauvais sorts jetés sur nous par les préjugés de l'opinion publique, qui ne croit qu'à la réussite matérielle et aux succès politiques, détruisent notre mutuelle affection. La vie est difficile. Rendons la belle en nous aimant davantage.

Simonne

P.-S. Ton frère Gabriel t'apportera cette lettre à Montréal pour qu'elle te parvienne plus tôt.

Notes de lecture 1947

En vacances à Philipsburg, comté de Missisquoi, j'entreprends ma première lecture d'importance sur les questions ouvrières. Jean-Pierre Després, ex-étudiant à la faculté des sciences sociales de l'université Laval a publié un livre de recherches: *Le mouvement ouvrier canadien**. J'ai rencontré Jean-Pierre au Congrès international de Pax Romana, étudiant fort sympathique délégué de la Fédération universitaire. La préface de son livre est signée Édouard Montpetit. Michel s'est procuré ce bouquin et l'a étudié attentivement.

Cet ouvrage de Jean-Pierre Després m'informe sur les principes et les objectifs du syndicalisme de la CTCC, groupement essentiel au bien commun des ouvriers. Michel, lui, est déjà très sensibilisé aux problèmes des ouvriers, ayant lui-même une expérience d'employé comme typographe dans des ateliers d'imprimerie où il tente d'organiser un syndicat affilié à la Centrale canadienne-française. Parallèlement, le mouvement coopératif en général et en particulier, les coopératives, soit de vêtements, La Bonne Coupe, d'alimentation, La Familiale, de logement, Cité Jardin, de crédit, la Caisse Populaire de Montréal-Sud, et d'artisanat, l'Initiative artisanale, font aussi partie de ses priorités d'action*.

Michel m'a fait lire *Maîtres de notre propre destin*, une étude intéressante sur la coopération, rédigée par le directeur de l'université Saint-François-Xavier d'Antigonish en Nouvelle-Écosse. L'auteur, M.M. Coody, met

* Texte rédigé par Jean-Pierre Després, docteur ès sciences sociales. Publié sous les auspices du département des relations industrielles de la faculté des sciences sociales de l'université Laval.

* La Bonne Coupe: Michel Chartrand, président-gérant;
La Familiale: fondée par madame Berthe Louard et Victor Barbeau, auteur de *L'Humain inhumain*;
Caisse populaire de Montréal-Sud: fondée par une équipe de citoyens dont Michel Chartrand;
L'Initiative artisanale: mise sur pied par Flore Mondor-Chaput et son équipe.

en lumière un effort tenté pour faire l'éducation des adultes par la coopération économique, aider le peuple à conquérir son indépendance économique et à considérer le rôle important de la coopération dans un plan de société.

Les problèmes économiques des Canadiens français ne sont que rarement évoqués et discutés dans les milieux intellectuels et littéraires. Pour eux, les questions de finances et d'entreprises commerciales semblent trop terre à terre, trop matérialistes; sauf pour Esdras Minville, Victor Barbeau, l'abbé Lionel Groulx, Édouard Montpetit, Gérard Filion, François-Albert Angers, la plupart professeurs aux Hautes Études commerciales, écrivains ou rédacteurs de *l'Action nationale*.

Les programmes scolaires des collèges classiques tant masculins que féminins n'ont présenté aux élèves à peu près aucune information sur les rouages de l'activité économique: coopératives, entreprises, commerces, etc. Le domaine financier est, selon la petite bourgeoisie, la chasse gardée du milieu anglophone protestant. Par ailleurs, l'équipe de professeurs des Hautes Études commerciales dénonce l'emprise du capital étranger sur l'économie de la province et lance des cris d'alarme à la nation canadienne-française.

La lecture d'études, soit sur le syndicalisme ou sur l'éducation coopérative des adultes m'aide à mieux comprendre l'importance de ces mouvements dans lesquels Michel est volontairement et bénévolement très impliqué.

Philipsburg, le 20 juillet 1947

M. Michel Chartrand
Montréal-Sud

Mon mari chéri,

La vie coule ici douce et tranquille dans cette agréable pension de famille. Ce repos, entre ta mère et notre petite Marie docile et gentille, m'est agréable et bienfaisant. Nous sommes tous trois de bonne humeur.

Ta mère «fait ses dévotions» à une jolie chapelle consacrée à Notre-Dame-du-Laus tout près d'ici. J'aime et j'estime beaucoup ta mère et je tente d'imiter ses vertus.

Tu es un si bon maître de maison et un père si dévoué que j'ai confiance que tout ira bien à la maison en mon absence. Peut-être ne sais-tu pas que c'est difficile pour une femme, et surtout une mère, de laisser les siens, de s'en décharger sur les autres, même temporairement? C'est un déchirement quasi physique que je crois par ailleurs bienfaisant pour tous les intéressés.

Tu es si absorbé par tant de préoccupations matérielles, budget familial, insécurité au travail, activités syndicales et patriotiques, que je voudrais t'éviter des ennuis venant de ma santé. Sois assuré que j'en prends bien soin et que je réalise bien l'importance de le faire pour nous tous. Je désire tant devenir pour toi la compagne idéale que tu as entrevue en moi, la femme forte de l'Évangile. Je te reviendrai reposée et plus sereine. Mon état général est bon. Ma tête toujours aussi lourde. Je compte sur «la délivrance» pour la guérison de mes migraines. Je ne sais si je porte un garçon ou une fille.

Téléphone à maman. Elle souffre de ta froideur. Fais cela par charité, tu grandiras dans mon estime.

Toutes trois, nous t'embrassons.

Tienne toujours
Simonne

Philipsburg, le 24 juillet 1947

Chère toi,

J'ai reçu ton télégramme samedi. Tant mieux si tu t'es bien rendue et si ta marmaille est heureuse de ton retour.

Comme tu le constateras par l'endroit d'où je t'écris, j'ai tenu compte de ta suggestion — plus que tu le fais habituellement des miennes — de venir me reposer ici dans cette agréable pension auprès de ta belle-mère si calme et si sereine.

Neuf mois déjà que ton cher père nous a quittés et si subitement. Je ne puis m'en consoler. Ton frère, Amédée, et toi semblez me reprocher de toujours parler de ma peine, d'être triste, même «névrosée», m'as-tu dit l'autre soir. Le mot est fort. Tu as toujours vis-à-vis moi un ton très direct, très raide. Pourquoi? Penses-tu vraiment, toi, mariée depuis cinq ans, que l'on puisse vivre trente ans de «vie à deux» et que l'on puisse les oublier si vite? Avoir mis en commun «pour le meilleur et pour le pire» à la fois ses rêves et ses espoirs, tout comme ses erreurs, ses désillusions, ses incompatibilités de caractère et se trouver brusquement seule crée une brisure difficile à tolérer, écrasante. Ma situation de femme seule m'est extrêmement pénible. Vous dites tous que j'exagère. Pauvres chers enfants! Même devenus adultes vous n'avez pas tellement de compréhension de mes problèmes sentimentaux; probablement êtes-vous trop pris par les vôtres?

À trois nous ne formons vraiment pas une vraie famille et c'est ce qui me chagrine. Si vous saviez combien je vous aime et comme je voudrais vous aider, vous conseiller afin de ne pas commettre certaines erreurs dans la vie de couple. Je voudrais vous éviter certaines déceptions, surtout à toi, Simonne, si idéaliste. Je t'en prie, sois donc moins raide, moins distante, moins indépendante à mon égard. Je sais que je suis parfois gauche, que je m'y prends mal, que je suis quelquefois autoritaire. Mais sachez que je suis toujours sincère et sans arrière-pensée dans mes attitudes.

Vous devriez aussi réaliser, ton frère, ton mari et toi, que je n'ai pas votre âge pour voir les situations avec vos yeux; tenez donc compte de cela dans vos propos et vos jugements radicaux. Ce n'est pas à cinquante-cinq ans qu'un tempérament émotif comme le mien

*peut faire face à pareille épreuve. Je suis bien seule moralement.
Nous sortions et recevions «en couple». Une veuve attristée et
dépressive n'est nulle part la bienvenue. Parfois, je ne puis retenir
mes larmes devant une photo, un article, un objet qui témoignent de
la présence, plutôt de l'absence de ton père. Et pourquoi faudrait-il
retenir ou cacher des larmes vraies et honnêtes?*

*Pourquoi as-tu pris, toi sa seule fille alors que vous vous aimiez
tant, l'attitude de n'en jamais plus parler devant moi? Tu sembles
fuir tout sujet de conversation qui se rapporte à lui. Ça me déchire le
coeur. Et le culte des morts, ce n'est rien pour toi? À cette question,
tu m'as vivement répondu qu'il était malsain de cultiver ses peines,
de les entretenir de façon morbide. Que tu croyais ton père plus
heureux là où il était. En paix, à son meilleur et que pour toi, il
n'était pas vraiment mort, seulement physiquement. Que tu le
portais dans ton coeur et dans ta tête. Que décédé il restait vivant
pour toi. Cette attitude stoïque de ta part devant nos disparus, nos
manquants, tu l'as eue aussi à l'occasion de la mort de ta grand-
mère Alain et de ton frère Roger. Tu ne veux même pas aller prier
sur leurs tombes au cimetière. On dirait que l'on ne pratique pas la
même religion. Je t'entends me dire: «Assez de plaintes et de
reproches, faisons mieux à l'avenir.»*

*Ma grande fille, je te souhaiterais plus chaleureuse avec moi,
moins fière et indépendante d'esprit, moins orgueilleuse aussi.
J'aimerais t'entendre dire: «Maman, j'aurais besoin de ceci, de
cela.» Je serais si heureuse de te l'offrir. Mais tu méprises les choses
matérielles.*

*J'ai bien hâte que tout ce qui regarde la succession soit
définitivement réglé pour savoir la façon dont je pourrai organiser
ma vie, mon futur logement. À mon retour, je t'enverrai la liste
détaillée des comptes, des assurances, des «petites affaires» à
discuter en famille. Que c'est long, ennuyeux, toute cette paperas-
serie du gouvernement et des compagnies d'assurances.*

*Je voudrais tellement que nous trois ensemble, soyions satisfaits
du règlement et d'accord sur les dispositions à prendre. Mais toi,
Simonne, tu te désintéresses totalement de cette question de
succession. Tu m'as répondu froidement après la mort de ton père:
«Papa a nommé un exécuteur testamentaire, c'est à lui de régler ces
questions monétaires. De toute façon, papa a été à salaire comme
juge durant vingt-cinq ans et il nous a tous bien fait vivre; ce n'est
pas étonnant qu'il ne puisse laisser d'héritage. Il n'avait pas de
biens personnels.» Et tu as ajouté: «Tout ce que je désire, ce sont ses*

textes de discours, de conférences et ses agendas.» Ton frère, toi et moi, sommes trois personnes de tempérament, d'opinions et de genre de vie si différents que l'on semble être presque étrangers. Et moi qui ai consacré tout mon coeur, mon dévouement, mon temps à vouloir créer un esprit familial... Je doute d'avoir réussi.

Excuse cette longue épître, mais d'ici, en vacances, je peux me décharger le coeur espérant que tu me comprendras mieux et seras plus sympathique à mes peines.

J'ai cru deviner que tu étais à nouveau enceinte. Pauvre enfant! Tu es déjà si épuisée à prendre soin de tes quatre. Comment feras-tu avec un cinquième? Je sais que la religion est sévère sur l'empêchement de famille, mais il reste à pratiquer ce que l'on conseille aux AA: Abstinence au jour le jour, vingt-quatre heures à la fois. Je te suggère ça parce que je te voudrais en meilleure santé, mais je crains que ce conseil t'agace. Excuse-moi.

Bien des caresses à mes quatre amours. Tâche de te trouver une bonne pour t'aider au ménage. La vie d'une mère est si besogneuse et surtout très liée au bonheur des siens.

Je te souhaite une meilleure santé. Je laisse une petite place sur cette dernière page pour que ta belle-mère t'écrive un mot.

Maman

Bonjour ma Simonne. Je vous embrasse ainsi que votre belle nichée.

Toute mon affection à vous tous.

De votre belle-maman
Hélène C.

«Vive la famille nombreuse!»

Geneviève et Suzanne

Avant le jour de Noël 1947, Ghislaine et André Laurendeau m'offrirent d'être «dans les honneurs», ça signifiait, dans les circonstances, d'accepter d'être la marraine de leur cinquième enfant, avec Michel comme parrain. Il fut question du nom à donner à ce nouvel enfant. De mon côté, dans l'attente très prochaine d'un cinquième enfant, j'avais choisi à l'avance le prénom de Daniel, si j'accouchais d'un garçon, et de Geneviève, au cas où j'accoucherais à nouveau d'une fille.

Le 26 décembre le bébé Laurendeau naquit à l'hôpital Sainte-Jeanne-d'Arc.

«C'est une fille! me dit Ghislaine, au téléphone. J'aimerais l'appeler Geneviève. Que pensez-vous de ce nom-là? L'aimez-vous?
— Bien sûr, c'est un très joli nom.
— Alors, si ce nom vous plaît, je serais heureuse que comme marraine vous le donniez à notre nouvelle fille.»
Ce fut fait et fort agréablement.

Puis vint pour moi l'énervement occasionné par la recherche d'une gardienne fiable pour diriger une maisonnée de quatre jeunes

enfants, dont aucun n'était d'âge scolaire. Je téléphonais à Montréal et à Saint-Jean aux agences d'auxiliaires familiales, à l'Oeuvre de l'assistance familiale, aux aumôniers de groupes de foyers et aux curés des paroisses de Longueuil. De partout, aucune réponse positive. Tard le 29 décembre au soir, le téléphone sonna. Je me levai, tout endormie et je répondis tout engourdie:

«Allo! qui parle?

— C'est Jeanne! vous vous souvenez de moi? J'ai déjà gardé chez vous!

— Jeanne! bien oui! comment allez-vous?

— Ça va mal; je suis encore enceinte et toujours pas mariée. Mes parents m'ont jetée dehors et je ne puis à six mois, «arrangée comme ça,» travailler en usine. Pouvez-vous me faire la charité de me reprendre?

— Vous êtes la très bienvenue, ma chère Jeanne, d'autant plus que je dois accoucher d'ici quelques jours et que je cherche désespérément une gardienne.»

Je me rendormis apaisée et confiante dans les bons services de Jeanne D. qui était venue, à deux reprises et dans les mêmes circonstances, habiter avec nous. Toujours «en famille», elle faisait partie en somme de la maisonnée.

Puis ce fut le premier de l'an 1948 et son cortège de visites, de repas, de cadeaux, dans l'une et l'autre de nos familles. Les bras chargés de cadeaux, de bébés, en plus de celui qui ne se faisait pas oublier tellement il bougeait... Le lendemain, après le souper et le bain des petits, je dis à Jeanne:

«Je crois qu'il est temps que je parte pour La Miséricorde. Je suis en grandes douleurs. C'est presque un miracle que vous soyiez arrivée.

— Juste à temps pour vous rendre service! Je vous dois bien ça. Partez avec votre mari, votre beau Michel. Fiez-vous à moi. Vos enfants et moi, on s'aime bien.»

Arrivée et inscrite à l'hôpital spécialisé en maternité, je subis des pré-examens sommaires. Une garde me reconduisit à ma chambre et me dit:

«Le médecin viendra plus tard. Vous n'avez qu'à attendre ici patiemment.

— Comme si je ne le savais pas...»

De son côté, Michel, passé par l'inscription, attendait au petit parloir près de ma chambre des nouvelles du gynécologue. Mais il n'était pas, à cette heure-là, présent. Je sortis de ma chambre et je dis à mon mari:

«Michel, j'ai faim. J'aimerais que tu m'amènes manger des mets chinois, tout près d'ici sur Lagauchetière, j'en ai vraiment le goût.

— On ne te laissera pas partir.

— Mais je ne suis pas prête d'accoucher, je le sais par expérience, alors faufilons-nous dehors.»

Ce que nous fîmes au grand scandale de la religieuse réceptionniste qui criait: «Madame, revenez, revenez à votre chambre! quelle imprudence!» J'étais dehors sur le trottoir en route vers le restaurant. Je pris un repas léger et agréable, et revins quelque trente minutes plus tard bien sagement à ma chambre, au grand énervement du personnel de l'étage.

Dans la nuit, on me conduisit à une grande salle attenante à la salle d'accouchement. Une dizaine de femmes attendaient leur tour... Certaines criaient, pleuraient. Ma voisine ne cessait de réclamer la présence de son père. La garde lui répondait:

«Pas d'homme ici dans le département!

— Mais, il est médecin, mon père.

— Peut-être, mais pas rattaché à cet hôpital.»

Et me désignant d'un index réprobateur:

«Vous la grande, cessez de marcher, vos eaux vont crever et mouiller les planchers. Et donnez-moi ce livre que vous faites circuler.

— C'est un livre humoristique illustré sur l'accouchement, ça nous détend de le regarder.

— Apportez-moi ce livre, «je suis en charge ici». Je m'appelle garde Laliberté et je n'endure aucun accroc aux règlements de ce département.»

L'accouchement fut long et laborieux, mais il en valut la peine. Nous est née une petite fille au visage rond, au teint rosé, aux cheveux noirs et touffus. «Une belle Geneviève, mi-française, mi-italienne», me suis-je dit. Mon amie, Suzanne Marier, fut choisie comme marraine; elle me demanda:

«Aimes-tu le nom de Suzanne?

— Oui, c'est très joli.

— Alors, je le lui donne comme prénom.»

Notre belle petite fut baptisée le 3 janvier, jour de la Sainte-Geneviève, et porta les noms de Geneviève Suzanne Chartrand. C'était le cinquième enfant né en dedans de six ans de mariage.

Anecdotes familiales

Les soins, l'instruction et l'éducation à donner à cinq jeunes enfants, dont seule l'aînée était d'âge scolaire, exigeaient une organisation domestique qui ressemblerait de très près à celle d'une pouponnière, d'une garderie ou d'une pré-maternelle, l'équipement et le personnel spécialisés en moins.

Je m'étais, après la naissance de Micheline, inscrite au BCG à des cours de puériculture, à ceux de l'École des parents de Montréal et de Longueuil, et abonnée à deux revues pédagogiques, même au magazine américain *Parent's Magazine*. Dans les établissements commerciaux, au comptoir des jeux d'enfants, nouvellement appelés jouets éducatifs, je regardais et j'observais leurs formes, couleurs, fonctions afin de transposer et d'appliquer, à tout autre matériel disponible à la maison et sans frais onéreux, le même principe du jouet éducatif.

Puis me vint l'idée d'ouvrir, comme Claudine Vallerand, la pionnière en ce domaine l'avait fait, et pourquoi pas? une maternelle pour recevoir les enfants de la rue, du même âge que les miens. Dans notre grand logement, rue Hindland (Duvernay), je disposais d'une grande salle avec fenêtres et porte ouvrant sur la cour sécuritairement clôturée. Dans les années 1945, les entreprises privées de cet ordre étaient rarement louangées comme des exemples d'initiative pédagogique mais plutôt rejetées et craintes. Je possédais un diplôme d'enseignement qui m'habilitait à diriger une école primaire et à y enseigner à tous les degrés. Toutefois, aucun cours ni diplôme n'existaient en pédagogie pré-scolaire. C'était à croire que la grâce d'état et l'instinct maternel suffisaient à la bonne éducation des petits.

Je parlai à mon entourage et à la commission scolaire de mon projet à la fois récréatif et pédagogique: «Vous n'y pensez pas? N'avez-vous pas assez de cinq petits à surveiller? Avez-vous demandé l'autorisation au Conseil de l'instruction publique? Et qui payera votre équipement? Les mères ont pourtant assez de coeur pour surveiller leurs propres enfants. On n'est jamais si bien servi que par soi-même. Faire de l'argent sur le compte des enfants et des parents... Êtes-vous devenue capitaliste?»

Autres paroles d'encouragement du genre venaient de mon entourage:

«Tu es si frêle, tu n'as même pas pris de poids depuis la naissance de Suzanne, ta petite dernière. Cherches-tu à te faire mourir? Tu en as déjà plein les bras; ils sont assez nombreux pour s'amuser ensemble.

— Mais d'être toujours ensemble développe chez eux des manies, des attitudes de sympathie ou de jalousie les uns envers les autres. Au contact d'autres enfants, ils se socialiseraient davantage.

— Et en plus, il faut que tu mêles à ça le socialisme. C'est une théorie condamnée par l'Église. Vraiment, tu nous sembles un peu dérangée.» J'étais surtout dérangeante...

Durant ces années «de maternage», bien des questions et doutes me vinrent à l'esprit amenés et influencés par les réactions de mon milieu, de ceux qui me voulaient «du bien»... «Simonne, pourquoi persistes-tu à poursuivre des études, à signer des cartes de membre d'association de parents et de parents-maîtres, à accepter de donner d'association de parents et de parents-maîtres, à accepter de donner des cours ici et là? Toutes ces activités te fatiguent, te surmènent inutilement. De plus, ce travail n'est même pas rémunéré. Tu resteras éternellement une naïve idéaliste. Une bénévole!» Ces bonnes gens — peut-être à leur insu — essayaient de créer chez moi un sentiment de culpabilité de vouloir exercer, à l'extérieur de la maison, certaines activités dites plus sociales que familiales: «On peut lire et écouter la radio chez soi, au lieu d'organiser, comme tu le fais, des groupes de foyers à l'écoute et faire partie d'un comité consultatif à Radio-Canada pour la bonne marche des émissions de Radio-Parents.»

Pourtant, je me plaisais grandement aux soins à donner aux cinq enfants en vue de leur développement physique, émotif, psychologique, intellectuel et moral. Ainsi soit-il, mon Père... Je leur disais souvent à tour de rôle en les embrassant: «Maman t'aime beaucoup tu sais.» Ils le savaient très bien. On ne trompe pas les enfants. Ils sont si perspicaces. Ils aiment à ce qu'on leur lance des défis! «Alain, tu es capable d'attacher seul tes lacets. À deux ans, tu es assez grand. Hélène et Marie, écoutez la chanson que Mimi vient d'apprendre sur disque, répétez les mots, l'air viendra, la musique est si jolie.»

Nous organisions des ballades, des jeux dans la neige, l'hiver, des pique-niques dans l'herbe, l'été. Nous montions des séances au salon, en l'absence de Michel. Ça servait de salle de répétitions pour «la première» lors de sa venue après des assemblées ou congrès de toutes sortes. Les lourdes tentures servaient de rideaux de scène. On s'amusait bien ensemble. C'était avant la venue et l'emprise de la télévision.

Pour ma part, seule adulte à la maison, j'écoutais au poste de Radio-Canada des causeries éducatives et artistiques présentées par Marcelle Barthe, l'excellente animatrice de Fémina*. Elle était devenue si présente à mon foyer que je la considérais comme une amie. Afin d'utiliser au mieux le temps/horaire domestique, les pieds soulevés sur un tabouret pour mieux activer la circulation sanguine, j'exécutais durant l'écoute de ces émissions féminines certains travaux de couture ou de raccommodage. La voix chaude et sympathique de celle qui fut l'une des premières femmes annonceurs de Radio-Canada à Montréal présentait à son auditoire, tour à tour, Thérèse Casgrain, Florence Martel, Judith Jasmin et leurs chroniques respectives d'information et d'action politique. Après une brève conclusion toujours bien appropriée au sujet de l'émission Fémina, elle terminait en nous disant sur un ton amical et sympathique: «Sincèrement vôtre, Marcelle Barthe.»

* * *

Même très tôt, chacun des enfants manifestait son tempérament: doux ou agressif, bonasse ou énergique, ses goûts à table, ses saveurs et couleurs préférées. Honnêtement, je puis affirmer que je n'ai jamais eu ce qu'on appelle des préférences pour un enfant plutôt que pour un autre. Je n'ai jamais eu de chouchou, de petit préféré. Même Alain, seul fils entouré de quatre filles, ne reçut pas de faveurs ni de traitement affectif spécial. Ce fut une époque féconde dans tous les sens. Michel se révélait un père très doué, amusant et affectueux dans ses contacts avec sa marmaille. Les enfants l'aimaient beaucoup, mais aussi le craignaient à cause de ses imprévisibles sautes d'humeur. En ce sens, je faisais aussi partie de leur clan.

Des anecdotes amusantes, cocasses ou pénibles, je pourrais en raconter tellement qu'elles deviendraient matière à un livre particulier. De toute façon, elles ressembleraient à celles vécues à peu près dans toutes les familles. L'une d'entre elles me vient à l'esprit.

L'émission importante à cette époque était: *La prière en famille*. «Une famille qui prie est une famille unie» était l'indicatif du poste CKAC pour l'annoncer. Un soir que j'étais à donner le bain à Suzanne, la plus petite, je dis à Micheline, l'aînée, qui commençait en cours particulier — elle n'avait que cinq ans — à étudier son catéchisme: «Mimi, ouvre la radio et faits réciter aux plus petites leur chapelet. Mettez-vous à genoux dans la salle près de la tête du Christ en bois sculpté. Dans quelques minutes monseigneur Léger va dire le chapelet.» Ce que sembla faire Micheline très docilement. Très douée pour la musique, elle pouvait imiter toutes les voix connues. J'entendais de la salle de bain: «Je vous salue Marie, pleine de grâces etc.» Puis, imitant à s'y tromper la voix du Cardinal, elle ajoutait: «Offrons cette deuxième dizaine pour les missionnaires d'Afrique». Avec dans les bras ma Suzanne toute rose et rafraîchie j'entrouvris doucement la porte de la salle. Quelle ne fut pas ma surprise de reconnaître en Micheline la voix de monseigneur Léger et de voir le spectacle des trois autres enfants en révérence et salutation face à Marie aux longs cheveux dorés qui se donnait des airs de madone.

Un beau dimanche après-midi, ma belle-soeur Jacqueline, qui avait à ce moment-là trois enfants (elle en eut neuf) et moi, qui en avais cinq, avions décidé de faire un pique-nique à l'île Sainte-Hélène. Montréal-Sud, où nous habitions, était une petite municipalité située à la sortie du pont Jacques-Cartier. Aller à l'île avec enfants et paniers à provisions était le seul congé que nous puissions nous offrir. La verdure, l'espace, la vue des fleurs, la piscine, les jeux, c'était le rêve, le grand luxe pour les enfants.

Par précaution, je dis à tous les enfants assis à table pour le goûter: «Ne vous éloignez pas trop de peur de vous perdre. Jacqueline et moi resterons ici même à cette table. Si, par malheur, vous vous égarez, avertissez la police qui se promène partout et fait la patrouille. Elle

vous ramènera ici ou au poste de police, où vous serez en sûreté. Nous irons vous chercher là. Entendu?» Jacqueline et moi causions tout en ayant les enfants à l'oeil. Mais tout à coup nous nous sommes rendues compte que depuis une demi-heure, aucun enfant n'avait revu Marie. Alors ce fut la tournée de reconnaissance des lieux et sans succès. Inquiète, je questionnais tout le monde:

«Avez-vous vu une petite blonde d'à peu près trois ans, aux longs cheveux, habillée d'une robe soleil et d'un bonnet à carreaux?

— Non, madame, il y a tellement d'enfants ici le dimanche. Allez donc voir la police.»

Laissant la garde des miens à ma belle-soeur, en hâtant le pas, je partis en direction du poste de police, près de l'entrée du pont Jacques-Cartier. J'ouvris brusquement la porte et dis à l'officier de service: «Avez-vous vu...» Alors j'entendis de l'autre pièce une voix très familière me répondre: «Maman, t'as bien l'air énervée, échevelée, tu m'avais pourtant dit d'aller voir la police...»

* * *

Par un beau froid sec d'hiver, je décidai de laisser là toute l'ennuyeuse besogne domestique, d'habiller tout mon petit monde et d'aller, après déjeuner, jouer dehors dans la belle neige propre.

Pelles, traîneaux, boîtes d'oranges en guise de parc, tout l'attirail de jouets d'hiver fut sorti dans la cour. Tous et chacun couraient, riaient, se taquinaient, se lançaient des mottes de neige. La gaieté régnait. À notre nombre, il y avait toujours moyen d'organiser une partie de plaisir.

Vite fatiguées, un peu gelées par les morsures du froid, deux des filles demandèrent à entrer se réchauffer. Je fus d'accord. Puis, tout à coup, je m'aperçus que le petit Alain, le plus jeune n'était plus dans son traîneau. J'entrai dans la maison, il n'y était pas. Alors, nous nous mîmes toutes à sa recherche. On ne le vit nulle part, ni dans la cour, ni sur ou sous les deux galeries, ni caché dans sa grosse caisse d'oranges. Affolement général. J'entrai téléphoner à la police pour que leur auto patrouille dans les rues avoisinantes. J'avais bien honte et bien peur qu'il lui soit arrivé quelque accident. Je téléphonai même à Montréal à l'atelier d'imprimerie où travaillait Michel:

«On a perdu Alain, viens tout de suite.

— Qu'est-ce que tu me racontes. Est-ce une farce?

— Non, reviens tout de suite.»

Un détachement de la fanfare de Longueuil circulait rue Saint-Laurent. Au son des instruments, Alain avait marché jusqu'à la quatrième maison voisine, s'était assis sagement sur la galerie du côté, regardait défiler les cadets et écoutait tout simplement la musique. C'est ce qu'il nous dit tout content de sa première sortie quand, tous nerveux, nous l'avons enfin retrouvé.

«Alain! Mais pourquoi es-tu parti sans nous le dire?
— C'est à cause de la musique, je voulais aller l'entendre de plus près.»
Me revinrent en mémoire les paroles de Marie et Joseph disant à Jésus: «Pourquoi nous as-tu laissés, ton père et moi, nous te cherchions, inquiets...»

Au retour, les quatre enfants, Michel et moi avons trouvé la maison glaciale. Le feu du poêle à bois de la cuisine avait eu le temps de s'éteindre et celui de la fournaise à charbon de la cave aussi. Ma voisine qui avait assisté à tout le manège me dit: «Madame Chartrand, vous êtes une bien drôle de mère. Il me semble que vous avez passé l'âge de jouer dehors. Le rôle de la mère est au foyer, on vous l'a pourtant assez dit.»

Le Moi

«C'est à moi ce jouet-là, je l'ai reçu en cadeau à ma fête.

— Oui, mais tu peux le prêter à ta soeur.

— Non. Elle va peut-être me le casser.

— Et si vous jouiez ensemble?

— Non. Elle veut toujours gagner, jouer le meilleur rôle. Qu'elle joue avec ses petites affaires à elle. Elle en a des jouets à elle.

— Et si l'on faisait, tous les cinq, un grand jeu?

— On jouerait à quoi?

— À ce que vous voulez. On pourrait s'inventer une histoire, un voyage, une fête.

— La fête de qui? Ce serait pas juste. Elle aurait pour elle toute la visite, le gâteau, les chandelles, tous les cadeaux, toutes les cartes de fête, etc.

— Mais elle les partagerait avec les autres comme tu le ferais toi-même, je le suppose bien.»

Et nous causions ainsi mes petits et moi très souvent. Après une mise en scène, un moment d'enthousiasme, chacun et chacune

revenait à son idée, à son joujou préféré, au rôle qu'il voulait bien jouer, «à sa manière» d'être et de faire. Malgré toutes mes notions pédagogiques, mes idéaux moraux de don, de partage, d'échange, j'ai dû me rendre à l'évidence qu'il existe en chaque être un «moi» omniprésent, égoïste et orgueilleux, un caractère, un tempérament très tôt assez marqué par l'hérédité qui peut-être joue un grand, moyen ou petit rôle, je ne puis l'affirmer ou le nier, je ne suis pas une scientifique, mais chaque bébé, chaque enfant est bien en lui-même une personne humaine différente; on peut l'observer très tôt. Certes, l'éducation et l'exemple donnés, l'environnement exerce une influence sur leur comportement, sur leur évolution personnelle.

Particulièrement harassée, j'avais dit un soir après la corvée domestique de cinq à sept heures et plus — qui, dans une famille nombreuse, est loin d'être un cocktail mondain: «Il est assez tard maintenant les petites, préparez-vous à vous coucher.» Elles avaient cinq, quatre et trois ans. Marie, la plus jeune et la plus rebelle de nature, me répondit aussitôt: «Maman, si tu veux que j'aille me coucher, dis: «Marie, il est temps d'aller te coucher», mais dis pas: «Les filles allez vous coucher», les filles, c'est les autres. Moi, je m'appelle Marie. Si tu veux me parler, dis Marie.» Je me suis toujours souvenu de l'excellente leçon pédagogique donnée par une petite fille de trois ans.

«S'élever pour élever»

de: Claudine Vallerand
à: Simonne

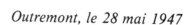

Outremont, le 28 mai 1947

Ma chère Simonne,

Toutes mes félicitations pour ton courage et la grande générosité du ménage Chartrand. À mon avis, il n'est pas au monde de générosité plus grande, plus sublime que celle de la mère qui, à notre époque matérialiste, continue de donner la vie avec tant de conscience et d'enthousiasme.

Ta lettre si amicale et si franche m'a fait plaisir. Ce que tu dis au sujet de cette impression de force qui se dégage de ma personnalité m'a souvent été exprimé en d'autres termes par d'autres personnes qui me sont par ailleurs sympathiques. On m'a bien souvent dit aussi que mon attitude d'assurance et de confiance en moi éloignait, gênait certaines personnes qui, par ailleurs, se sentaient désireuses de mieux me connaître ainsi que les activités de l'École des parents. Comme tout cela est étrange! Je me sens moi-même si petite, si faible, si intérieurement incertaine. J'ai tant besoin, comme toute autre personne, de me sentir aimée, comprise.

L'amitié est à mon avis le plus grand trésor que l'on puisse posséder. La vraie amitié est si rare. Merci de m'offrir si sponta-nément la tienne, Simonne. Merci de ton offrande.

Bien sûr que si, j'aurai une veillée à t'accorder, deux, trois si tu veux! Téléphone-moi quand tu seras libre et que tu te sentiras en verve. Tu l'es parfois de façon magnifique. Ou peut-être que je pourrais, moi, aller chez toi sur la Rive-Sud pour t'éviter ce long voyage à Outremont. Et surtout, Simonne, ne sois plus gênée avec moi, sache bien que si j'ai à mon crédit quelques années de plus d'expérience au service des autres, ce sont peut-être aussi quelques années de plus d'erreurs corrigées, de petites misères surmontées. Sache aussi que les petites misères, difficultés et angoisses que tu me fais la faveur de me confier, je les ai toutes vécues et je continue de les vivre. Heureusement que mon compagnon de vie, comme le tien d'ailleurs, est compréhensif et indulgent.

À bientôt donc et merci de cette belle sincérité et franchise à me communiquer librement à la fois tes impressions et tes questions concernant notre rôle de femme dans la société actuelle. Nous avons de grands pas à franchir pour atteindre la reconnaissance publique de la valeur des femmes, qui, en plus de leurs rôles traditionnels, veulent inventer de nouvelles fonctions et jouer des rôles d'animatrices en toute égalité de droit et de pouvoir avec nos pères et nos frères. Dans nos deux cas, nos conjoints sont nos meilleurs alliés.

Tes propositions d'action et de fonctionnement de nos Écoles de parents et surtout ton amitié si chaleureuse serviront à humaniser mon propre engagement social et à me rapprocher davantage de ceux que j'aime et que j'admire. Tu en es, ma chère amie. À bientôt.

Bien affectueusement à toi
Claudine Vallerand

Avant de rédiger ma causerie pour l'auditoire de l'École des parents de Longueuil, je me suis souvenue des judicieux conseils de mon père, expert conférencier à la fois jovial et humoriste.

«Simonne, quand un président ou un directeur d'association te demandera de prononcer une allocution, avant d'acquiescer ou de refuser, pose-toi d'abord trois questions. La première: Pourquoi me demande-t-il, moi, plutôt qu'une autre personne? La deuxième: Qu'est-ce que j'ai de particulièrement intéressant à exposer? La troisième: Qu'est-ce que cette causerie peut et va changer dans leur vie personnelle et celle de leur groupement? Si tu ne trouves pas facilement de réponse à ces trois questions, alors demeure chez toi, lis ou écoute de la musique».

S'ÉLEVER POUR ÉLEVER

Extraits d'une conférence prononcée
à l'Externat classique des Franciscains à Longueuil,
le 14 février 1948,
fête de la Saint-Valentin

Madame Charles Édouard Millette, conseillère de
l'École des parents de Longueuil,
Chers parents membres,
Bienvenue au grand public,

Vous me permettrez tout d'abord de vous présenter pour
votre information quelques brèves notes historiques sur l'origine
de notre mouvement éducatif.

En 1938-1939, un groupe d'une dizaine de parents dont les
enfants fréquentaient à Outremont la maternelle de Claudine
Vallerand* se rencontraient une fois le mois pour discuter de
leurs problèmes d'éducation. Bientôt des amis demandèrent à
être invités et à participer à ces discussions. Ces parents
formèrent le premier noyau qui donna naissance, en novembre
1940, à l'École des parents du Québec. L'audacieux couple,
Claudine et René Vallerand, en fut l'initiateur**.

Dès 1937, Claudine Vallerand avait entrepris une correspondance avec la présidente de l'École des parents de France,
groupement qui organise des conférences publiques: «Notre
École veut s'adresser aux parents de demain car on ne
s'improvise pas parents du jour au lendemain. Nous croyons à
l'égalité des sexes dans la dissemblance. Nous essayons tous
ensemble, parents, médecins et éducateurs de lancer dans l'air
des idées constructives, saines, bienfaisantes et enthousiastes.
À vous de les attraper, de ne pas les garder pour vous mais de les
relancer à d'autres pour qu'elles assainissent l'atmosphère et
que petit à petit elles dissipent les nuages noirs qui s'amoncellent
à l'horizon.» (Madame Vérine, présidente de l'École des
parents de France)

Mais au début de septembre 1939, les demandes d'affiliation
et d'information, les contacts par correspondance auprès de

* Devenue Maman Fonfon à la télévision de Radio-Canada
** Le 11 mai 1941, l'École fut affiliée à l'université de Montréal comme un
service de la faculté de philosophie.

SIX GRANDS FORUMS

L'Ecole des Parents du Québec

a l'honneur de vous inviter
à participer à ses débats publics
- 1944 -
*L'Education des Jeunes en face
des problèmes d'après-guerre.*

L'Education du Sens Social
Le mercredi, 2 février   Directeur: *René Guénette*

Collaborateurs: *M. J. P. Houle* (l'école)
Mme G. Parizeau (la famille) *M. F. Chaussé* (la vie nationale)

L'Education du Caractère
Le mercredi, 16 février   Directrice: *Mme Pierre Casgrain*

Collaborateurs: *Melle Madeleine Parent*
M. A. Désy   *M. Gérard Parizeau*

L'Hygiène et l'Education physique
Le mercredi, 1er mars   Directeur: *Albert Jutras m.d.*

Collaborateurs: *Dr P. Letondal* (médecin d'enfants)
M. S. Morenoff maître de ballet) Capt. R. Lafont (éducation physique)

L'Education du Sens Chrétien
Le mercredi, 15 mars   Directrice: *Mme Pierre Dupuy*

Collaborateurs: *R. P. Germain Lalande c.s c. (aumonier jéciste)*
M. J. Piédalue (l'école)   M. B. Baril (la vie sociale)

Le Problème des Loisirs Organisés
Le mercredi, 29 mars   Directeur: *Guy Boulizon*

Collaborateurs: *Melle M. Maillé (J O C F) M. G. Pelletier (J E C)*
Melle J. Saint-Pierre (bibliothèques enfantines) M. L. Pronovost (scoutisme)

Le Développement de l'Intelligence
Le mercredi, 19 avril   Directrice: *Mme René Vallerand*

Collaborateurs: *M. l'abbé I. Lussier* (écoles catholiques)
Mme J. Panet-Raymond (école des Parents) *Mme E. Choquette* (L. O. C.)
M. E. Mainville (école des H. E. C.)

Salle des Ecoles Ménagères, 461 est, Sherbrooke. Entrée rue Berri.
A 8.30 heures du soir

madame Vérine sont brusquement interrompus par la déclaration de guerre de l'Allemagne à la France. Le groupe montréalais doit donc voler de ses propres ailes, inventer, créer de toutes pièces un mouvement éducatif canadien-français. Avec l'aide d'un conseiller juridique, maître Lucien Grothé, débute un travail de mûre réflexion, de discussion puis de «rédaction de clauses garantissant la plus grande liberté d'action et la survie de l'association naissante.»

Reconnue officiellement par le Gouvernement, celui-ci lui octroya, en date du 7 novembre 1940, une charte provinciale. Dans le texte de la Charte, on lit ceci: «*S'élever pour élever* est la devise. Le groupement est basé sur l'entière et intégrale responsabilité des parents. À l'échelle sociale, l'École n'engage aucunement la hiérarchie ecclésiastique, même si l'Église exerce une surveillance comme elle le fait toujours dans la Province en matière d'éducation. Le conseiller moral de l'École est l'abbé Irénée Lussier, psychologue professionnel. Les directeurs-fondateurs de l'École* veulent favoriser le rassemblement et le renforcement de toutes les forces vives des familles chrétiennes pour former une génération plus forte, plus saine et mieux informée. Elle veut tout mettre en oeuvre pour rapprocher les parents de toutes les classes sociales sur le plan des responsabilités à assumer.»

À partir du 27 novembre 1940, les cours de l'École furent inaugurés et présentés au Cercle universitaire de Montréal, rue Sherbrooke est. Devant plus de six cents personnes, Édouard Montpetit, écrivain, professeur, sociologue et secrétaire de l'université de Montréal fit la conférence inaugurale et présenta les buts de l'association et sa présidente. Les semaines suivantes, madame Claudine Vallerand, le docteur Albert Guilbeault, pédiatre, et le docteur Saucier, neurologue, donnèrent tour à tour, à chaque semaine, des conférences qui furent suivies avec grand intérêt et firent salle comble.

* MM. et Mmes Joseph Dansereau, Philippe Clerk, Louis Chatel, Albert Guilbeault, P. Fontaine, Lucien Grothé, Jacques Rousseau, René et Claudine S. Vallerand. Se sont joints plus tard: Odile et Jean Panet Raymond, Lola et Maurice Gagnon, Gisèle et Gérard Lortie, Jeannette et Guy Boulizon, Monique Barré Dufresne et Guy Dufresne, Manon Deland Mailhot et Claude Mailhot ainsi que l'abbé Marc Lecavalier, conseiller moral.

J'y accompagnais mon père, Amédée Monet, qui fut par la suite, en 1941, un conférencier invité. C'est ainsi que même avant mon mariage, je fus intéressée aux activités de l'École des parents du Québec. Je vous livre donc maintenant ici ce soir, en toute simplicité et sincérité, quelques unes de mes pensées et réflexions, reflet de ma propre expérience.

Comme membre actif de l'École à Montréal depuis 1944 et à Longueuil* depuis sa fondation (le 24 octobre 1944), j'ai accepté l'invitation de l'exécutif de la section de Longueuil de vous présenter une conférence sur le thème de l'amour conjugal et de la psychologie des sexes. Je ne suis ni psychologue, ni professeur, mais épouse et mère de cinq enfants. C'est déjà valable... J'ai la conviction profonde qu'il est de plus en plus urgent que les laïcs mariés se rencontrent, parlent et discutent entre eux de leur vie de couple et cela à l'intérieur de leurs propres organisations non dirigées par des ecclésiastiques, tous des célibataires... Par ailleurs, j'ai moi-même, avec Michel, depuis quelques années, bénéficié de jours de recueillement, de réflexion sur notre vie de couple avec l'aide d'animateurs spirituels de valeur.

Selon moi, il importe de travailler d'abord entre couples de foyers à élaborer une spiritualité laïque de l'amour conjugal qui nous soit propre, particulière. Les propos suivants, au premier abord, pourront vous sembler théoriques et idéalistes, mais il n'en tient qu'à vous, en m'écoutant, d'imaginer, de revivre des anecdotes et situations concrètes vécues à l'intérieur de vos propres foyers. De plus, selon notre jeune coutume établie à l'École, je compte vous donner droit de parole et de réplique lors de la période d'échanges qui suivra cet exposé.

L'AMOUR???

L'amour est un sentiment puissant. C'est la Vie même. Il engendre joie, plénitude et fécondité, mais aussi illusions et désillusions, leurres et difficultés selon que les conjoints voient

* Mme Antonio Robert (Jeanne) a regroupé des parents pour former le premier conseil de direction de l'École des parents de Longueuil. Furent élus: J. Alfred Doucet, Mme Antonio Robert (Jeanne), Mme Gabriel Morin, Marcel Laliberté, Mme M.H. Grenon, P.R. Belleau, Mme C.E. Millette, Mme René Gariépy, Henri Bernier et Léopold Larente.

Conférencier

M. l'abbé Llewellyn, aumônier des étudiants de l'Université de Montréal, et professeur à cette institution, qui donnera demain, à 8 h. 30, sous les auspices de l'Ecole des Parents, en la salle Saint-Stanislas, une conférence intitulée: "L'aventure"

ou négligent de l'alimenter, de le faire vivre et progresser. Éprouver de l'amour n'est pas de tout repos. Au contraire, c'est vivre un état de veille. Entretenir ce sentiment nécessite des soins attentifs, une activité constante d'observation, de compréhension, d'adaptation, de renouvellement. Pour le vivifier, les gestes mécaniques, routiniers et automatiques (un bec au lever et au coucher) doivent être évités.

L'amour véritable est essentiellement incarné dans l'ensemble de la vie. C'est une présence vivifiante qui crée une atmosphère chaleureuse, gaie, voire même fantaisiste à l'intérieur du foyer. Alors c'est le bonheur. Le désir et l'échange amoureux devraient être le moteur de la vie affective et sexuelle dans «un corps animé et une âme incarnée» selon l'expression de René Biot, biologiste français.

La vie conjugale est l'occasion d'assouplissement de nos caractères en une intelligence attentive aux besoins et désirs de l'autre. Dans nos comportements d'époux, l'équilibre est difficile à maintenir; il est sans cesse menacé par nos égoïsmes réciproques et souvent par des influences extérieures comme celles de nos belles-familles, des modes et idées importées, de l'opinion de la voisine ou du public, ou encore de la force de certaines traditions fort discutables, désuètes.

Dans la plupart des familles, les femmes et les hommes ont été éduqués à remplir des tâches tout à fait différentes. Le code civil reconnaît au père, puis au mari, un rôle de chef de famille, de père nourricier et protecteur mais un rôle d'autorité. C'est le ministre des affaires extérieures: métier, profession et action politique.

Par contre, la femme, dans la pratique, est considérée, selon ce vieux code de Napoléon — le guerrier, le chef militaire — comme un être faible, comme une personne mineure. On lui reconnaît surtout la fonction naturelle et instinctive de mère, de ministre des affaires domestiques et éducatives. Il va de soi qu'elle est ministre sans portefeuille, sans budget, sans salaire. Le dévouement sans borne aux siens ne se dicute pas, ne se réglemente pas. «C'est notre vocation de toute éternité». Les manuels, les prédications, même la médecine nous considèrent comme le sexe faible, de constitution nerveuse, fragile; par contre, à l'unanimité, on nous sert comme modèle la femme forte de l'Evangile. Dans le livre des *Proverbes* on lit et je cite: «La femme forte a la confiance de son mari et les ressources du coeur ne lui manquent pas. Elle ouvre la bouche avec sagesse, etc.» Ce qu'on appelle habituellement faiblesse ou passivité chez la femme, est, selon Thérèse Gouin-Décarie, mère et psychologue, une attitude, une activité tournée vers l'intériorité. «Les femmes sont ouvrières de cohésion; relier l'enfant à l'homme, l'homme à Dieu. Est-il plus belle existence que d'être soi-même ce lien?» La société et l'Eglise nous parlent d'engendrer des citoyens pour la nation, des élus pour le Ciel. C'est une grande tâche, mais l'amour conjugal en lui-même devrait être valorisé davantage.

Dans *L'Intimité conjugale*, volume édité en France et actuellement bien en vogue dans les équipes de foyers chrétiens, l'auteur, Pierre Dufoyer — probablement un nom de plume — parle de la psychologie et de la biologie de la femme. Je cite: «Ses qualités natives de coeur, son instinct maternel rendent la femme plus apte au dévouement, à l'amour et à la compréhension d'autrui. Même le travail le plus harassant, l'oeuvre la plus ingrate, lui cause des satisfactions dès qu'ils sont accomplis par amour.» Puis il ajoute: «La future épouse et mère présente une constitution plus fragile, plus délicate, qu'il faut tenir en parfait équilibre par un sain régime de vie. Sa grande souplesse physique lui facilite l'accomplissement de toutes *ses* besognes manuelles de la vie quotidienne, avec tout ce qu'elles comportent de menus détails, de précautions et de délicatesse.» L'auteur ne parle aucunement de nos activités créatrices, littéraires, intellectuelles, sociales ou politiques. Pourquoi???

Dans le même volume, Pierre Dufoyer note que «les phénomènes organiques qui se manifestent chez la femme selon l'âge et les périodes de sa vie: ovulation, menstruation, grossesse, naissance, allaitement, ménopause sont parfois l'occasion de troubles nerveux ou organiques.» Mais il ne dit pas que si la dépression nerveuse est plus fréquente chez la femme que chez l'homme, c'est que son univers est trop clos, peu valorisé économiquement et socialement. Je ne suis pas d'accord avec lui quand il écrit: «L'homme possède une raison très objective, une plus grande force de jugement et de réflexion, il a la logique de ses idées. La femme se complaît dans des analyses, des refoulements psychologiques. Elle possède une sorte de logique des faits, non des idées.» Que de clichés pour un auteur moderne. Pourquoi ne posséderions-nous pas à la fois la logique des faits et des idées???

Les problèmes psychologiques naissent, selon moi, parce que, selon la tradition canadienne-française catholique, chaque conjoint n'existe pas d'une façon assez autonome. On attribue à chaque sexe des fonctions spécifiques, des manières de penser, de travailler, de faire face aux exigences de la vie quotidienne, de la vie familiale en matière de fidélité conjugale, de «devoir conjugal», de rôles sociaux, etc. «Le mari gagne la vie de sa femme», la femme garde, soigne et élève les enfants. Pour peu que les deux conjoints soient également qualifiés dans les mêmes fonctions, à cause de leurs études et intérêts sociaux, il en résulte souvent des discussions, des divergences de vue sur les responsabilités à assumer par chacun. L'amour-propre de l'un ou l'autre conjoint en est blessé.

L'amour sincère exige honnêteté intellectuelle et purification du coeur. Son meilleur atout est le dialogue ouvert, cordial, sans préjugés ni orgueil. «Il est juste, raisonnable et salutaire» comme il est écrit dans la Préface qui précède le *Sanctus* de la messe, de nous remettre dans l'esprit de nos rencontres d'avant le mariage, au temps où nous nous acceptions, même avec nos défauts que nous essayions alors d'excuser. L'indulgence et le pardon allaient de soi. Il y avait alors peu de problèmes. Nous étions «tombés en amour». J'ai toujours trouvé inexacte cette expression qui souligne la chute, le renversement, le choc ou le coup de foudre. On devrait dire «s'élever en amour» comme l'on dit à l'École des parents* du Québec: *S'élever pour élever.*

---

* Je remercie mes amies, Claudine S. Vallerand, Gisèle M. Lortie, Lola Gagnon et Jeannette Boulizon, de m'avoir fourni de la documentation sur l'École des parents.

Montréal, le 26 décembre 1949

Mme Simonne Michel Chartrand
Montréal-Sud

Ma chère Simonne,

Je voulais te dire comment j'ai eu de joie et de plaisir à passer la Noël avec toute ta si gaie famille et dans ta demeure si accueillante. Que ça fait du bien au coeur d'une arrière-grand-mère de voir ses petits heureux.

J'aime beaucoup mon bon et beau gendre Michel. Il a du caractère, de l'esprit. Il est gai et moqueur. C'est agréable de vous visiter. Chère Simonne, malgré peu de commodités, d'argent liquide, comme je te trouve heureuse. Profite bien des joies quotidiennes et ne te laisse jamais décourager par la pauvreté et l'incertitude. Vis ton bonheur de ton mieux, au jour le jour. C'est ce qui est le plus sensé à faire selon moi.

La petite Hélène est ici avec ta mère. Elle est douce et patiente comme l'agneau. Chacun de tes enfants ont leurs charmes sous tous rapports. Marie est la plus attirante, la plus particulière. Elle sait où elle va. Alain tout mignon et tendre semble déjà aimer beaucoup entendre de la musique. Quant à Suzanne, surveille-la toujours de près, belle comme elle est, un loup pourrait la croquer... Mais je crois que tu les éduques bien à se défendre.

Embrasse fort tous et chacun des tiens. Et au plaisir de se revoir en 1950. Que Michel vous amène tôt fêter le Nouvel An chez vos parents pour qu'on ait le temps de jouir de votre présence.

Toi, Simonnette si frêle, te voilà directrice d'une famille de cinq beaux enfants bien développés. Et tu réussis. Bravo! Félicitations! Enfin vous vous aimez tous, c'est le principal. C'est ça la vraie richesse.

Ta marraine et
grand-mère Marie-Louise
qui vous aime tant.

Art et politique

Le refus global

Comment passer sous silence Le manifeste du refus global même si, personnellement, je ne fus pas présente à ce mouvement artistique et politique, quoique très impressionnée et troublée par son contenu et ses répercussions.

Les frontières de nos rêves ne sont plus les mêmes. Le règne de la peur multiforme est terminé.

peur des préjugés – peur de l'opinion publique – des persécutions – de la réprobation générale

peur d'être seul sans Dieu et la société qui isolent très infailliblement

peur de soi – de son frère – de la pauvreté

peur de l'ordre établi – de la ridicule justice

peur des relations neuves

peur du surrationnel

peur des nécessités

peur des écluses grandes ouvertes sur la foi en l'homme – en la société future

peur de toutes les formes susceptibles de déclencher un amour transformant

peur bleue – peur rouge – peur blanche: maillons de notre chaîne.

Du règne de la peur soustrayante nous passons à celui de l'angoisse.

Comment ne pas crier à la lecture de la nouvelle de cette horrible collection d'abat-jour faits de tatouages prélevés sur de malheureux captifs à la demande d'une femme élégante; ne pas gémir à l'énoncé interminable des supplices des camps de concentration; ne pas avoir froid aux os à la description des cachots espagnols, des représailles injustifiables, des vengeances à froid. Comment ne pas frémir devant la cruelle lucidité de la science.

À ce règne de l'angoisse toute puissante succède celui de la nausée.

Nous avons été écoeurés devant l'apparente inaptitude de l'homme à corriger les maux. Devant l'unutilité de nos efforts, devant la vanité des espoirs passés.

Depuis des siècles les généreux objets de l'activité poétique sont voués à l'échec fatal sur le plan social, rejetés violemment des cadres de la société.

Comment ne pas avoir la nausée devant notre propre lâcheté, notre impuissance, notre fragilité, notre incompréhension.
Devant les désastres de nos amours...
En face de la constante préférence accordée aux chères illusions contre les mystères objectifs.

L'exploitation rationnelle s'étend lentement à toutes les activités sociales: un rendement maximum est exigé.

La société née dans la foi périra par l'arme de la raison: L'INTENTION.

Un nouvel espoir collectif naîtra.

Le magique butin magiquement conquis à l'inconnu attend à pied d'oeuvre. Il fut rassemblé par tous les vrais poètes. Son pouvoir transformant se mesure à la violence exercée contre lui, à sa résistance ensuite aux tentatives d'utilisation.

D'ici là notre devoir est simple.

REFUS GLOBAL

Rompre définitivement avec toutes les habitudes de la société, se désolidariser de son esprit utilitaire. Refus d'être sciemment au-dessous de nos possibilités psychiques et physiques. Refus de fermer les yeux sur les vices, les duperies perpétrées sous le couvert du savoir, du service rendu, de la reconnaissance due. Refus d'un cantonnement dans la seule bourgade plastique, place fortifiée mais trop facile d'évitement. Refus de se taire – faites de nous ce qu'il vous plaira mais vous devez nous entendre – refus de la gloire, des honneurs (le premier consenti): stigmates de la puissance, de l'inconscience, de la servitude. Refus de servir, d'être utilisables pour de telles fins. Refus de toute INTENTION, arme néfaste de la RAISON. À bas toutes deux, au second rang!

PLACE À LA MAGIE!
PLACE AUX MYSTÈRES OBJECTIFS!
PLACE À L'AMOUR!
PLACE AUX NÉCESSITÉS!

Au refus global nous opposons la responsabilité entière.

Nous prenons allègrement l'entière responsabilité de demain.

Nos passions façonnent spontanément, imprévisiblement, nécessairement le futur.

Fini l'assassinat massif du présent et du futur à coup redoublé du passé.

Il suffit de dégager d'hier les nécessités d'aujourd'hui. Au meilleur, demain ne sera que la conséquence imprévisible du présent.

Nous n'avons pas à nous en soucier avant qu'il ne soit.

RÈGLEMENT FINAL DES COMPTES

Les forces organisées de la société nous reprochent notre ardeur à l'ouvrage, le débordement de nos inquiétudes, nos excès comme une insulte à leur mollesse, à leur quiétude, à leur bon goût pour ce qui est de la vie (généreuse, pleine d'espoir et d'amour par habitude perdue).

Les amis du régime nous soupçonnent de favoriser la «Révolution». Les amis de la «Révolution» de n'être que des révoltés: «... nous protestons contre ce qui est, mais dans l'unique désir de le transformer, non de le changer.»

Des gens aimables sourient au peu de succès monétaire de nos expositions collectives. Ils ont ainsi la charmante impression d'être les premiers à découvrir leur petite valeur marchande.

Si nous tenons exposition sur exposition, ce n'est pas dans l'espoir naïf de faire fortune.

Si nos activités se font pressantes, c'est que nous ressentons violemment l'urgent besoin de l'union.

Là, le succès éclate!

Hier, nous étions seuls et indécis.

Aujourd'hui un groupe existe aux ramifications profondes et courageuses; déjà elles débordent les frontières.

Un magnifique devoir nous incombe aussi: conserver le précieux trésor qui nous échoit. Lui aussi est dans la lignée de l'histoire.

Objets tangibles, ils requièrent une relation constamment renouvelée, confrontée, remise en question. Relation impalpable, exigeante qui demande les forces vives de l'action.

Ce trésor est la réserve poétique, le renouvellement émotif où puiseront les siècles à venir. Il ne peut être transmis que TRANSFORMÉ, sans quoi c'est le gauchissement.

Que ceux tentés par l'aventure se joignent à nous.

Au terme imaginable, nous entrevoyons l'homme libéré de ses chaînes inutiles, réaliser dans l'ordre imprévu, nécessaire de la spontanéité, dans l'anarchie resplendissante, la plénitude de ses dons individuels.

D'ici là, sans repos ni halte, en communauté de sentiment avec les assoiffés d'un mieux être, sans crainte des longues échéances, dans l'encouragement ou la persécution, nous poursuivrons dans la joie notre sauvage besoin de libération.

Paul-Émile BORDUAS

Magdeleine ARBOUR, Marcel BARBEAU, Bruno CORMIER, Claude GAUVREAU, Pierre GAUVREAU, Muriel GUILBAULT, Marcelle FERRON-HAMELIN, Fernand LEDUC, Thérèse LEDUC, Jean-Paul MOUSSEAU, Maurice PERRON, Louise RENAUD, Françoise RIOPELLE, Jean-Paul RIOPELLE, Françoise SULLIVAN.

Extraits du manifeste publié en quatre cents exemplaires en août 1948 à Montréal. Reproduit grâce à la courtoisie de Marcelle Ferron, peintre et signataire du manifeste. Je l'en remercie. En septembre 1953, Paul-Émile Borduas (1905-1960), artiste-professeur inspirateur de ce manifeste, quitte Montréal pour New York. Fin septembre 1955, il part pour Paris à bord du paquebot Liberté...

De ce manifeste, j'ai surtout retenu ceci: «Fini l'assassinat du présent et du futur à coup redoublé du passé. Il suffit de dégager d'hier les nécessités d'aujourd'hui. Un meilleur demain ne sera que la conséquence imprévisible du présent.» Ce manifeste fut, selon moi, l'expression des questions, discussions et affirmations de jeunes femmes et hommes, penseurs et artistes du Québec, qui surent se libérer des innombrables préjugés de l'époque qui restreignaient l'expression de leur liberté et de leurs talents. *Le refus global* souleva chez les officiels du pouvoir une telle émotion, surprise, peur et révolte, qu'il entraîna le congédiement de Paul-Émile Borduas de l'École du meuble de Montréal par le ministre Paul Sauvé, de l'Union nationale, alors ministre de la Jeunesse et du Bien-Être social. Les nombreuses pétitions et protestations ne firent pas revenir le ministre sur sa décision.

Au point de vue populaire l'année 1948 donna le coup d'envol au théâtre authentiquement québécois, par la présentation en octobre, novembre et décembre de *Tit-Coq* de Gratien Gélinas. Ce fut un succès sans précédent en français et en anglais. *Tit-Coq* a été créé le 22 mai 1948 sur la scène du Monument national à Montréal. La pièce continua sa carrière au théâtre Gésu, où la deux centième représentation fut donnée le 22 mai 1949. J'y assistai avec Michel. Ça nous rappela la triste histoire de la guerre 1939-1945, vécue par des Canadiens français.

Dans un ordre plus folklorique et plus récréatif, des jeunes regroupés dans l'Ordre de Bon Temps, fondé en janvier 1946 par Roger Varin et encouragé par Félix Leclerc, formèrent un mouvement d'animation, de loisirs, dans diverses disciplines: chant, danse, poésie, peinture et théâtre et eut au Québec, jusqu'en 1954, une influence récréative heureuse et positive.

La grève de l'amiante

Abonnés à la revue *Relations* nous avions lu, Michel et moi, en mars 1948, un très important article sur le problème de la silicose chez les mineurs de Saint-Rémi d'Amherst. Ce document était signé Burton Ledoux. Michel avait déjà, quatre ans plus tôt, invité ce recherchiste-écrivain, à notre logement de Montréal-Sud, pour discuter de cette grave maladie qui «faisait des veuves». Monsieur Ledoux avait accepté avec empressement de venir rencontrer Michel Chartrand afin de mettre en commun leurs connaissances et propositions d'action à la solution des maladies des mineurs.

Américain, de parents trifluviens immigrés à New Bedford USA, il parlait assez bien français et se montra très sympathique. Je me souviens de son arrivée à notre logement. J'étais à nourrir la petite Hélène, quand la clochette d'entrée sonna. J'ouvris. Notre visiteur me salua et monta l'escalier du deuxième étage. Je le conduisis au salon où Michel était à lire, entouré de dossiers et de paperasses.

Les deux hommes en vinrent immédiatement à discuter la question de la silicose et de l'amiantose. Tout à coup mon mari m'appela au salon pour me présenter son invité. «Simonne, sors de ta cuisine et viens rencontrer monsieur Ledoux. Amène les petites». Ce que je fis. Micheline, ce beau dimanche de printemps, fit alors devant nous ses premiers pas, toute souriante et fière d'elle. Puis dans un grand éclat de rire, elle s'arrêta et fit par terre, à notre grande surprise à tous, un long «pipi». Le liquide coulait sur les planches cirées. Je ris d'abord puis je me sentis mal à l'aise. «Mais ce n'est pas grave, madame. Ça c'est naturel; c'est pas nuisible comme les maladies industrielles.»

* * *

Le 14 février 1949, la Saint-Valentin, fête des amoureux! Mais les ouvriers, les compagnies d'amiante et le Gouvernement ne filaient pas eux, le grand amour... Un bulletin de nouvelles de la radio nous apprit qu'une grève — dite illégale — s'était déclarée à la Canadian Johns-Manville d'Asbestos, ainsi qu'à Thetford-Mines et dans les autres centres miniers de la région. Les mineurs avaient perdu confiance dans l'impartialité des tribunaux d'arbitrage; les arbitres nommés par le Gouvernement n'étaient guère sympathiques aux syndiqués. En plus, quelques jours avant de déclencher la grève, le gouvernement Duplessis avait présenté un projet de loi, la loi numéro 5 du Code du travail, qui avait indigné et exaspéré les ouvriers syndiqués.

La grève fut déclarée illégale parce que les mineurs la décidèrent, nous apprit-on, avant d'aller en arbitrage comme le leur prescrivait la Loi. «Le gouvernement Duplessis vient d'enlever au syndicat son accréditation et incite les compagnies minières à engager d'autres employés considérés comme *scabs*, briseurs de grève par les syndicats.»

Un ligne de piquetage fut aussitôt organisée. Son but était d'entrer en contact avec les briseurs de grève; de les empêcher de voler les jobs des mineurs. Les mineurs, Rodolphe Hamel, président de la Fédération des syndicats des mineurs, demandaient que l'employeur s'engage à éliminer autant que possible la poussière de l'amiante à l'intérieur et à l'extérieur de ses usines. «Ici, nos gens, les mineurs et leurs familles, sont empestés, il nous en est mort, je ne sais combien. Ils sont morts debout, bloqués, incapables de respirer. L'amiantose en principe est reconnue comme une maladie industrielle, mais allez-y voir... On n'est jamais dédommagés.»

Les policiers appelés sur place par la compagnie dans le but de casser tout de suite la grève commirent des actes de violence, utilisèrent le pistolet, la mitraillette et toutes formes de menaces provocatrices. Des ouvriers furent frappés et bousculés dans les fourgons blindés pour s'être attaqués aux *scabs*. Les atrocités de la police provinciale se déroulèrent dans les propriétés de la compagnie, particulièrement au Club Iroquois, club social de la compagnie minière, devenu le quartier général de la police. La police provinciale de Duplessis, sur les ordres de celui-ci, affirmait qu'il fallait à tout prix «briser cette maudite grève.»

Des membres du Conseil de ville d'Asbestos, indignés, avaient résolu à l'unanimité de protester auprès d'Hilaire Beauregard, directeur de la police provinciale, contre les agissements des policiers et demandé leur départ de la ville. Les conseillers municipaux envoyèrent copie de cette résolution aux divers postes de radio ainsi qu'aux journaux locaux et provinciaux pour fin de publication. De son côté, le journal *Le Travail* de la CTCC auquel nous étions abonnés, nous révélait sous la plume du rédacteur en chef Fernand Jolicoeur, les raisons de la grève et de la conduite de la compagnie. «La politique de Duplessis s'est alliée à celle des grandes compagnies capitalistes telle la Johns-Manville pour écraser un syndicat libre qui demande des modifications de loi au sujet de la poussière qui empeste la population et fait mourir d'amiantose les travailleurs.» L'article du journal poursuivait ainsi: «Tous les jours, les ouvriers sont victimes de la loi désuète des relations ouvrières qu'ils combattent d'ailleurs par l'intermédiaire de leur syndicat. Gérard Picard, Jean Marchand et Jean-Paul Geoffroy en sont les porte-parole.»

Le 19 mars 1949, un projet de loi instituant un code provincial (loi numéro 5) fut inscrit au feuilleton de l'Assemblée nationale et fort blâmé dans le milieu des travailleurs de la CTCC et des unions internationales. C'était le grand sujet de discussion et de mécontentement.

De mois en mois, à la lecture du journal de la CTCC, j'étais de plus en plus horrifiée par l'ampleur du conflit des mineurs. Le Bureau confédéral de la CTCC porta alors à la connaissance du grand public des faits extrêmement graves concernant cette grève que le Gouvernement et la compagnie déclaraient toujours illégale et qui affectait le bien-être quotidien de plus de cinq mille travailleurs et de leurs familles. «Des travailleurs sans défense torturés par la police provinciale de Duplessis. Du mépris, de la haine et du sang.»

* * *

C'était un soir de printemps, à l'heure du souper. Michel était à lire la chronique syndicale de Gérard Pelletier dans *Le Devoir* pendant que je servais le repas des cinq petits. Tout à coup, il se leva et me dit sur un ton indigné:

«On ne peut pas laisser massacrer comme ça les travailleurs, les empoisonner, les empêcher de réussir leurs négociations, d'améliorer leur sort. Si j'étais libre de mon temps, j'irais leur donner un coup de main, leur témoigner ma sympathie. Mais il faut que je gagne ici «votre vie».

— C'est normal, tu n'es plus célibataire. Ton salaire, c'est notre survie. Tu ne peux te permettre de quitter ton emploi dans l'imprimerie.»

Quelques minutes après cette brève conversation, on frappa à la porte de la cuisine. Philippe Girard, que nous avions bien connu au temps du Bloc et qui avait repris ses fonctions d'organisateur syndical, entra accompagné de Gérard Pelletier.

«Mais c'est de la télépathie! leur dis-je. Michel parlait d'Asbestos et comme un scout «toujours prêt», il voudrait bien faire sa BA. Avez-vous soupé? Non? Alors mettez-vous à table. Nous allons manger ensemble.

— Merci bien, mais on est trop pressés, me dit Philippe. On venait chercher Michel pour qu'il vienne nous aider, parler aux gars...

— Mon souper est prêt, tout chaud. C'est un spaghetti à la viande. Prenez le temps de manger, vous partirez après. Pour ce qui est de Michel, il doit être à son travail demain matin. Asbestos ce n'est pas à la porte — et on n'a pas d'auto.

— On va s'occuper de ça», me dit Philippe.

Nos deux amis s'assirent, mangèrent à la hâte et presque en silence. Philippe me dit à brûle-pourpoint:

«Simonne, quelle sorte de feuilles vertes as-tu laissé tomber dans ta sauce? Ça change tout le goût des tomates.

— Ce sont des feuilles de laurier.

— C'est la première fois que je vois ça, j'ose pas y goûter.

— Faut dire que dans le syndicalisme on ne cueille pas souvent des lauriers...»

Et Gérard Pelletier d'ajouter:

«On ne se repose pas, on ne s'endort pas sur nos lauriers non plus.»

Muet tout au long du souper, Michel se leva brusquement et dit:

«Allons, je suis prêt à vous suivre. Simonne, ne t'inquiète pas de moi. Rien ne peut m'arriver de grave.

— Apporte au moins ton paletot de printemps. Il fait frais le soir.

— Tu es une bien bonne mère, mais, moi, je suis maintenant un grand garçon... À bientôt.»

* * *

Le 8 mai, la radio nous présenta dans un bulletin spécial l'information suivante:

«À Asbestos, la loi de l'émeute est proclamée. Elle a été lue après la messe sur le perron de l'église du curé Philippe Camirand. Le juge Hertel O'Brady, shérif supplémentaire et greffier de la paix du district de Saint-François fit, devant une cinquantaine de personnes rassemblées après la messe, solennellement la lecture de l'avis royal: «D'après les articles 64 et 69 du Code criminel du Canada, Notre Souverain Seigneur le roi d'Angleterre enjoint et commande à tous ceux qui sont présents ici, de se disperser immédiatement sous peine d'être déclarés coupables d'une infraction qui peut être punie de l'emprisonnement à perpétuité. Dieu sauve le Roi!»

Aussitôt la lecture terminée, les policiers mirent sous arrêt tous les hommes qui n'avaient pas eu le temps de bouger tellement ils étaient surpris de l'évènement. Même une quinzaine de grévistes réfugiés dans l'église et aux abords de la sacristie furent arrêtés et sauvagement frappés. Le spectacle révolta les journalistes présents qui en firent mention dans leur reportage.

À mesure que les gens se rendaient compte de l'affreuse et imprévisible situation de guet-apens, ils se réfugièrent au plus tôt dans leurs maisons. Certains policiers en civil qui avaient pris là «chambre et pension» vinrent les déloger même à domicile pour les arrêter. Le couvre-feu fut proclamé et imposé à la population sans qu'elle en fût mise au courant. Les arrestations se poursuivirent aussi dans les rues et les endroits publics, restaurants, salles de billard, magasins et en tout autre lieu. La majorité des gens ignoraient pourquoi on venait les arrêter sans mandat, la lecture de l'acte d'émeute n'étant pas connue de tous.

Le lendemain, le nombre des détenus avait atteint près de cent quatre-vingt mineurs. Michel alors présent à Asbestos et logeant avec Philippe Girard dans une famille de grévistes, s'offrit pour trouver chez des sympathisants des sommes d'argent à apporter au palais de justice de Sherbrooke pour défrayer le coût des cautionnements exigés par la cour, afin de libérer ceux qui avaient été arrêtés. De leur côté, les marguilliers s'exprimèrent publiquement. Ils protestèrent contre les actes de profanation de la police provinciale dans l'église Saint-Aimé. Des vivres amassés là par les grévistes avaient été consommés par des policiers.

Au cours de ces tristes évènements, monseigneur Joseph Charbonneau, président de la Commission épiscopale d'études sociales, approuva à ce titre la déclaration de la Commission inspirée par l'abbé Gérard Dion et signée par monseigneur Jean-Charles Leclaire du diocèse de Saint-Hyacinthe. Le texte de la déclaration débutait ainsi: «Secourons les travailleurs de l'amiante.»

L'archevêque de Montréal annonça aussitôt l'organisation d'une collecte de vivres pour les familles des grévistes sans ressources. Il prit publiquement position en faveur des mineurs. En la chaire de l'église Notre-Dame de Montréal. Monseigneur Charbonneau s'exprima en ces termes: «La classe ouvrière est victime d'une conspiration qui veut son écrasement et quand il y a conspiration et écrasement, c'est le devoir de l'Église d'intervenir. Que les chefs politiques donnent aux ouvriers un Code du travail renfermant des formules de paix, de justice et de charité... Nous n'approuvons pas tout dans la conduite des travailleurs; il y a des faiblesses partout. Mais notre coeur est près de cette classe ouvrière et nous ordonnons cette collecte pour empêcher que des petits enfants souffrent de la faim. Nous voulons la paix sociale, mais nous ne voulons pas l'écrasement de la classe ouvrière. Nous nous attachons plus à l'homme qu'au capital. Voici pourquoi le clergé a décidé d'intervenir. Il veut faire respecter la justice et la charité. Je désire que l'on cesse d'accorder plus d'attention aux intérêts d'argent qu'à l'élément humain.»

Monseigneur Maurice Roy de Québec demanda à son tour à tous les fidèles d'organiser tous les dimanches des collectes de vivres pour aider les familles des mineurs. De semblables collectes s'organisèrent par la suite dans toutes les régions de la province. Il s'offrit même comme un médiateur spécial pour un juste règlement du conflit de travail.

À la suggestion de Thérèse Casgrain, alors membre du comité national de la Coopérative Commonwealth Federation (CCF), les députés socialistes de ce parti envoyèrent une souscription aux mineurs grévistes par l'intermédiaire de la CTCC. Les étudiants de l'université de Montréal apportèrent l'aide de leurs souscriptions. Un comité étudiant de secours était dirigé par Cécile Pérusse, Luc Geoffroy, frère de Jean-Paul, animateur à temps plein de la grève d'Asbestos, Luc Mercier et Adèle Lauzon. Ils avaient recueilli des fonds et des vivres. Les Carabins avaient été chaleureusement accueillis à Danville par une trentaine de grévistes. Le père Jacques Cousineau,s.j., avait écrit d'eux: «Une génération qui placera la justice sociale au-dessus de la légalité.»

De son côté monseigneur Vandry, le recteur de l'université Laval avait interdit une marche d'étudiants en faveur des mineurs d'Asbestos. Le professeur de McGill, Frank Scott, membre actif de la CCF avait qualifié «de grand dérangement» cette loi de l'émeute, sorte de représailles comme celles faites aux Acadiens, rassemblés dans leur église, puis arrêtés et emprisonnés. Il se forma là aussi un comité étudiant de secours.

Michel était retourné à diverses reprises à Asbestos afin de rendre service aux mineurs. Lors des procès des grévistes arrêtés par la police provinciale, à la suite de l'acte d'émeute, Michel accompagnait souvent aux audiences du palais de justice les ouvriers mis en accusation. Philippe Girard m'a raconté qu'à cette occasion, Michel, témoin du parjure d'un policier, éleva spontanément la voix et dit au

juge qui siégeait: «Ce policier-témoin vient de mentir. Il ne cesse de mentir. Il ment. J'étais présent lors de l'incident dont il parle. Ce policier se parjure.»

Le juge surpris et indigné qu'un civil de l'assistance s'autorise à donner une opinion violente, mettant en doute l'honnêteté du témoignage d'un policier s'écria:

«Monsieur, vous n'avez pas droit de parole dans cette cour. Vous n'êtes pas assigné comme témoin. Je vous somme de vous taire.»
Michel, toujours selon Girard, répliqua aussitôt:

«De toute façon, le policier a menti.»
Alors, le juge, considérant l'attitude de son interlocuteur comme un outrage au tribunal, lui dit:

«Taisez-vous. Sortez d'ici. Je vous envoie «dedans» pour la fin de semaine.»

En cellule, il fit l'expérience d'une première nuit vécue avec d'autres prisonniers. Le lendemain matin, l'aumônier de la prison plutôt sympathique lui demanda d'abord s'il voulait se confesser. Il s'offrit de lui apporter des livres et d'avertir sa famille de son incarcération. Michel le remercia de ses bonnes intentions sachant très bien que Philippe Girard communiquerait avec moi. Ce qu'il fit d'ailleurs.

«Simonne, ça va?

— Philippe! Où est donc Michel? Je suis inquiète. Je n'ai pas eu de ses nouvelles depuis plusieurs jours.»

Puis sur un ton blagueur:

«Serait-il en prison?

— Justement. Mais pas pour longtemps. On va le libérer dimanche.»

Bien des épouses vécurent des semaines d'angoisse, de privations, de doutes. La femme du gréviste avait tout à supporter: problèmes d'argent, de santé, de perte d'emploi, de craintes de représailles de la part de la police provinciale, de la compagnie ou des femmes des briseurs de grève. Selon son tempérament, son attitude face aux activités syndicales de temps de grève de son mari et de ses fils, elle pouvait être ou une bonne collaboratrice de son mari en grève ou entraîner celui-ci à devenir un briseur de grève.

Comme en politique, les familles rouges et bleues étaient divisées, aussi l'étaient celles des grévistes et des briseurs de grève. Ces chicanes pouvaient durer longtemps et créer des mésententes, des haines durables, même après une élection ou un règlement de grève. Les ouvriers avaient de nombreux enfants et n'avaient aucune assurance ni économie. Une grève dans une famille de quatorze enfants, comme c'était le cas dans la famille de Rodolphe Hamel, président du Syndicat et de la Fédération des mineurs, était un désastre, une grande épreuve physique et morale.

Les mères de famille étaient aux prises avec des problèmes quotidiens, des besoins réels de nourriture, vêtements, chaussures et médicaments. Leur courage était édifiant et leur foi en la Providence admirable. Elles ne manquaient ni de piété ni d'humour ni d'audace. L'une d'entre elles m'a raconté que lors d'une procession organisée par le curé Camirand vers la croix du Calvaire devant laquelle elles devaient réciter des prières, les femmes des grévistes avaient apporté en plus de leur chapelet de longues épingles à chapeaux avec lesquelles elles piquèrent les fesses des policiers qui surveillaient de trop près leur pieux défilé.

Plusieurs épouses des officiers syndicaux locaux, régionaux et nationaux se sont occupées d'organiser des comités de secours, de recueillir des vivres et d'aller encourager les mères de famille. Entre autres mesdames Gérard Picard, Jean Marchand, Jean-Paul Geoffroy ont ainsi renforcé les convictions. Les épouses des journalistes, quoique de plus loin, avaient elles aussi à supporter l'absence de leurs maris et les risques qu'ils encouraient à suivre les évènements à titre de reporter. Roger Mathieu, ex-président de la

JOC et reporter à la Presse, Réginald Boisvert du journal *Le Front ouvrier* (de la ligue ouvrière catholique LOC), Gérard Pelletier du *Devoir* et Jacqueline Sirois, envoyée du *Montreal Star* eurent tour à tour des démêlés avec les policiers et les autorités de la compagnie.

De Montréal, Alexandrine Leduc Pelletier, Pauline Lamy Boisvert, Renée Desmarais Geoffroy et moi-même nous nous téléphonions régulièrement pour avoir, de source plus directe par nos maris, des nouvelles sur l'évolution du conflit et des possibilités de règlement après une dure grève de cinq mois. Nous nous encouragions réciproquement...

Dans un numéro spécial de mai 1949 du journal *Le Travail* je lus un soir cet étrange entrefilet:
«Femmes, vous souffrez
Parce que votre coeur de mère, d'épouse et de fiancée l'a vu, les a vus abattus, blessés, ensanglantés par les matraques.
Vous avez vu vos chers petits, vos grands pleurer, trembler devant la Police qui frappait.
Malgré cela — Quand même
Bonnes mamans, bonnes épouses, souriez.
Ajoutez à votre héroïsme, un peu de fard, un peu de parfum; sortez de vos écrins les bijoux qu'il vous a donnés,

Alex Leduc et Pauline Lamy.

sortez de votre garde-robe la robe qu'il aime, sortez vos cahiers de recettes, cuisinez le plat qui a de l'arôme, sortez de votre coeur les mots de vos premiers mois de mariage, essayez même quelques pas de danse.
Revêtez vos petits, le soir, de «leurs habits du dimanche». Encouragez votre homme. Souriez — Soyez fières d'être les premières martyres québécoises de la doctrine sociale de l'Église.

Mon métier est de soigner les corps. Cependant, j'ai vu vos souffrances morales et elles sont atroces. Votre immense douleur m'afflige profondément.

Nous vous donnerons nos dollars comme contribution à l'établissement d'un ordre moral social plus chrétien, par l'établissement d'un syndicalisme catholique canadien.»

Signé Docteur X

Le Travail, journal mensuel de la CTCC nous apprenait qu'au centre des revendications des mineurs il y avait entre autres la question de forcer la compagnie à éliminer le plus possible la poussière d'amiante, aussi la retenue obligatoire des cotisations syndicales (formule Rand) et nombre de clauses d'ordre monétaire et sécuritaire. Après plus de quatre mois de grève, les cinq mille ouvriers mineurs touchés par le conflit (deux mille employés à la Canadian Johns-Manville, trois mille à l'emploi des firmes d'Asbestos Corporation et Flintkote et Johnson) en arrivèrent à un règlement comportant certains avantages.

En premier lieu le Gouvernement et les compagnies minières reconnurent, grâce à la bonne médiation de monseigneur Maurice Roy, archevêque de Québec, l'existence légale de la section syndicale de l'entreprise. Duplessis et le ministère du Travail avaient auparavant retiré son accréditation au Syndicat des mineurs d'Asbestos. Puis, on négocia le réembauchage des ouvriers selon l'ancienneté, quoique les briseurs de grève soient demeurés à l'emploi de la compagnie. Quant à l'absence de représailles, la compagnie n'abandonnait pas le droit d'imposer, selon le Code criminel, des poursuites contre certains grévistes et chefs syndicaux (procès et emprisonnement de René Rocque). Enfin eut lieu la reprise des négociations en vue d'arriver à une entente pour signer un contrat de travail plus juste et plus sécuritaire. Les deux parties ont semblé satisfaites du rôle de médiateur joué par monseigneur Roy.

La victoire syndicale fut partielle sur le plan monétaire et matériel, mais une grande victoire morale sur le plan de la solidarité ouvrière. La sympathie de l'ensemble de la population et du clergé s'est manifestée en dons, en vivres et en services.

* * *

Certaines péripéties de la grève d'Asbestos furent pour Michel l'occasion de côtoyer de près et à ses risques les difficultés, misères et injustices subies par les travailleurs de l'amiante et leurs familles. Il a pu constater *de visu*, les manigances et le rôle joué à la fois par les propriétaires, les actionnaires et les gérants de l'entreprise Canadian Johns-Manville, le gouvernement de Duplessis et sa brutale police ainsi que celui de la magistrature asservie aussi aux puissances d'ordre financier et politique. Il le savait déjà, mais plutôt théoriquement.

Pour ma part, j'ai vécu ce conflit de loin physiquement mais aussi de près, tout attentive aux informations qui parvenaient à notre foyer, par la voix des média ou des organisateurs syndicaux et leurs épouses, toutes solidaires entre elles en vue de la réussite d'un bon règlement au conflit des mineurs tant sur le plan de la santé, de la sécurité d'emploi, de la reconnaissance syndicale et des avantages sociaux réclamés avec justesse et bonne foi par le Syndicat et la Fédération des mineurs.

La brève et épisodique participation de Michel Chartrand à la grève d'Asbestos eut par ailleurs un malheureux inconvénient: celui de son congédiement pour absences injustifiées entraînant la perte de son poste et de son salaire dans le monde de l'imprimerie où il travaillait depuis plus de sept ans. Réflexion faite après la constatation des difficultés vécues en milieu ouvrier, nous avons décidé de changer l'orientation de nos activités. Par la suite, le choix de nos amis, de nos lectures et des tâches à entreprendre fut davantage motivé par le désir de rendre service à la classe des travailleurs, hommes et femmes, que par celui de parfaire notre formation intellectuelle, culturelle ou artistique. Les questions de culture et de patriotisme passèrent, en un sens, au second rang de nos préoccupations et de nos engagements sociaux.

Pour ma part, jusque là sympathique aux soucis et difficultés des familles ouvrières qui cherchaient à se syndiquer, je devins plus consciente de la situation de l'ensemble des mères de famille et des ménagères qui, comme moi d'ailleurs, n'étaient ni regroupées ni représentées et si peu considérées. Par la suite Michel choisit de se consacrer à temps plein à l'organisation et au développement du syndicalisme dans divers secteurs de l'industrie, aux négociations de contrats de travail pour des employé(e)s affilié(e)s à des conseils centraux ou membres de fédérations dans diverses régions de la province.

Devenue après sept ans de vie conjugale une collaboratrice attentive et dévouée lors de campagnes politiques et syndicales, j'eus toujours l'impression de vivre en «veuve de guerre» vu les fréquentes absences et les risques de séjours plus ou moins prolongés à l'extérieur ou à l'intérieur... en cellule. Mais dans l'espoir que de meilleures conditions de vie soient, grâce à son travail, à son talent et à ses efforts tenaces, accordées aux employé(e)s déjà syndiqué(e)s ou à syndiquer, nous avons vécu ensemble nos engagements sociaux. Grâce à la solidarité d'une vie d'équipe, avec des couples de militants syndicaux tels les Picard, Girard, Couture, Geoffroy, Mc Ginnis, Lefebvre, Archambault, Jolicoeur et bien d'autres, nous avons travaillé à de justes luttes qui furent des expériences humanisantes.

La femme, nous a-t-on enseigné, doit toujours être la dévouée collaboratrice de son mari. Si elle réclamait une rémunération pour son travail, soit à titre de membre de comité de secours ou d'organisatrice d'activités syndicales, le mari, lui-même organisateur à temps plein mais assez mal rémunéré, trouvait sa demande surprenante, parce qu'imprévue au budget. Le rôle de la femme était un rôle de dévouement; là était son mérite.

Je me rendis alors compte que les femmes, qu'elles soient des épouses de syndiqués, des employées syndiquées ou non, épouses d'organisateurs et de permanents syndicaux, toutes les femmes jouaient à tous les niveaux des instances de la CTCC, des rôles de bienfaisance, d'auxiliaires sauf les rares syndiquées (Confédération des syndicats nationaux) qui étaient élues et qui participaient aux décisions par le fait même. Moi, comme les autres, j'étais la bénévole que les syndicats invitaient surtout **après** les votes de grève, à venir bénévolement encourager femmes et maris, soutenir leur moral, trouver des fonds de secours, etc. comme au temps des oeuvres de guerre. Peu ou pas informées des questions relatives aux négociations ou aux décisions des instances concernant le droit de grève, de mutation ou d'habitat, les femmes, même vers la fin des années quarante, demeuraient dans leur cuisine, dans leur usine ou dans leur bureau de secrétaire de syndicat, des personnes non consultées.

Malgré cela, nous avons vécu Michel et moi une diversité d'engagements sociaux avec ardeur, conviction et passion. Avec le plus d'intelligence et de courage possible. Parfois avec amertume parfois avec enthousiasme. Mais toujours en esprit d'estime, d'amitié et de solidarité avec les moins favorisés. En amour. Mais l'amour le plus merveilleux a besoin d'être alimenté, exprimé, réchauffé auprès d'un feu de foyer...

Simonne Monet Chartrand
Richelieu, le 1er mai 1982
fête des Travailleurs

Dans la soixantaine

Pendant que dans la soixantaine
se transcrit le vécu de la vingtaine
poussent les cheveux gris
qui deviennent presque blancs
Poussent aussi les petits qui nous émerveillent
et nous rajeunissent
à travers leurs cris, leurs pleurs et leurs rires.
Nous continuons tous deux
Michel et moi,
À vivre pleinement
les yeux et le coeur grands ouverts.
À la fois individuellement
et conjointement,
notre difficile mais fascinante aventure d'Amour.
L'Espoir doit triompher!

Richelieu, le 17 février 1982
en ce quarantième anniversaire
de mariage

Achevé d'imprimer
en juillet 1993 sur les presses
des Ateliers graphiques Marc Veilleux Inc.
Cap-Saint-Ignace, Qué.